HUMAN HACKING

Die Originalausgabe erschien unter dem Titel
HUMAN HACKING
Win Friends, Influence People, and Leave Them Better Off for Having Met You
bei HarperCollins.
ISBN 978-0-06-300178-7

Published by arrangement with Harper Business, an imprint of HarperCollins Publishers, LLC.

Übersetzung: Frank Sievers
Gestaltung Cover: Daniela Freitag
Fotos (S. 215, 217, 221, 223, 224, 225, 226, 227):
Amaya Hadnagy and Christopher Hadnagy
Gestaltung, Satz: Sabrina Slopek
Herstellung: Daniela Freitag
Lektorat: Sebastian Politz
Druck: CPI books GmbH, Leck, Germany

ISBN 978-3-86470-759-9

Bibliografische Information der Deutschen Nationalbibliothek:
Die Deutsche Nationalbibliothek verzeichnet diese Publikation in der Deutschen Nationalbibliografie; detaillierte bibliografische Daten sind im Internet über <http://dnb.d-nb.de> abrufbar.

BÖRSEN MEDIEN
AKTIENGESELLSCHAFT

Postfach 1449 • 95305 Kulmbach
Tel: +49 9221 9051-0 • Fax: +49 9221 9051-4444
E-Mail: buecher@boersenmedien.de
www.books4success.de
www.facebook.com/plassenbuchverlage
www.instagram.com/plassen_buchverlage

Für Areesa, die Liebe meines Lebens.
Du bist meine beste Freundin und
einer der wunderbarsten Menschen,
denen ich jemals begegnet bin.

Für Colin. Zu sehen, wie du zu dem Mann wurdest,
der du heute bist, hat mich
unendlich hoffnungsfroh gemacht.
Ich bin wahnsinnig stolz auf dich.

Für Amaya. Es gibt keine Worte,
um meine Liebe für dich zu beschreiben.
Deine Schönheit und
dein Talent versetzen mich in Erstaunen.

CHRISTOPHER HADNAGY | SETH SCHULMAN

HUMAN HACKING

Wie Social Engineering funktioniert und wie Sie sich dagegen schützen

BOOKS4SUCCESS

INHALT

BITTE VOR DER LEKTÜRE DIESES BUCHES LESEN UND UNTERSCHREIBEN

Die in diesem Buch beschriebenen Techniken sind extrem wirkungsvoll. Jahr für Jahr wenden unzählige Verbrecher sie weltweit an, um andere Menschen zu manipulieren, damit diese genau das tun, was sie wollen. Sie rauben Unternehmen und Einzelpersonen Milliardenbeträge, zerstören das Leben anderer Menschen und beeinflussen die politische Entwicklung ganzer Nationen. Wenn ich Ihnen diese Techniken darlege, vertraue ich darauf, dass Sie sie niemals zu unlauteren Zwecken einsetzen werden, sondern ausschließlich zum Guten. Nicht nur Sie, sondern auch alle anderen Menschen sollen davon profitieren und Sie dürfen sie niemals einsetzen, um Ihrem Gegenüber zu schaden. Ich meine es ernst. Es stehen Leben auf dem Spiel! Deshalb lesen Sie vor der Lektüre des Buches bitte das folgende Gelöbnis und unterschreiben Sie es:

Ich, ______________________, schwöre feierlich, diese Fähigkeiten nicht anzuwenden, um andere Menschen aus egoistischen Motiven zu manipulieren und mich einseitig zu bereichern. Ich darf diese Fähigkeiten einsetzen, um daraus Vorteile zu ziehen, achte dabei aber in jedem Fall darauf, dass die Menschen, denen ich begegne, ebenfalls davon profitieren und nicht ihren eigenen Interessen zuwiderhandeln, um meinen Wünschen nachzukommen. Außerdem verspreche ich, bei der Anwendung dieser Fähigkeiten die Privatsphäre anderer Menschen zu respektieren und meine Selbstwahrnehmung zu verbessern, sodass ich ein besserer Partner, Freund und Nachbar und ein besseres Familienmitglied sein kann. Vor allem aber verspreche ich, diese Fähigkeiten so einzusetzen, dass sich alle Menschen, mit denen ich zu tun habe, durch unsere Begegnung bereichert fühlen. Sollte mir das einmal nicht gelingen, was gelegentlich vorkommen mag, verspreche ich, aus dieser Erfahrung zu lernen und es das nächste Mal besser zu machen.

Gezeichnet:

____

(Datum und Unterschrift)

EINLEITUNG

IHRE NEUEN SUPERKRÄFTE

Es ist ein Uhr in der Nacht. Wir sitzen in einem gemieteten schwarzen Chevrolet Suburban und kriechen mit ausgeschalteten Scheinwerfern querfeldein durch ödes Buschland. Ich kneife die Augen zusammen, kurve im Mondlicht um Felsgestein, Gestrüpp und einige niedrige Bäume. Mein Kumpel Ryan krallt sich am Beifahrersitz so stark fest, dass die Knöchel weiß hervortreten. Alle paar Minuten dreht er den Kopf, um sicherzugehen, dass uns keiner folgt. Ich versuche ruhig zu bleiben, atme tief ein und aus. Unser Schweigen wird nur durchbrochen von gelegentlichen Flüchen, wenn der Wagen hart aufsetzt oder wir gerade wieder knapp einen Felsbrocken verfehlt haben.

Im Kriechtempo fahren wir auf eine Reihe unauffälliger kastenförmiger Gebäude zu, die von riesigen Flutlichtanlagen und vereinzelten anderen Industrieleuchten angestrahlt werden. Genauer gesagt: Wir fahren auf den drei Meter hohen Sicherheitszaun zu, der mit Stacheldraht abschließt und zwischen uns und den Gebäuden steht.

Eben, noch ein paar Kilometer vor dem Ziel, musste ich scharf bremsen, weil uns ein Kojote vors Auto rannte. Ich frage mich nur, was zum Henker wir hier eigentlich machen.

500 Meter vor dem Zaun sehe ich nun linkerhand eine breite, tiefe Furche. „Da?“, frage ich.

„Gut“, sagt Ryan.

Ich lenke den Wagen in die Vertiefung und versuche zu vermeiden, dass er vom dichten Buschwerk zerkratzt wird, das zu beiden Seiten aufragt. Erst als ich den tiefsten Punkt erreicht habe, halte ich an. Kein Wachmann und kein Arbeiter, der in dieser staubigen Einöde unterwegs ist, kann unser Auto sehen. Von jetzt an geht es für uns zu Fuß weiter. „Irgendwer zu sehen?“, frage ich und stelle den Motor ab.

„Niemand“, sagt Ryan.

„Dann los.“

Wir steigen aus und drücken leise die Türen zu. In dieser Gegend wimmelt es von Klapperschlangen und Skorpionen, weshalb wir uns auf Zehenspitzen vorantasten und auf die kleinste Bewegung achten. Wir öffnen den Kofferraum, ziehen eine Aluminiumleiter und ein paar Meter Seil heraus. Ansonsten haben wir keinerlei Gepäck – für den Fall, dass wir einmal schnell verschwinden müssen.

„Okay“, sage ich und deute auf einen Zaunabschnitt zu unserer Linken. „Der dunkle Bereich da hinten. Da ist offenbar ein Scheinwerfer kaputt. Was Besseres werden wir kaum finden.“

Wir heben gemeinsam die Leiter hoch und gehen los. Es ist gespenstisch still, bis auf ein tiefes Brummen, das von den Gebäuden herüberschallt, und das leise Klappern der Leiter. Wir sind 80 Kilometer von der nächsten Stadt entfernt, unbewaffnet und ungebeten. Wenn uns hier etwas zustößt, wird niemand davon erfahren. Und es kann immer etwas passieren. Ich bin schon verhaftet worden und hatte eine Knarre an der Schläfe. Und das waren leichte Jobs im Vergleich zu dem hier.

Ich kann Ihnen leider nicht sagen, von welchem Gelände die Rede ist oder wo es sich befindet. Ich kann Ihnen nur sagen, dass hinter diesem Stacheldraht eine mächtige Organisation über etwas wacht, das von immensem Wert ist. Ja, das, worüber sie wacht, ist derart wertvoll, dass die Organisation zig Millionen Dollar ausgegeben hat, um dieses Gelände zu bauen und es für Außenstehende – wie uns gesagt wurde – „ganz und gar unzugänglich“ zu machen. Es ist einer der sichersten Gebäudekomplexe der Welt. Hinter dem Stacheldraht patrouillieren Dutzende bestausgebildete Wachleute mit automatischen Waffen. Die ganze Nacht ziehen sie ihre Runden über das Gelände. Weitere Männer stehen auf hohen Geschütztürmen Wache. Mächtige Scheinwerfer schweifen in regelmäßigen Abständen über den Zaun, Hunderte Kameras verfolgen jede Bewegung auf dem Gelände und rund um den Einfassungszaun. Zudem sind diverse hoch entwickelte kostspielige Geräte im Einsatz, die ich nicht näher benennen darf. Und das alles nur zu einem einzigen Zweck: damit Typen wie Ryan und ich keinen Zutritt zum Gelände erlangen.

Wir kennen die Sicherheitsmaßnahmen so genau, weil wir unseren Einsatz wochenlang vorbereitet haben. Von einem anderen Ort aus haben wir uns mittels Phishing und Vishing (Phishing per Telefon) detaillierte Informationen über den Komplex beschafft. In scheinbar unverfänglichen Gesprächen haben uns Personen, die hinter dem Stacheldraht und an anderen Standorten der Organisation arbeiten, operative Pläne, Einzelheiten in der Terminplanung und sogar die Namen von Mitarbeitern und Managern offengelegt, und zwar so viele Namen, dass wir in groben Zügen die Betriebshierarchie der Organisation an diesem Standort nachzeichnen konnten.

In den letzten Tagen haben wir dann noch weitere Informationen gesammelt, indem wir uns persönlich auf dem Gelände umgesehen haben. Wir hatten herausgefunden, dass die Organisation dabei war, in der Nähe ein weiteres Gebäude zu errichten, und in dieser Woche die Grundsteinlegung feiern wollte. Dass wir im Internet keinerlei Informationen über den neuen Standort fanden, war für uns kein Hinderungsgrund. Ein Lokalredakteur hatte mehrere Artikel über den Bau verfasst, und so schmiedeten wir den Plan, uns für diesen Journalisten und einen Kollegen vom selben Blatt auszugeben. Um den Standort zu erfahren, rief unsere Mitarbeiterin Debra in der Zentrale an und gab sich als Assistentin des Journalisten aus. „Hallo“, sagte sie mit heller Stimme. „Mein Name ist Samantha, ich bin die Sekretärin von Pete Robichaud bei *WXTT* (Name des Fernsehsenders geändert). Er kommt am Samstag um 10:30 Uhr zur Eröffnungsfeier, um für unseren Sender darüber zu berichten. Ich hätte nur kurz ein paar Nachfragen dazu."

„Einen Moment bitte", sagte der Mann am anderen Ende der Leitung. Wahrscheinlich wollte er überprüfen, ob Pete (Name ebenfalls geändert) tatsächlich auf der Gästeliste stand. „Gut, schießen Sie los."

„Okay, also als Erstes wollte ich fragen, was er mitbringen muss, um sich auszuweisen. Er braucht ein offizielles Dokument mit Foto, richtig?"

„Ja. Führerschein würde gehen. Oder ebenso ein Pass."

„Gut, wunderbar. Dann, zweite Frage, er würde gern seine eigene Kameraausrüstung mitbringen. Geht das in Ordnung? Irgendwas, worauf er achten muss?"

„Geht klar", sagte der Mann. „Aber er wird am Eingang natürlich durchsucht."

„Selbstverständlich", sagte unsere Mitarbeiterin. „Dann komme ich schon zu meiner letzten Frage ... nur um sicherzugehen. Wir haben anscheinend seine Einladung verlegt, deshalb wollte ich nur noch mal nach der genauen Adresse fragen und wo er genau hinmuss."

„Kein Problem", sagte der Mann. Und gab uns genau die Information, die wir brauchten.

Das Ganze wirkte wie ein belangloses Gespräch und dauerte kaum 30 Sekunden. Wahrscheinlich verschwendete der Mann am anderen Ende keinen weiteren Gedanken darauf. Aber es waren hier mehr als nur freundliche Worte ausgetauscht worden. Debra wollte eine einzige Information erhalten – die Adresse. Dazu stellte sie zunächst zwei Aufwärmfragen, um sich nach ganz einfachen Dingen zu erkundigen, die der Mann am anderen Ende der Leitung problemlos würde beantworten können. Diese Technik nennen wir in unserer Branche „Entgegenkommen". Die Aufwärmfragen dienten dazu, dem Mann das Gefühl zu geben, er könne ihrer Erwartung entsprechen, ihre Fragen zu beantworten. Wenn er schon zwei Fragen beantwortet hat, ist er geneigter, auch die dritte zu beantworten, sofern sie nicht zu absonderlich ist und keinen Argwohn weckt. Debra schlug sogar selbst noch eine Antwort auf die erste Frage vor, womit sie ihm signalisierte, dass sie wusste, was sie tat, Erfahrung mit solchen Dingen besaß und alles seine Ordnung hatte.

Debra wandte aber noch einige andere Techniken an. Die dritte Frage leitete sie damit ein, sie wolle nur „sichergehen“ – so als wüsste sie die Antwort bereits. Damit stellte sie die Frage auf eine Weise, dass es ihrem Gegenüber ganz normal vorkommen musste, sie gestellt zu bekommen. Und noch davor, als sie fragte, ob ihr Chef auf irgendetwas achten müsse, stellte sie sich dumm und bat den Mann am anderen Ende der Leitung damit indirekt darum, Lehrer zu spielen. Damit schmeichelte sie seinem Ego, sie erkannte seine Autorität an und machte ihn entspannter und gesprächsbereiter – all das zusätzlich erleichtert durch den Geschlechterunterschied.

Dank dieses und anderer ähnlicher Gespräche konnten wir am Tag vor dem Fest das Gelände besuchen und hätten uns auch beinahe Zutritt verschafft. Doch dann schöpfte das Sicherheitspersonal Verdacht und hielt uns auf. Zuvor aber hatten wir bereits zahlreiche Einzelheiten über die Sicherheitsmaßnahmen und die Wachausbildung erfahren, welche Waffen die Wachen tragen und auf welche Bedrohungen sie achten, welche Kameras auf dem Gelände eingesetzt werden und so weiter.

Jetzt versuchen Ryan und ich erneut, uns Zutritt zu verschaffen, allerdings auf eine deutlich gefährlichere Art und Weise. Mitten in der Nacht konnte eine Wache leicht das Nervenflattern kriegen, wenn zwei ganz in Schwarz gekleidete Unbekannte auf den Zaun zuschlichen, und würde erst schießen und dann Fragen stellen. Mit meinen 1,90 Meter bin ich nicht gerade ein kleines Ziel. Ich versuche den Gedanken beiseitezuschieben, während wir uns zum Zaun vorarbeiten. Leicht ist es nicht. Immer wieder kommt mir das Telefongespräch in den Sinn, das ich zuvor mit meiner Frau und meinen

Kindern geführt hatte, um ihnen zu sagen, dass ich sie liebe. Bei jedem Geräusch schnellt mein Puls hoch und ich halte den Atem an. Erneut frage ich mich, was zum Henker wir hier machen.

Als wir den dunklen Bereich vor dem Zaun erreicht haben, sehen wir uns um. Die Luft ist rein. Ich lehne die Leiter an den Maschendraht, dann nehmen wir das Seil, um damit den Stacheldraht herunterzudrücken. Ryan filmt mich per Handy, als ich die Leiter hochsteige, um über den Zaun zu klettern. Ich schaue mich um, ob die Wachen uns gesichtet haben. Nein, zum Glück nicht.

Vielleicht eine Stunde lang erkunden Ryan und ich das Gelände, dringen in mehrere Gebäude und große Anlagen ein und machen Foto- und Videoaufnahmen von allem, was wir sehen. Nicht ein einziges Mal kommt ein Wachmann auch nur in unsere Nähe. Sie haben offenbar keine Ahnung, dass wir hier sind. Trotzdem ist jede Sekunde eine Tortur, Schläfenpochen, Adrenalinrausch.

Als wir der Ansicht sind, genug Material gesammelt zu haben, brechen wir unseren Erkundungsgang ab und kehren zum Wagen zurück. In den nächsten Tagen starten wir mit einfachen technischen Hilfsmitteln und psychologischen Tricks noch weitere Angriffe auf das Gelände. Irgendwann werden wir doch von Wachleuten angeschrien, die uns ihre Waffe an den Kopf halten, aber erst, nachdem wir schon stundenlang durch die Gebäude gelaufen und in die sensibelsten und bestbewachten Areale eingedrungen sind.

„Ganz und gar unzugänglich?“ Sieht nicht so aus.

Wer wir sind und was wir tun

Wenn Sie jetzt meinen, Ryan und ich wären Regierungsspione, Schwerverbrecher oder furchtlose Adrenalinjunkies, die die nächste Million Follower auf Youtube einfahren wollen, dann liegen Sie falsch. Wir sind nichts dergleichen. Wir sind Hacker.

Die meisten Menschen denken bei Hackern an junge Technikfreaks, die sich Energydrinks reinpfeifen, während sie auf ihren Computer einhacken, um Daten zu stehlen, Webseiten zum Absturz zu bringen oder Viagra-Spammails zu verschicken. Aber es gibt auch „gute“ Hacker, professionelle Sicherheitsleute, die von Regierungen und Unternehmen engagiert werden, um sie vor den „bösen Jungs“ zu beschützen. Und unter diesen guten Hackern gibt es einige wenige, die sich nicht mit der technischen Seite befassen, dem Eindringen in fremde Computer, sondern der schmutzigen, der menschlichen Seite. Dieser Unterart von Hackern gelingt es, selbst strengste Sicherheitsvorkehrungen zu umgehen, nicht indem sie Codes programmieren und sich in Maschinen hacken, sondern indem sie Menschen hacken. Im Grunde sind sie Trickbetrüger, Sprücheklopfer, die arglose Menschen dazu bringen, ihnen Zugang zu Maschinen und gesicherten Räumen zu gewähren. Die besten Hacker sind so gut, dass sie nicht nur bekommen, was sie wollen, sondern es auf eine Weise anstellen, dass ihr Angriffsziel am Ende sogar meint, *eine angenehme Begegnung gehabt zu haben.*

Ryan und ich hacken Menschen. Keine Angst, wir gehören zu den Guten. Wir denken wie die Bösen und wenden ausgeklügelte psychologische Methoden und Techniken an, um in Server und Räume einzudringen. Wenn uns das gelingt, und das ist meistens der Fall, erfahren unsere Kunden dadurch, wo ihre Schwachstellen sind, und können sie beheben, sodass die Sicherheit für ihre Kunden und für die Gesellschaft insgesamt steigt. Genau das haben wir in jener Nacht in der Wüste gemacht – wir haben die Sicherheit eines angeblich hochsicheren Geländes auf den Prüfstand gestellt und seine Schwächen aufgedeckt, damit unsere Kunden sie beheben können, bevor die bösen Jungs kommen und verheerenden Schaden anrichten. Wir verdienen unseren Lebensunterhalt damit, fremde Menschen dazu zu bringen, zu tun und zu sagen, was wir wollen.

Ich habe mehr als zehn Jahre an meinen Techniken gefeilt und bin damit in hoch gesicherte Anlagen und Computernetzwerke eingedrungen, weshalb sich ein Journalist mit dem Spezialgebiet Sicherheit gefragt hat, ob ich womöglich „der gefährlichste Mann Amerikas“[1] sei. Das bin ich sicher nicht. Aber wir bringen unsere Methoden Spionen, Militärangehörigen und Sicherheitsleuten auf der ganzen

Welt bei, damit sie den *wirklich* gefährlichen Jungs jederzeit einen Schritt voraus sind. In diesem Buch verrate ich Ihnen unsere Geheimnisse, damit Sie sie privat und beruflich nutzen können. Sie werden lernen, schnell und effektiv die Körpersprache anderer Menschen zu lesen, mit den richtigen Sätzen andere im Handumdrehen auf Ihre Seite zu bringen, Bitten auf eine Weise zu äußern, dass die Wahrscheinlichkeit einer positiven Antwort erheblich steigt, Menschen zu erkennen, die Sie zu manipulieren versuchen, sich den Ablauf wichtiger Gespräch im Vorhinein genau zu überlegen, um Ihre Erfolgschancen zu erhöhen, und vieles mehr. Ob Sie befördert werden wollen, Menschen dazu bringen möchten, Ihnen etwas kostenlos zur Verfügung zu stellen oder Ihnen zu sagen, was sie wirklich denken, oder ob Sie Ihre Beziehungen verbessern wollen, indem Sie ein besseres Kommunikationsverhalten erlernen – machen Sie unsere Methoden zu Ihrer neuen Geheimwaffe.

Sie werden feststellen, dass unsere Methode des Menschenhackens jeder und jedem dabei helfen kann, Freunde zu finden, andere Menschen zu beeinflussen und die eigenen Ziele zu erreichen. Auch Ihnen.

Hacken auf die moderne Art

Vielleicht klingt es für Sie seltsam, dass jemand keine Computer, sondern Menschen hackt. Wer hätte gedacht, dass so etwas einmal „in Mode" kommt? Ich anfangs jedenfalls nicht. Es war 1991. Ich flog nach nur zwei Monaten vom College, weil ich ein bisschen herumgedaddelt hatte. Na ja, „ein bisschen" ist vielleicht untertrieben – ich hatte mich an den simplen Modems des Campus zu schaffen gemacht und damit am Ende praktisch das gesamte Telefonsystem von Sarasota, Florida, für einen Tag lahmgelegt.

Danach habe ich mich erst mal treiben lassen. Ich besaß die Gabe, andere Leute dazu zu bringen, mir Fakten zu verraten, die mich eigentlich nichts angingen. Die nutzte ich, um mir Jobs zu beschaffen, die mich interessierten. Etwa ein Jahr nach meinem Rausschmiss

– ich hatte gerade einen Job als Dokumentenlieferant – stiefelte ich ins Verwaltungsbüro eines Wohnkomplexes mit 25 Apartments und begann ein Gespräch mit dem Inhaber. Ich war ihm nie zuvor begegnet, hatte ihm aber binnen weniger Minuten meine tiefsten und dunkelsten Geheimnisse anvertraut. Es stellte sich heraus, dass er einige private Probleme hatte und verreisen musste, um sie zu lösen. Zwei Stunden später hatte ich einen gut bezahlten Job als stellvertretender Vermieter und Verwalter des Wohnkomplexes – ohne irgendeine berufliche Erfahrung auf dem Gebiet. Damals war ich 17 Jahre alt.

Ich machte den Job eine Weile und hörte auf, als er mir langweilig wurde. Inzwischen hatte ich mir in den Kopf gesetzt, dass es cool wäre, selbst der Chef zu sein. Ich kuckte mir ein piekfeines Restaurant aus und fragte – ohne Küchenerfahrung – nach einem Job. Kaum zu glauben, aber zwei Stunden später war ich eingestellt.

Irgendwann wurde mir auch das langweilig, weshalb ich nach einem anderen Job Ausschau hielt, in dem ich ebenfalls keine Erfahrung hatte. Und dann noch einen. Und noch einen. Mit Ende 20 arbeitete ich als internationaler Handelsvertreter für ein Unternehmen, das bizarrerweise Industrieprodukte aus Edelstahl produzierte. Ich reiste um die Welt, handelte Verträge aus und verdiente eine Menge Geld. Aber ich hatte auch gerade die Frau, die ich liebte, dazu überredet, mich zu heiraten und mit mir Kinder zu bekommen. Weil ich gern mehr Zeit daheim verbringen wollte, beschloss ich, zu kündigen und mir etwas anderes zu suchen.

Mir fiel ein, dass ich aufgrund meiner College-Erfahrung womöglich ein guter Hacker wäre. Ich stöberte ein wenig im Internet und fand einen Kurs einer Sicherheitsfirma, den ich belegte. Ich war der erste Teilnehmer in der Geschichte der Firma, der einen ihrer schwersten Server knackte. Sofort bot mir der Inhaber eine Stelle an. Ich sollte mithilfe technischer Methoden physisch in Computernetzwerke eindringen.

Es gab nur ein Problem: Trotz des Kurses war ich nicht besonders gut in diesen technischen Methoden. Meine Vorzüge lagen woanders, ich war clever, gewieft und ein gewandter Redner. Wie sich herausstellte, sollte das voll und ganz genügen. Ein paar Jahre half ich dem Team auf unerwartete Weise aus: Meine Kollegen rackerten sich mit den Computercodes ab und versuchten verwundbare Stellen in einer Software oder Hardware zu finden, um in ein System einzudringen. Das machten sie 30, 40, 50 Stunden lang. Bis ich mich einschaltete und meinte: „Soll ich den Typen mal anrufen und nach seinem Passwort fragen?"

Sie zuckten die Schultern und sagten: „Kannst es ja mal versuchen."

Zehn Minuten später waren wir im System.

Dieses Szenario wiederholte sich unzählige Male. Manchmal rief ich jemanden an, um an Informationen zu gelangen, dann verschickte ich Phishing-Mails oder spazierte einfach ohne Furcht in ein Unternehmen hinein und überredete die Mitarbeiter, mir Zugang zu ihren Servern zu verschaffen. Ich wandte dazu keine vorgefertigten Methoden an, sondern nutzte einfach meine intuitive Menschenkenntnis und Cleverness. Es funktionierte so gut, dass ich meinem Chef vorschlug, einen Kurs zu meinen Methoden zu entwickeln. Zu meiner Überraschung sagte er Ja. Ich solle mir doch bitte was ausdenken. „Auf keinen Fall", erwiderte ich. „Ich habe keine Ahnung, wie man so was macht. Ich war ja nicht mal auf dem College."

„Das ist ganz einfach", sagte er. „Du besorgst dir einfach alles, was es an relevanten Büchern zu psychologischer Theorie und Forschung gibt, und denkst darüber nach, was du eigentlich genau Tag für Tag in deinem Job machst. Das schreibst du auf und entwickelst daraus ein einfaches Konzept, das du den Leuten beibringen kannst."

Das klang gut. Also beschloss ich, es zu versuchen. 2009, nachdem ich fast ein ganzes Jahr lang Bücher gelesen und nachgedacht hatte, war mein Konzept fertig und ich veröffentlichte es im Internet. Ich hatte es schon fast wieder vergessen, als sich einige Monate später ein Verlag bei mir meldete. Sie hätten mein Konzept gesehen und wollten mich fragen, ob ich ein Fachbuch für Personen in der

Sicherheitsbranche schreiben wolle. Ich sagte Nein. Ich sei nur ein schmieriger kleiner Hacker, und keiner würde lesen wollen, was ich schreibe. Dann erzählte ich meinem Chef von dem Angebot und dachte, er würde es genauso absurd finden wie ich. Er sprang von seinem Bürosessel auf. „Bist du verrückt? Ruf sie an und schreib dieses Buch!“

Wieder folgte ich seinem Rat, und so kam 2010 mein Buch *Die Kunst des Human Hacking: Social Engineering in der Praxis* heraus, die erste Anleitung, wie man Menschen hackt. Es verkaufte sich über 100.000 Mal, was ein ziemlicher Wahnsinn ist für ein nerdiges Fachbuch. Die Bezeichnung „Social Engineering“, mit der ich meine Tätigkeit beschreibe, ist ein Begriff, der schon Ende des 19. Jahrhunderts aufkam und der in den 1990er- beziehungsweise 2000er-Jahren durch den bekannten Hacker Kevin Mitnick populär wurde. In meinem Buch heißt es dazu, Social Engineering sei „der Akt der Manipulation einer Person, eine Handlung auszuführen, die *vielleicht* im besten Interesse der ‚Zielperson‘ liegt – oder auch *nicht*.“[2] Inzwischen habe ich die Definition erweitert und unterscheide zwischen dem Versuch, Menschen zu beeinflussen, damit sie sich so verhalten oder denken, wie man es möchte, und der Manipulation, jener dunklen Kunst, bei der man das gewünschte Verhalten erzwingt. In Anbetracht der ethischen Auflagen, unter denen gute Hacker operieren – ich komme gleich ausführlich darauf zu sprechen –, kann man sagen, dass die allermeisten Social Engineers wie ich damit arbeiten, Menschen zu beeinflussen. Wir bringen sie auf raffinierte Weise dazu, sensible Daten preiszugeben, ohne sie dazu zu nötigen.

Sollten Sie uns einmal begegnen, entweder persönlich oder am Telefon oder im Internet, werden Sie sich nachher sagen, dass Sie eine angenehme, vielleicht etwas banale Begegnung mit einem anderen Menschen erlebt haben. Und Sie werden sogar denken, dass diese Begegnung Ihnen etwas gegeben hat. Aber weil wir unser Gespräch auf eine bestimmte Art und Weise gelenkt, bestimmte Worte benutzt, genau auf Ihre Reaktion geachtet haben,

haben Sie uns mit ziemlicher Sicherheit auch ein Passwort, eine Sozialversicherungsnummer oder irgendeine andere Information verraten, die wir von Ihnen wissen wollten. Tatsache ist: Ein gut ausgebildeter Social Engineer hat es gar nicht nötig, andere Menschen zu manipulieren. Seine Beeinflussungstechniken sind wirkungsvoll genug.

Erinnern Sie sich noch an die nette ältere Dame, die Sie gestern angerufen hat, um Sie um eine Spende für einen wohltätigen Zweck zu bitten, und mit der Sie ein paar Minuten nett geplaudert haben? Oder an den freundlichen Mann von UPS, der Sie nach dem Weg gefragt und ganz nebenbei eine Bemerkung über Ihr Unternehmen gemacht, einen Witz gerissen und Sie scheinbar arglos über Ihre Arbeit ausgefragt hat? Ich will Ihnen keine Angst einjagen, aber vielleicht war die Dame gar nicht so nett und der Mann gar nicht so arglos. Vielleicht waren diese Fremden bösartige Hacker, die Informationen aus Ihnen herausquetschen wollten. Höchstwahrscheinlich waren sie es nicht – wir wollen mal die Kirche im Dorf lassen –, aber möglich wäre es. Verbrecher hacken Millionen von Menschen mithilfe von Beeinflussungstechniken, die unter dem Deckmantel einer harmlosen Unterhaltung laufen. Die Opfer wissen erst, dass sie an der Nase herumgeführt wurden, wenn sie entdecken, dass jemand in ihrem Namen ein kleines Geschäftsdarlehen aufgenommen oder ihren Computer gesperrt hat und von ihnen Geld fordert.

In *Die Kunst des Human Hacking* habe ich die Grundprinzipien und Grundtechniken dargelegt, mit denen man Menschen hacken kann, damit Angestellte in der Sicherheitsbranche Angriffe abwehren und die Sicherheit ihres Unternehmens aufrechterhalten können. Rückblickend muss ich sagen, dass ich nicht besonders stolz auf dieses Buch bin. Es hat zu viele Schwächen. Aber es hat dazu beigetragen, dass Social Engineering zum Thema wurde. Und für mich persönlich war es ganz klar ein Wendepunkt. Angespornt durch den Widerhall, den das Buch in der Sicherheitsbranche erfuhr, habe ich meinen Job an den Nagel gehängt und mein eigenes Unternehmen gegründet. Jetzt prüfe ich Unternehmen mithilfe von „Penetrationstests“ – ich habe eingangs einen solchen beschrieben – auf Sicherheitslücken und zeige Leuten, die in diesem Bereich arbeiten, wie man effektiv Menschen hackt.

In den zehn Jahren seit der Gründung meines Unternehmens haben wir nach den Prinzipien des Social Engineering 14 Millionen Phishing-Mails verschickt und über 45.000 Vishing-Anrufe getätigt. Wir sind in Hunderte Server eingedrungen und haben uns Zutritt zu Dutzenden der bestbewachten Anlagen von Unternehmen und Regierungen verschafft, darunter Banken, Konzernzentralen, Produktionsanlagen, Warenlager und Wehranlagen. Wären wir echte Diebe, hätten wir uns hochsensible Staatsgeheimnisse verschafft, Milliarden Dollar gestohlen und Millionen Menschen geschadet, indem wir ihre Identität gestohlen und sensible Daten von ihnen veröffentlicht hätten. Wir waren derart erfolgreich, dass mich kürzlich das FBI einlud, neue Agenten in seiner Verhaltensanalyseeinheit auszubilden.

Mein Team und ich bezeichnen die Fähigkeit, Menschen zu hacken, als eine Superkraft, eine psychologische Kampfkunst, mit der wir Menschen dazu bringen, so gut wie alles zu tun, was wir wollen, und dabei noch zu glauben, unsere Begegnung – sprich wir – hätte ihnen etwas gegeben. Ja, in gewisser Weise kann man sagen, dass wir sie austricksen und betrügen, aber entscheidender ist, dass wir präzise dosierte Empathie und hoch entwickelten Menschenverstand einsetzen und zu unserem Vorteil nutzen. Mithilfe von Erkenntnissen aus der Psychologie sehen wir uns genau an, wie jemand denkt und fühlt, und setzen diese Einsicht ein, um ihn so weit zu bringen, dass er unserem Ansinnen nachkommen *will*. Richtig eingesetzt, führt Social Engineering dazu, dass sich mein Gegenüber glücklicher, ruhiger, stärker, schlicht und einfach *besser* fühlt, wenn es mir hilft. Es bekommt ein kleines emotionales „Geschenk“ von mir und revanchiert sich, indem es mir gibt, was ich will. Und zwar in einem kurzen, angenehmen Gespräch, das nur ein paar Minuten dauert.

Menschen hacken im Alltag

Stellen Sie sich vor, Sie könnten sich diese Fähigkeiten in Ihrem privaten und beruflichen Leben zunutze machen. Denn das können Sie. Vor Kurzem war ich mit meiner Frau und meiner Tochter am Flughafen Heathrow in London. Ich schob einen Kofferkuli mit unserem Gepäck in Richtung Check-in-Schalter, und kurz bevor ich an den Schalter kam, holperte der Kuli über eine Bodenwelle und ein paar Taschen fielen herunter. In Anspielung auf die bekannte Londoner Autobahn M5 scherzte ich: „Oh, schwerer Unfall mit Amischlitten auf der M5." Die Dame hinterm Schalter lachte. „Okay, gut", dachte ich. „Da hat sie gleich schon mal gute Laune."

Meine Frau plauderte ein paar Minuten mit ihr. „Bevor wir einchecken", sagte meine Frau, „darf ich Ihnen sagen, dass Ihr Make-up einfach fantastisch aussieht? Es passt ausgezeichnet zu Ihrem Schal. Genau so einen Schal wollte ich immer schon haben. Ich frage mich, wo man den bekommt."

Die Dame freute sich über das Kompliment, nicht zuletzt, weil sie vermutlich ihren Arbeitstag bisher überwiegend mit gestressten und missmutigen Fluggästen verbracht hatte. Die beiden plauderten noch ein bisschen weiter über Schals und Make-up, und die Schalterdame entspannte sich sichtlich – ein Lächeln legte sich auf ihr Gesicht, die Falten auf ihrer Stirn strafften sich und ihre Schultern wurden locker. Meine Frau versuchte nicht, ihr Honig um den Mund zu schmieren. Sie trug auch nicht dick auf. Das Make-up dieser Dame gefiel ihr wirklich, und das wollte sie ihr einfach gern sagen. Die Dame am Schalter konnte spüren, dass meine Frau authentisch war.

Ich sah darin eine Gelegenheit. Ich beugte mich ein wenig vor, legte den Arm um meine Frau und lächelte. Mit leicht geneigtem Kopf sagte ich: „Hey, nur eine kurze Frage. Ich dachte, wo Sie uns gerade einchecken ... Wahrscheinlich ist es für uns eh zu teuer, aber könnten Sie uns vielleicht eine Auskunft darüber geben, was uns ein Upgrade von der Economyclass in die Premium Economy kosten würde?"

Sie sah nicht mich, sondern meine Frau an und flüsterte: „Behalten Sie das bitte für sich." Dann tippte sie wild auf ihrer Tastatur herum. „Ich buche Sie alle drei in die Erste Klasse."

„Was??? Vielen Dank!", erwiderten wir. „Das ist ja großartig."

Schauen wir uns einmal an, was hier genau passiert ist. Wenn wir einem anderen Menschen zum ersten Mal begegnen, kommen uns prinzipiell zuerst vier grundlegende Fragen in den Sinn:

1. Wer ist dieser Mensch?
2. Was will er?
3. Wie lange wird unsere Begegnung dauern?
4. Ist dieser Mensch eine Bedrohung für mich?

Wenn Sie an Ihre letzte Begegnung zurückdenken, waren das sicher die entscheidenden Fragen, die Sie sich gestellt haben, selbst wenn sich das Ganze womöglich nur in Ihrem Hinterkopf abgespielt hat. Wenn Sie jemanden, dem Sie zum ersten Mal begegnen, dazu bringen wollen, etwas für Sie zu tun, dann müssen Sie ihm diese vier Fragen möglichst schnell beantworten, damit er sich entspannen kann und sich wohlfühlt. Ansonsten sind Sie geliefert. Dann können Sie sagen, was Sie wollen, Ihr Gegenüber wird sich vor Ihnen in Acht nehmen und Ihrem Ansinnen nur mäßige Begeisterung entgegenbringen.

Als ich am Gepäckschalter ankam, waren für die Dame dahinter drei der vier Fragen allein durch den Kontext und mein äußeres Erscheinungsbild sofort beantwortet. Mit meinem vollen Kofferkuli war ich höchstwahrscheinlich ein Fluggast und wollte höchstwahrscheinlich einchecken. Von daher würde unsere Begegnung wohl nur wenige Minuten dauern. Nur die vierte Frage war damit noch nicht beantwortet: War ich eine Bedrohung für sie? Vermutlich nicht, aber ganz sicher sein konnte sich die Dame nicht. Vielleicht war ich betrunken und würde laut und handgreiflich werden, wenn ich keinen Fensterplatz bekäme. Vielleicht war ich nicht betrunken, aber ein streitlustiger Idiot, der die Fluglinie hasste und Ärger machen wollte. Vielleicht hatte ich Covid-19 und würde ihr ins Gesicht husten und sie anstecken.

Mit meinem kleinen Witz beantwortete ich Frage Nummer 4 zu meinen Gunsten. Damit warf ich, wie wir sagen würden, einen „verbalen Softball" in die Luft. Ich schleuderte den Witz ebenso der Dame am Schalter entgegen wie den anderen Fluggästen, die in Hörweite waren, ohne zu wissen, wer darauf reagieren und den Softball „fangen" würde. Denjenigen würde ich dann zu meiner „Zielperson" machen, oder wie ich in diesem Buch auch sage, zur „Person meines Interesses". Dass die Dame reagierte, war für mich eine positive Entwicklung, da sie etwas hatte, was ich wollte. Mein Witz war der Ausgangspunkt, um eine Beziehung zu ihr aufzubauen. Sie lachte darüber und wir sahen uns in die Augen. Damit war ich für sie kein potenziell bedrohlicher Fremder mehr, sondern ein netter, selbstironischer Amerikaner. Schon mal ein guter Anfang.

Dann tat meine Frau spontan und zu meinem Entzücken etwas Erstaunliches. Sie fühlte sich bewogen, der Dame ein Kompliment zu machen, das nicht berechnend oder herabsetzend war, und setzte damit das „Sympathieprinzip" in Gang, wie wir es nennen. Wenn es um Einfluss und Einflussnahme geht, verhält es sich ganz allgemein so, dass wir Menschen mögen, die uns mögen. Nun sah die Dame am Schalter nicht nur, dass ich und meine Familie keine Bedrohung für sie darstellten, sondern sie mochte uns sogar – oder zumindest meine Frau. Außerdem baute meine Frau ein Einverständnis mit der Dame auf. Indem die beiden über Make-up und Schals sprachen, entstand eine Verbindung zwischen ihnen. Das Kompliment löste bei der Dame eine chemische Reaktion aus, in ihrem Gehirn wurden Oxytocin und Dopamin ausgeschüttet, Moleküle, mit denen Vertrauen aufgebaut beziehungsweise freudige Gefühle ausgelöst werden.

Dank dieser chemischen Mischung, diesem Aufbranden von Verbundenheit, Freundlichkeit und Freude, würde eine Bitte, die ich nun äußerte, weniger absonderlich erscheinen und eher eine positive Antwort nach sich ziehen. In diesem Kontext fiel es der

Schalterdame leichter, meiner Bitte nachzukommen. Was sie dann tatsächlich auch tat. Darüber hinaus ging sie aber selbst noch einen großen Schritt weiter, indem sie uns keine zusätzlichen Gebühren berechnete. Wir hatten ihr ein „Geschenk" gemacht und nun gab sie uns ein Geschenk zurück.

Meine Kursteilnehmer und ich haben diese und ähnliche Techniken angewandt, um bessere Sitzplätze zu bekommen, eine höhere Kategorie bei der Autovermietung, eine Reservierung in einem besonders beliebten Restaurant und einige andere Annehmlichkeiten. Wir haben damit auch Familienbeziehungen gerettet, eine beträchtliche Beförderung erlangt, schwierige Kollegen gebändigt, neue Freunde gefunden, uns bei Cocktailpartys und in anderen Situationen in eine angenehme Atmosphäre manövriert und vieles mehr. Natürlich haben wir sie auch angewandt, um uns gegenüber anderen Menschen zu schützen, die versucht haben, uns zu manipulieren, und etwas taten, das nicht in unserem Interesse war. Social Engineering ist ein allgemein anwendbarer Ansatz, mit dem Sie, wenn Sie ihn beherrschen, Freunde finden, Menschen beeinflussen und die meisten Ihrer Ziele erreichen können – indem Sie freundlicher, einfühlsamer und großzügiger sind.

Empathie ist ein grundlegendes Element, wenn Sie Menschen hacken wollen. In der Populärwissenschaft heißt es oft, Empathie sei eine angeborene gute Eigenschaft. Diesen Standpunkt vertreten Psychologen wie Simon Baron-Cohen, der behauptet, das Böse sei durch die Abwesenheit von Empathie gekennzeichnet.[3] Andere Wissenschaftler verbinden Empathie im Gegenteil auch mit einer Reihe negativer Phänomene, wie zum Beispiel Grausamkeit oder Tribalismus.[4] Ich würde Empathie eher als ein wertneutrales Konzept ansehen, als den Akt, bei dem ich mich in meiner Fantasie in das Gefühlsleben eines anderen hineinversetze. Kriminelle Hacker und Trickbetrüger sind herausragend in der wichtigsten empathischen Fähigkeit, die Perspektive ihres Gegenübers einzunehmen – nur nutzen sie sie auf böswillige Weise, um sich selbst damit einen Vorteil zu verschaffen. Sie sind sehr sensibel für das, was andere denken, und nutzen diese Sensibilität, um genau das zu sagen oder zu tun, womit sie andere manipulieren können.

Wir alle können dieses empathische Denken auf positive Weise nutzen, indem wir andere Menschen so beeinflussen, dass sie sich selbst dazu entscheiden, uns zu helfen, anstatt sie durch Manipulation dazu zu nötigen. Sie werden mir sicher zustimmen, dass wir mit einem empathischen Ansatz viel leichter unsere Ziele erreichen. Wenn wir dem anderen gegenüber Empathie zeigen, können wir nämlich zugleich auf seine Bedürfnisse eingehen, sodass er das Gefühl hat, wir haben ihm ebenfalls etwas gegeben.

Das Grundprinzip des Menschenhackens

Wenn Sie einen anderen Menschen beeinflussen möchten, um von ihm zu bekommen, was Sie wollen, müssen Sie ihm empathisch begegnen. Machen Sie es sich zur Regel, aus Ihren eigenen Gedanken auszusteigen und sich vorzustellen, was Ihr Gegenüber denkt. Gehen Sie so mit ihm um, dass Sie seine Bedürfnisse, Glaubenssätze und Gefühle ernst nehmen und darauf eingehen.

Wenn Sie nur einen einzigen Rat aus diesem Buch ziehen wollen, dann würde ich Ihnen das empathische Denken empfehlen. Jeder von uns kann sich in mehr oder weniger hohem Maße in andere hineinversetzen, und jeder von uns kann an dieser Fähigkeit arbeiten und sie weiterentwickeln. Tatsächlich sind die Werkzeuge, die wir in den folgenden Kapiteln erörtern, allesamt Wege, um Empathie zu üben, zu nutzen und auszudrücken. Wenn Sie diese Werkzeuge beherrschen, werden Sie ein Meister der Empathie sein, und Sie werden diese Denkweise in jeder Situation, in die Sie kommen, unbewusst und ganz automatisch anwenden. Sie werden staunen, wie viel leichter Sie Ihre Ziele erreichen und wie viel angenehmer es sich für Sie anfühlt.

Vielleicht überrascht es Sie, dass einem so offensichtlich böswilligen Verhalten wie dem Hacking einfühlsames Verhalten – in Verbindung mit einer ordentlichen Dosis Freundlichkeit, Respekt und Großzügigkeit – zugrunde liegt. Aber es stimmt. Je besser Sie andere Menschen verstehen und je besser Sie mit ihnen kommunizieren und sie behandeln, umso mehr werden Sie auch von ihnen das bekommen, was Sie wollen. Sie können sich Social Engineering als die Kunst vorstellen, freundlich zu fragen, sich diplomatisch zu verhalten, das Verhalten anderer Menschen zu interpretieren, ihre Bedürfnisse zu beachten und gesellschaftlichen Umgang zu pflegen – vereint in einem Ansatz, den Sie jederzeit und zu jedem beliebigen Zweck anwenden können.

Über dieses Buch

Schon vor einigen Jahren kam in mir das Gefühl auf, dieses Buch schreiben zu müssen, als ich bemerkte, wie viele fachfremde Menschen Tausende Dollar ausgaben, um meinen Social-Engineering-Kurs zu besuchen, obwohl er ausdrücklich für Angestellte in der Sicherheitsbranche konzipiert war. Ein Verkäufer wollte lernen, effektiver zu verkaufen. Ein Zumba-Trainer wollte seine privaten Beziehungen verbessern. Eine Hochschullehrerin wollte gern eine fruchtbarere Beziehung zu ihren Studenten aufbauen. Eine Mutter wollte aus ihrem Schneckenhaus herauskommen und eine bessere Beziehung zu ihren Kindern haben. Sie alle hatten durch Freunde von diesem Kurs erfahren und fühlten sich angesprochen.

Das machte mich neugierig, und so blieb ich mit ihnen auch nach dem Kurs in Kontakt. Es stellte sich heraus, dass sie alle gewaltige Umwälzungen in ihrem Leben erreichten, indem sie andere Menschen hackten. Sie brachten ihre Karriere voran, festigten ihre Liebesbeziehung, wurden zu besseren Eltern.

Viele meiner Kursteilnehmer waren sehr introvertiert und fast unangenehm schüchtern, als sie zu mir kamen. Eine Woche später liefen sie durch die Stadt und stellten vollkommen fremden Menschen gewagte Fragen. Im Laufe der nächsten Wochen und Monate fanden sie neue Freunde, stellten eine Beziehung zu ihren Kollegen her und fanden einen Umgang mit der Welt, den sie sich vorher niemals hätten vorstellen können.

Wir leben in schwierigen Zeiten. Die Technologien haben uns vereinzelt und voneinander entfernt und das soziale Zusammenleben erschwert (wobei uns die Corona-Pandemie die Sache nicht gerade leichter macht). Wir leben in unserer kleinen sozialen Blase und scheuen uns, Kontakt zu den Menschen in unserer unmittelbaren Umgebung aufzunehmen. Tribalismus macht das Problem noch schlimmer: Ganze Menschengruppen scheinen dermaßen anders zu sein als wir, dass eine Verständigung unmöglich scheint. Und während uralte Regeln gesellschaftlichen Verhaltens vor unseren Augen zerstört werden, wissen wir nicht mehr, wie wir mit unseren Arbeitskollegen oder mit Menschen reden sollen, denen wir bei einem gesellschaftlichen Ereignis begegnen, oder mit Personen des anderen Geschlechts, ja nicht einmal mit unseren eigenen Kindern.

All diese Entwicklungen können dazu führen, dass wir uns machtlos, ängstlich und unsicher fühlen, wenn wir mit anderen Menschen sprechen. Aber wenn wir lernen, Menschen zu hacken, können wir uns diese Macht zurückerobern. Wir können lernen, Menschen und ihre Gefühle zu lesen und uns ihnen gegenüber angemessener zu verhalten. Wir können geschickter mit Konflikten umgehen, besser noch: Wir können verhindern, dass überhaupt Konflikte entstehen. Wir können auf eine Weise um Dinge bitten, die wir wollen und brauchen, die den anderen nicht vor den Kopf stoßen, sondern die ihm ganz natürlich und vernünftig erscheinen. Wir können Gelegenheiten erkennen, wenn sie sich auftun, und mehr von dem bekommen, was wir wollen – siehe das Beispiel am Flughafen Heathrow. Wir können lernen, uns vor böswilligen Hackern und Betrugskünstlern zu schützen, und dafür sorgen, dass wir in jeder nur denkbaren Situation ruhig und selbstbewusst bleiben. Und was ganz besonders wichtig ist: Wir können lernen, unsere eigene Kommunikation selbstkritisch zu betrachten. Wenn wir einen gesellschaftlichen Fehltritt machen – was selbst den gewieftesten Hackern passiert –, können wir daraus lernen und es beim nächsten Mal besser machen.

In den einzelnen Kapiteln dieses Buches stelle ich Ihnen die Themen vor, die jeder professionelle Menschenhacker kennt und beherrscht. Anfangen möchte ich mit einem wirkungsvollen Werkzeug, mit dessen Hilfe Sie Kommunikationsmuster – Ihre eigenen und die Muster anderer – verstehen lernen. Denn wenn Sie wissen, wie Ihr Gegenüber reagieren wird, können Sie Ihr eigenes Gesprächsverhalten darauf zuschneiden und effektiver kommunizieren. In den folgenden Kapiteln möchte ich Ihnen beibringen, wie Sie:

- eine Beziehung zu anderen Menschen aufbauen;
- einen effektiven Vorwand für ein Gespräch finden;
- Menschen beeinflussen können, sodass sie Ihrem Ansinnen nachkommen;
- Menschen dazu bringen, Informationen preiszugeben, die sie unter normalen Umständen ungern preisgeben würden;
- sich vor möglichen Manipulierern schützen;
- Gespräche in eine für Sie Erfolg versprechende Richtung lenken;
- vorteilhaft Körpersprache einsetzen;
- wichtige Gespräche und Begegnungen im Voraus planen und dazu die in diesem Buch genannten Werkzeuge nutzen.

Gehen Sie jedes einzelne Kapitel in Ruhe durch und nehmen Sie sich Zeit, um die Fähigkeiten zu üben, die ich Ihnen in meinen „Missionen“ vorstelle. Wenn Sie daran arbeiten und am Ball bleiben, sollten Sie schon nach wenigen Wochen deutliche Verbesserungen wahrnehmen, wie Sie mit anderen kommunizieren und wie Sie auf sie Einfluss nehmen. Ich würde mir wünschen, dass Sie diese Fähigkeiten genauso üben, als würden Sie eine Kampfsportart betreiben oder ein Musikinstrument erlernen, in dem Bewusstsein, dass Sie immer noch besser werden können und eigentlich niemals „ausgelernt“ haben.

Sie können dieses Buch auch nutzen, um sich auf spezielle wichtige Gespräche vorzubereiten, zum Beispiel ein Bewerbungsgespräch, eine Verhandlung oder eine schwierige Unterredung mit einem Kollegen oder Ihrem Partner. Anstatt „kalt" und unvorbereitet in das Gespräch zu gehen, haben Sie dann eine ganze Reihe von Werkzeugen an der Hand. Und Sie haben einen Plan und das Selbstvertrauen, das Sie durch Ihr Wissen und die Beherrschung dieser Werkzeuge erlangt haben. Bei der Lektüre der einzelnen Kapitel sollten Sie am besten schon eine künftige Unterhaltung im Kopf haben und überlegen, wie Sie die beschriebenen Fähigkeiten in dieser Situation anwenden können. Im letzten Kapitel können Sie dann einen ausführlichen Plan aufstellen, wie Sie Ihre „Menschen-Hacking-Challenge" bewerkstelligen werden. Wenn Sie sich schon einmal in Ihrem Leben auf ein wichtiges Gespräch vorbereitet haben, dann werden Sie mithilfe dieses Buches Ihr Geschick und Ihr Selbstbewusstsein auf eine völlig neue Stufe stellen. Davon bin ich fest überzeugt.

Ich möchte Sie nur um eines bitten: *Seien Sie nicht böse.* Kriegen Sie das hin? Denn während Sie dieses Buch lesen und die darin beschriebenen Techniken üben, werden Sie rasch feststellen, dass Sie gerade neue Superkräfte entfalten. Und wie alle Superkräfte kann man auch das Menschenhacken sowohl für gute als auch für böse Zwecke einsetzen. Werden sie böswillig missbraucht, dann können die Folgen für den Einzelnen und die Gesellschaft verheerend sein. Da mein Team und ich uns dessen bewusst sind, halten wir uns strikt an einen formalen Moralkodex, der mehrere Punkte umfasst. Der entscheidende Punkt ist, dass wir niemals gegen das Gesetz verstoßen, um uns in einen Server oder einen gesicherten Standort zu hacken.* Auch erzählen wir niemandem von den Schwachstellen, die wir entdeckt haben. Wir bedrohen keine

---

* Genau genommen verstoßen wir natürlich gegen das Gesetz, wenn wir zum Beispiel in Gebäude einbrechen oder Phishing-Mails versenden. Wir haben aber von unserem Auftraggeber die vertragliche Genehmigung dazu. So steht etwa in unserem Vertrag, dass wir ausdrücklich das Recht haben, in seine Gebäude einzubrechen. Aber wir wenden keinerlei illegale Tricks an, die nicht vertraglich gestattet sind.

Menschen und wenden keine Manipulationstechniken an, die ihnen persönlichen Schaden zufügen. Wir achten in jedem Gespräch und jeder Begegnung darauf, dass unser Gegenüber das Gefühl hat, dass ihm etwas gegeben worden ist.

Die Teilnehmer meiner Kurse müssen immer zuerst diesem Moralkodex zustimmen, bevor ich ihnen das hier gesammelte Material vorstelle. Deshalb bitte ich auch Sie, den am Anfang des Buches dargelegten Moralkodex zu lesen und sich zu verpflichten, ihn zu befolgen. Kein Mensch ist perfekt, aber ich glaube, dass die große Mehrheit meiner Leser die Fähigkeit des Menschenhackens so anwenden wird, dass sich ihr Gegenüber ebenfalls bereichert fühlt. Einige wenige Leser werden meine Techniken vermutlich zu unmoralischen oder kriminellen Zwecken missbrauchen, aber alles in allem werden unsere Hacking-Methoden dazu beitragen, dass die Menschen freundlicher, aufmerksamer, einfühlsamer und gastfreundlicher werden. Auf jeden, der eine böse Absicht verfolgt, kommen tausend, die mithilfe dieses Buches erfolgreicher und glücklicher werden und zugleich andere so behandeln, wie es gut für sie ist.

Gehören Sie bitte zu den tausend. Wenn Sie in Ihrem Leben viel gekämpft haben, um in welchem Bereich auch immer weiterzukommen, oder wenn Sie gern auf Ihrem bestehenden Erfolg aufbauen möchten, dann ist dieses Buch wie für Sie geschaffen. Erlernen Sie die darin beschriebenen Fähigkeiten und üben Sie sie, bis Sie sie beherrschen. Tun Sie sich und uns anderen den Gefallen. Also, den Hintern hochkriegen, das Zeitvertrödeln beenden und auf zum Hackerangriff. Auf Menschen, wohlgemerkt.

KAPITEL 1

ERKENNE DICH SELBST, UND DU ERKENNST DEN ANDEREN

Finden Sie heraus, wie Sie selbst und die „Personen Ihres Interesses“ genau ticken.

Bevor Sie die Kunst und die Wissenschaft des Menschenhackens erlernen können, müssen Sie zuerst sich selbst hacken. Das heißt, Sie müssen Ihre eigenen Kommunikationsmuster verstehen, um Fehler zu vermeiden, die sich zu Ihrem Nachteil auswirken könnten. Je mehr Sie über sich selbst wissen, umso besser können Sie Gespräche führen, indem Sie die Persönlichkeit Ihres Gegenübers und dessen bevorzugten Kommunikationsstil berücksichtigen. Wenn Sie das, was Sie sagen, auf jeden einzelnen Gesprächspartner in Ihrem Leben zuschneiden – auf Ihren Chef, Ihre Frau, Ihre Kinder, Fremde, denen Sie zufällig begegnen, oder irgendeinen anderen Menschen –, dann maximieren Sie Ihre Erfolgsaussichten, ganz gleich, welches Ziel Sie verfolgen.

2018 konnte ein Betrüger die Stadtkämmererin von Ottawa, Marian Simulik, überreden, einem erfundenen Lieferanten fast 100.000 Dollar zu überweisen. Dazu ersann er einen Phishing-Angriff: Er sandte ihr eine E-Mail, die angeblich von ihrem Vorgesetzten stammte, dem Stadtdirektor Steve Kanellakos. Darin bat er sie um die Überweisung des genannten Betrags. Diese spezielle Art des Phishings, bei der eine ranghohe Person in einer Organisation zur Zielscheibe wird, nennen wir „Whaling", „Walfang". Die E-Mail lautete folgendermaßen:

> Okay, ich möchte bitte, dass Sie sich persönlich um folgende Angelegenheit kümmern: Gerade erfahre ich, dass ein neuer internationaler Lieferant ein Angebot von uns angenommen hat. Es geht um eine Akquise, die ich seit längerer Zeit eigenhändig vorbereitet habe, und laut den Geschäftsbedingungen, auf die wir uns geeinigt haben, müssen wir einen Vorschuss von 30 Prozent der Gesamtsumme zahlen. Das sind $ 97.797,20. Eine Pressemitteilung ist bereits in Arbeit und wird nächste Woche veröffentlicht, wenn der Deal in trockenen Tüchern ist. Deshalb will ich hier nicht weiter ins Detail gehen. Bitte sprechen Sie mit niemandem darüber, bevor wir die Akquise nicht öffentlich gemacht haben. Wenn Sie Fragen dazu haben, bitte per E-Mail an mich. Könnten Sie mir bitte bestätigen, dass die Überweisung noch heute Vormittag erfolgen kann?[1]

Wären Sie auf diese Spammail hereingefallen? Sie war gut geschrieben und wandte einige wirkungsvolle Techniken an, über die ich später noch ausführlicher sprechen werde. Aber bevor wir dazu kommen, schauen wir uns doch einmal an, inwiefern diese Nachricht genau auf Simulik zugeschnitten war. Wenn ich Sie fragen würde, was für ein Mensch ein Stadtkämmerer ist, der für die Verwaltung von Steuergeldern in Millionenhöhe verantwortlich ist, würden Sie wahrscheinlich vermuten, dass es sich um eine sorgfältige, gewissenhafte Person handeln wird, die vertrauenswürdig, diszipliniert und konsequent ist. Natürlich ist das ein Stereotyp, aber die meisten Stereotype enthalten zumindest ein Körnchen Wahrheit. Einem Betrüger genügt schon dieses kleine Körnchen.

In diesem Fall hat der Betrüger seine Nachricht auf eine sorgfältige, gewissenhafte Person zugeschnitten. Die Sätze sind präzise formuliert und enthalten alle relevanten Fakten über den angeblichen Deal, die zudem auch glaubwürdig sind. Der Ton ist seriös und geschäftsmäßig – kein Geschwafel über die Kinder, keine Emojis. Den Vorwand, den der Betrüger anführt – dass Kanellakos den Deal „eigenhändig" vorbereitet hat – würde eine sorgfältige, beherrschte, vertrauenswürdige Person sofort „schlucken". Gleich in der ersten Zeile wird Simulik gebeten, sich „persönlich" um die Angelegenheit zu kümmern, sprich die Überweisung. Damit wird suggeriert, dass es sich um eine extrem heikle Sache handelt, die Diskretion und Augenmaß erfordert. Allein die Tatsache, dass sich Kanellakos mit seiner Bitte an die Stadtkämmererin wendet, zeigt, dass er ihr vertraut und ihr Urteilsvermögen über das der anderen Angestellten in ihrer Abteilung stellt. Späterhin bittet der Betrüger Simulik noch um Diskretion, sie möge bitte „mit niemandem" über die heikle Angelegenheit sprechen. Er weiß, wie gewissenhaft sie ist, und schätzt diese Eigenschaft an ihr. Obwohl der Betrüger, der sich für Kanellakos ausgibt, Simulik erklärt, sie könne sich gern per E-Mail an ihn wenden, sagt er auch, er wolle nicht weiter ins Detail gehen – natürlich weil er selbst ebenfalls sorgfältig, professionell und gewissenhaft ist.

Vermutlich *wusste* der Betrüger nicht, dass die Stadtkämmererin eine gewissenhafte Person ist, weil er sie höchstwahrscheinlich nie kennengelernt hat. Als das FBI ihn aufspürte, saß er Tausende Kilometer entfernt irgendwo in Florida.[2] Vermutlich aber war er schon ähnlichen Menschen begegnet und stellte eine fundierte Vermutung über den Charakter der Stadtkämmererin an. Hätte er damit falschgelegen, wäre sie also nicht gewissenhaft, vertrauenswürdig und sorgfältig gewesen, dann wäre er mit seiner E-Mail wahrscheinlich nicht durchgekommen. Sie hätte erkannt, dass es sich um Betrug handelte. Aber er hatte recht behalten, sie fiel darauf herein.

Überlegen Sie einmal, welche Macht Sie mit einem solchen Angriff ausüben können. Simulik war nicht neu in ihrem Beruf. Im Gegenteil, sie übte ihn seit 28 Jahren aus und galt als „hoch angesehene leitende Angestellte", wie es in einem Zeitungsbericht heißt. Außerdem hatte Simulik kurz vor dieser E-Mail eine andere E-Mail bekommen, in der es um Geld ging. Die stammte angeblich vom Leiter der Stadtbücherei und war als betrügerisch entlarvt worden. Trotzdem war Simulik diesmal auf den Trick hereingefallen. Der Betrug flog am Ende nur auf, weil der Betrüger gierig wurde. Wenige Tage nachdem Simulik das Geld überwiesen hatte, erhielt sie eine zweite E-Mail, dass sie noch mehr Geld überweisen müsse. Daraufhin sprach sie mit dem Stadtdirektor und erfuhr, dass sie einem Schwindel aufgesessen war.

Wir alle können aus diesem Beispiel einiges lernen. Erstens (und das scheint offensichtlich): *Tätigen Sie niemals eine Überweisung, nur weil Sie per E-Mail dazu angewiesen werden.* Fragen Sie immer persönlich nach. Zweitens: Wenn Sie jemanden um etwas bitten, *bedenken Sie immer seinen Kommunikationsstil und schneiden Sie das, was Sie sagen, darauf zu.*

Erkenne dich selbst

Wenn Sie gerade darüber nachdenken, was wohl im Kopf des Betrügers vor sich gegangen sein mag, habe ich hier noch einen dritten

Rat für Sie: *Es ist wichtig, dass Sie Ihre eigene Persönlichkeit kennen und darauf achten, dass diese nicht Ihre Kommunikationsziele beeinträchtigt.*

Mein Unternehmen hat einmal eine neuartige Konferenz für Angestellte in der Sicherheitsbranche geleitet – für uns war das damals eine große Sache. Obwohl wir monatelang Zeit hatten, um sie vorzubereiten, wollte ich, dass von Anfang an alle meine Mitarbeiter involviert waren, vor allem meine Assistentin Shayna. Ich neige von Natur aus dazu, anderen gegenüber unverblümt zu sagen, was ich von ihnen will, und kommandiere sie wie ein Feldwebel herum. Auch sage ich gern einfach, was ich gerade denke, ohne darüber nachzudenken, wie andere das finden. Es heißt, ich sei forsch, selbstsicher und nehme kein Blatt vor den Mund – und das sind noch die nachsichtigeren Urteile über mich. Ich wurde aber auch schon als „Arschloch" bezeichnet. Ich hätte also zu meiner Assistentin gehen und ihr sagen können: „Hey. Diese Konferenz *muss* ein Erfolg werden, deshalb musst du dir wie alle anderen den Arsch abarbeiten. Das heißt, du bleibst abends so lange, wie wir dich brauchen, und arbeitest auch das Wochenende durch. Mach's einfach, okay? Enttäusch mich nicht!"

Die meisten Angestellten würden eine auf diese Weise vorgebrachte Bitte wohl nicht sehr motivierend finden. Im Gegenteil, sie klingt entmutigend.

Zum Glück konnte ich mich zügeln. Ich habe vor etwa zehn Jahren damit angefangen, mich mit meiner eigenen Persönlichkeit und meinem Kommunikationsstil auseinanderzusetzen. Gute Seiten, schlechte Seiten. Ich gab damals meinen allerersten Wochenkurs zu Social Engineering, den ich wie nicht anders zu erwarten wie ein Feldwebel leitete – ich schrie die Leute an, kommandierte sie herum, mimte Autorität. Ich fand es selbst anstrengend, die Teilnehmer vermutlich ärgerlich.

Ich leitete den Kurs zusammen mit meinem Freund Robin Dreeke, einem Bestsellerautor und ehemaligen Verhaltensanalytiker beim FBI, der mich nachher beiseitenahm und meinte: „Kollege, dein Stil gefällt mir nicht. Mach was, änder was. Du bellst ja den

Leuten nur Befehle vor." Zuerst widersprach ich ihm. Aber weil ich ihn schätzte, nahm ich mir seinen Rat zu Herzen und hörte auf, Befehle herauszubellen. Was für ein gewaltiger Unterschied! Plötzlich saßen die Teilnehmer lächelnd in meinem Kurs. Sie nahmen aktiver teil und schienen das Material förmlich in sich einzusaugen. Wow, dachte ich, beeindruckend.

Im Laufe der Zeit änderte ich meinen Kommunikationsstil komplett. Ich gab dem Feldwebel den Laufpass und wurde zu einem aufgeschlossenen, herzlichen, fröhlichen Menschen. Auch wurde mir immer mehr bewusst, was ich sagte, wie ich es sagte und wie es bei den Teilnehmern ankam. Ich lenkte gezielt mein Augenmerk darauf, die Persönlichkeit anderer Menschen zu verstehen und meine Kommunikation daran anzupassen. Wurde mein Menschen-Hacking dadurch effektiver? Aber hallo!

Anstatt Shayna zu befehlen, alles zu geben, dachte ich also über ihre Persönlichkeit und über den Kommunikationsstil nach, der sie am ehesten ansprechen würde – genau wie es der Betrüger aus dem Ottawa-Beispiel mit seiner Zielperson gemacht hatte. Mein Vorteil war, dass ich Shayna schon ziemlich gut kannte, sodass meine Einschätzungen nicht so sehr auf Vermutungen basierten. Ich wusste, dass Shayna gewissenhaft, gut organisiert und vertrauenswürdig war – genau wie die Zielperson in den Augen des Betrügers. Sie fand Grenzen wichtig und hielt sich lieber im Hintergrund. Insofern wäre wohl eine persönliche Geste von mir am wirkungsvollsten, zumindest wirkungsvoller als ein überschwängliches Lob vor versammelter Mannschaft, wonach ich ihr sagen würde, sie solle sich bitteschön den Arsch abarbeiten.

Also kaufte ich ihr einen Geschenkgutschein für ein Geschäft, von dem ich wusste, dass es ihr gefiel, und schrieb ihr ein paar persönliche Worte dazu, in denen ich ihr für die Professionalität dankte, die sie in unser Unternehmen einbrachte, und ihr sagte, dass sie uns damit einen großen Dienst erwies. Dann sprach ich die Konferenz an, die für mich von großer Bedeutung sei, und bat sie, ihre herausragende Arbeit fortzuführen.

Shayna war hin und weg. Berührt von meiner Geste, entwickelte sie spürbaren Elan, um weiter genauso hart zu arbeiten wie bisher. Hätte ich ihr einen Scheck über eine Million Dollar ausgestellt, es hätte sie vermutlich weniger motiviert als mein persönliches Schreiben. All das nur, weil ich mir meiner schlimmsten Impulse bewusst geworden war und sie überwunden hatte, weil ich die Persönlichkeit meiner „Zielperson" berücksichtigt und meine Kommunikation darauf zugeschnitten hatte.

Wer effektiv Menschen hacken will, der muss zumindest ein grundlegendes Wissen über seinen eigenen Kommunikationsstil besitzen – über seine Stärken und Schwächen – und es sich zur Gewohnheit gemacht haben, die wichtigsten Persönlichkeitsmerkmale der Person zu verstehen, die er beeinflussen möchte. Wenn ich in die Zentrale eines großen Unternehmens einbrechen will und dabei mein ungehobeltes Feldwebel-Gehabe an den Tag lege – indem ich zum Beispiel vorgebe, ein leitender Angestellter in einer Filiale zu sein, und den Wachmännern befehle, mich ins Gebäude zu lassen, obwohl ich mich nicht ausweisen kann –, dann kann es durchaus passieren, dass das Sicherheitspersonal darauf anspringt. In den meisten Fällen aber würde das Ganze wohl nach hinten losgehen. Das heißt, meine Erfolgschancen stünden von Anfang an bei höchstens 50 Prozent. Und: Wenn ich einfach losrenne und meinen eigenen Kommunikationsstil durchzudrücken versuche, verschenke ich die Möglichkeit, die Begegnung mit den in diesem Buch dargelegten Mitteln so zu gestalten, dass sie zu meinen Gunsten abläuft. Sprich, ich erhöhe die Wahrscheinlichkeit, einen dummen Fehler zu begehen.

Dass wir immer wieder vergessen, wie wir gern kommunizieren würden, führt in unserem täglichen Leben zu unzähligen Problemen. Jahrelang habe ich eng mit einer ehemaligen Angestellten meines Unternehmens zusammengearbeitet, nennen wir sie Camilla. Die meiste Zeit haben wir uns damit abgemüht, miteinander auszukommen. Warum, wusste ich nicht. Bis mir klar wurde, dass wir einen ganz unterschiedlichen Kommunikationsstil hatten. Weil ich immer so direkt zu den Leuten war, hielt mich Camilla für ein ziemliches Arschloch. Sie hingegen kommunizierte lieber wohlüberlegt. Sie dachte ihre Gedankengänge erst zu Ende, bevor sie sie aussprach. Weil sie aber so langsam und unentschlossen auf das, was ich sagte, reagierte, dachte ich, ihre Arbeit und unser Unternehmen seien ihr mehr oder weniger egal.

Tag für Tag redeten wir aneinander vorbei. Einmal, als wir einen Gesundheitsplan für das Unternehmen auswählen mussten, machte ich ein paar Recherchen, bis ich meinte, den richtigen Plan gefunden zu haben. Ich schickte ihr eine kurze E-Mail, in der ich meine Überlegungen darlegte und sie fragte, was sie darüber dachte. Ein paar Minuten später rief ich sie an und fragte sie, ob sie die E-Mail bekommen habe. „Ja", sagte sie. „Ich lese sie gerade."

„Und was denken Sie?"

Pause.

„Okay", sagte ich. „Dann mache ich das so, okay?"

„Ja, das können Sie schon machen ... [Pause] ... wenn Sie das so meinen."

„Super, das war's schon, danke."

Klick.

Später am Tag stellte ich fest, dass sie sauer auf mich war. Ich verstand nicht, warum – ich hatte sie nach ihrer Meinung gefragt und sie hatte mir zugestimmt. Als ich sie fragte, erklärte sie mir, ich hätte ihr keine Zeit gelassen, die E-Mail zu lesen und sich selbst eine Meinung zu bilden. „Ich habe gesagt, das können Sie machen, wenn Sie das so meinen."

„Das mit ‚wenn Sie das so meinen' habe ich überhört", sagte ich.

„Das tun Sie immer."

Damit hatte sie recht. Und was ich auch nicht begriffen hatte: Unser Unternehmen lag ihr sehr wohl am Herzen und sie wollte einfach gern die richtige Entscheidung treffen. Nur brauchte sie eben mehr Zeit, bevor sie ihre Meinung kundtat.

Sie können die besten Absichten haben, wenn Sie sich mit Ihrer Frau, einem Kollegen oder Freund oder irgendjemand anderem aus

Ihrem Leben unterhalten. Sie können sich die größte Mühe geben, gut zu kommunizieren und ein angenehmes Gespräch zu führen. Und trotzdem können Sie das Gefühl haben, keine Verbindung zu Ihrem Gegenüber herstellen zu können. Sie denken, der andere versteht nicht, was Sie sagen, oder ärgert sich darüber. Vielleicht hat er schlechte Laune, die auf das, was er hört, abfärbt. Vielleicht fehlt Ihnen Wissen über den anderen oder über seine Erfahrungen und Sie haben ihn unabsichtlich beleidigt. Aber vielleicht passt auch Ihre Art der Kommunikation nicht zu der Art, wie der andere gern kommunizieren würde. In vielen Fällen erschwert eine solche Diskrepanz unsere Beziehungen und führt zu Angst und Unmut.

Wenn wir uns über unseren Kommunikationsstil nicht im Klaren sind, macht uns das auch verwundbarer für ungünstige Einflussnahme durch andere. Als ich 15 war, sind wir aus dem Staat New York nach Pennsylvania gezogen und später dann nach Florida. Ich war bleich wie eine Glühbirne, wollte aber natürlich wie die meisten Jungs den Mädels imponieren. Jetzt stellen Sie sich folgende Szene vor: Ich liege an einem kalten Januartag mit ein paar Mädels am Lagerfeuer am Strand. Die anderen Jungs sind allesamt surfen gegangen. „Haaah", denke ich, „das Paradies. Ich ganz allein mit so vielen Mädels." Da kommt einer der Jungs zu mir und sagt „Hey, Chris, willst du hier rumsitzen wie ein Mädchen oder kommst du mit paddeln?"

Das Meer ist nicht nur eisig, sondern auch ziemlich wild – die Wellen schlagen bis zu zweieinhalb Meter hoch. Ich war noch nie in meinem ganzen Leben surfen. Wenn ich jetzt Ja sage, werde ich höchstwahrscheinlich Spott und Häme ernten. „Heute nicht", sage ich. „Ich habe keine Badehose dabei."

„Aber du hast ja wohl eine Unterhose an?", sagt der Junge.

„Ja, klar."

„Kannst du damit reingehen."

Also drehe ich mich von den Mädchen weg, ziehe mich bis auf die Unterhose aus und gehe runter zum Wasser. Ich schnappe mir ein Surfbrett, binde mir die Leine um den Knöchel und gehe hinein.

Es ist arschkalt, die Wellen knallen mir entgegen und schleudern mich hin und her. Ich komme keine zehn Meter weit und habe das Gefühl, dass ich gleich hier im flachen Wasser ertrinke. Ich weiß, ich stelle mich derart ungeschickt an, dass ich mich vor allen Mädels blamiere. Bis einer der Jungs zu mir herüberschwimmt und mich hinter sich aufs offene Meer hinauszieht, was die Sache noch peinlicher macht. Da draußen branden haushohe Wellen an. Ich habe keine Ahnung, was ich hier eigentlich mache. Angestachelt von den anderen Jungs, paddle ich auf eine Welle zu. Es gelingt mir sogar, mich für eine Sekunde hinzustellen, bevor ich das Gleichgewicht verliere. Die Wellen überschlagen sich, prügeln auf mich ein und werfen mich schmerzhaft auf eine Sandbank. Als ich wieder an die Oberfläche komme, schnappe ich nach Luft – und merke, dass ich meine Unterhose verloren habe. Das tobende Meer hat sie mir unter Wasser heruntergerissen. Ich sehe mich nach meinem Surfbrett um. Die Wellen haben es zertrümmert. Jetzt stellen Sie sich meinen Gang der Schande vor: Splitternackt, frierend und kreidebleich defiliere ich an allen Mädels vorbei, denen ich doch so gern imponieren wollte.

Ein Reinfall sondergleichen, eine kaum mehr zu toppende Erniedrigung inklusive anschließender Lungenentzündung. Ich habe Ihnen diese unangenehme Situation aus zwei Gründen geschildert. Erstens war ich ein testosterongeladener Jugendlicher, der keine Freunde hatte, aber unbedingt welche finden wollte. Zweitens, und das ist mindestens genauso schlimm, hatte ich keine Ahnung, auf welche Art und Weise ich kommunizierte. Ich mag den dominanten, aggressiven Kommunikationsstil, weshalb ich schnell auf Herausforderungen anspringe. Wenn mich jemand herausfordert, lasse ich mich meist sofort ködern. Der Junge, der mich überredete, ins kalte Wasser zu springen, hatte mich herausgefordert, weil er mich implizit fragte, ob ich „hart genug" bin oder doch leider nur ein Warmduscher. Hätte er seine Frage vorsichtiger formuliert, wäre ich wahrscheinlich nicht mitgegangen. Hätte ich mich selbst besser gekannt und gewusst, dass ich auf diese Art der Herausforderung immer sofort anspringe, wäre ich wahrscheinlich ebenfalls nicht mitgegangen, sondern hätte eine klügere Lösung gefunden, um die Einladung abzulehnen. Da mir aber jede Selbstreflexion fehlte, konnte der Junge die Reaktion aus mir herauskitzeln, die er wollte. Was mich teuer zu stehen kam.

Vier Arten, wie Menschen kommunizieren

Wenn ich meine Kursteilnehmer zu Sicherheitsexperten ausbilde, stelle ich ihnen immer ein klassisches psychologisches Profiling-Tool vor, das sogenannte „DISG", mit dem sie ihr eigenes Kommunikationsverhalten analysieren können. Damit kann man vor und während eines Gesprächs schnell einschätzen, auf welche Weise der Gesprächspartner gern kommunizieren würde. Obwohl dieses Tool nicht unumstritten ist, setzen viele Unternehmen es ein, wenn sie Leute einstellen oder Teams bilden wollen. Außerdem wird es in bestimmten Branchen wie der Zahnmedizin eingesetzt.[3] Aus gutem Grund: Untersuchungen haben gezeigt, dass DISG zuverlässig und hilfreich ist, zur Leistungssteigerung beiträgt und die Interaktion am Arbeitsplatz erleichtert.[4] Meine Kursteilnehmer stimmen mir da zu. Wer Menschen hacken will, sowohl beruflich als auch im alltäglichen Leben, kann aus DISG außerordentlichen Nutzen ziehen, wiewohl es seine Schwächen und Grenzen haben mag.

DISG basiert auf der Pionierarbeit des Psychologen William Moulton Marston, der in den 1920er-Jahren erklärte, man könne Menschen in vier verschiedene „Typen" unterteilen, die sich an der Art und Weise zeigen, wie sie ihre Gefühle ausdrücken.[5] Seitdem haben Generationen von Psychologen auf der Grundlage von Marstons Modell Tests entwickelt und auf den Markt gebracht, um zu bestimmen, was für ein Typ man selber ist. Mein Team hat einen solchen Test gekauft und in unseren Social-Engineering-Kurs integriert, sodass die Teilnehmer eine wissenschaftlich fundierte Einschätzung ihres Kommunikationsverhaltens bekommen. Ich sage immer zu meinen Teilnehmern, dass DISG kein Persönlichkeitstest ist wie der bekanntere Myers-Briggs-Typenindikator, sondern dass es dabei eher darum geht, Tendenzen zu erkennen, wie wir kommunizieren, was wiederum möglicherweise bestimmte Aspekte unserer Persönlichkeit widerspiegelt. Denn unsere Persönlichkeit besteht natürlich aus mehr Facetten als nur aus unserem Selbstausdruck. Sie umfasst zum Beispiel auch unser sonstiges Verhalten und die Art und Weise, wie wir die Welt sehen.

Ich kann hier leider nicht den Test abdrucken, den wir für unseren Kurs verwenden, weil ich sonst eine Klage des Anbieters am Hals hätte, aber ich kann Ihnen den wesentlichen Kern von DISG darlegen. Das sollte genügen, damit Sie besser verstehen, wie Sie kommunizieren und wie Sie Ihren Kontakt zu anderen Menschen vorteilhafter gestalten können. Am besten sehen wir uns zuerst einmal die vier Typen an. Dann können Sie sich ein Bild machen, wie Sie und die Menschen in Ihrer Umgebung in dieses Schema passen könnten. Ich will aber vorher noch darauf hinweisen, dass das DISG-Modell wertneutral ist. Keiner der vier Typen ist besser oder schlechter als der andere. Niemand ist klüger oder fähiger als andere oder vertritt bestimmte Werte, nur weil sein Kommunikationsstil diesem oder jenem Muster entspricht. Es heißt einfach nur, dass jemand auf eine bestimmte Art und Weise kommuniziert. Die hat je nach dem gesellschaftlichen Umfeld und den Menschen, mit denen man verkehrt, Vor- und Nachteile.

Manche Menschen gehören zum Typ „Dominant“ (D): Sie sind selbstbewusst und denken gewinnorientiert. Andere sind „Initiativ“ (I), das heißt, man könnte sie als optimistische, begeisterungsfähige Mitarbeiter bezeichnen. Eine dritte Gruppe zeichnet sich dadurch aus, dass sie „Stetig“ ist (S), ernsthaft, ruhig und hilfsbereit. Und schließlich gibt es noch den Typ „Gewissenhaft“ (G), Menschen wie meine Assistentin Shayna, die sehr gut organisiert und sehr sachlich sind. Die Typen „D“ und „I“ tendieren zu einem direkteren Kommunikationsstil, während die Typen „S“ und „G“ einen indirekten Stil bevorzugen. Personen vom Typ „I“ oder „S“ legen vor allem Wert auf den Kontakt zu anderen Menschen, während die Typen „D“ und „G“ in ihrer Kommunikation darauf fokussiert sind, Dinge zu erledigen.

Um sich diese vier Typen einzuprägen, hilft es meiner Ansicht nach, sie mit berühmten Persönlichkeiten zu verknüpfen. Die Feinschmecker unter Ihnen kennen sicher den berühmten Chef- und Fernsehkoch Gordon Ramsay. Der Mann ist *definitiv* Typ „D“: direkt, dynamisch, energisch, aufgabenorientiert – und das ist noch verhalten ausgedrückt. Ein Wahnsinnstyp! Manchmal allerdings erwecken Menschen vom Typ „D“ den Eindruck, sich nicht für andere und deren Gefühle zu interessieren. Das muss nicht unbedingt stimmen. Es kann sogar sein, dass sie sich sehr für andere interessieren, nur sind sie so sehr auf das Ergebnis fokussiert, dass andere Erwägungen im Kontakt in den Hintergrund geraten. Deshalb kommen sie oft raubeinig, streng, brüsk, rücksichtslos oder herrschsüchtig rüber, vor allem in stressigen Situationen. Andere Promis, die starke Tendenzen zum Typ „D“ haben, sind Simon Cowell aus der Fernsehserie *American Idol,* der Moderator Jim Cramer von *MSNBC* oder Jack Welch, der ehemalige CEO von General Electric. Bei der Arbeit streben dominante Typen zu Führungspositionen, in denen sie für andere verantwortlich sein können.

Der Prototyp „I“ ist jemand wie der ehemalige US-Präsident Bill Clinton. Er ist anderen gegenüber ganz natürlich – ausdrucksstark und temperamentvoll –, eben wie jemand, der gern die Initiative ergreift. Der Typ „I“ mag es, im Mittelpunkt zu stehen. Wenn Sie nicht über seine Witze lachen und sich nicht in seiner Gegenwart amüsieren, dann stimmt etwas nicht. Der Typ „I“ spricht auch gern über sich selbst, und zwar möglichst so, dass er damit auffällt, etwa indem er besonders laut oder lebhaft spricht. Andere bekannte Personen, die ich dem Typ „I“ zuordnen würde, sind Ellen DeGeneres (ebenso wie zahlreiche andere Fernsehmoderatoren), Tina Fey (und viele andere Comedians) sowie nicht wenige Verkäufer, mit denen ich zu tun hatte. Viele Vortragsredner, Lehrerinnen und Staatsanwälte sind ebenfalls geborene „I“-Typen. Aber: Es kann „I“s manchmal schwerfallen, zu anderen Menschen Kontakt aufzunehmen, weil sie so begeistert und extrovertiert sind, dass sie oberflächlich, falsch oder manipulativ, womöglich sogar egoistisch rüberkommen. Auf andere Menschen, die nicht zum Typ „I“ gehören, wirken sie oft impulsiv oder unmäßig, sie reden zu viel von sich aus und schmeißen ihrem Gegenüber zu schnell zu viele Informationen und Gefühle vor die Füße. Und weil „I“s so fröhliche Gemüter sind, wirken sie oft überoptimistisch.

Schauspieler wie Tom Hanks oder Hugh Jackman sind vom stetigen Typ „S“. Wie der Typ „Initiativ“ interessieren sie sich vor allem für Menschen, strahlen aber mehr Ruhe aus, stehen weniger im Rampenlicht und fungieren eher als Unterstützer oder Begleiter. Sie freuen sich, wenn andere glänzen, und reden meistens über andere Menschen, die sie kennen. In Helferberufen gibt es viele Menschen vom Typ „S“: Krankenschwestern, Therapeuten, Lehrer, Beraterinnen. Sie wirken angenehm, zuverlässig, verträglich. Im Team sind sie oft diejenigen, die die Verantwortung übernehmen. Ihr Ziel ist es, dass *alle* erfolgreich sind, und sie freuen sich, wenn nicht nur sie allein, sondern das ganze Team Anerkennung bekommt. Aber weil sie immer im Hintergrund stehen, können sie auch langsam und gleichgültig erscheinen. Sie sorgen ungern für Aufregung, weshalb sie manchmal wirken, als wären sie halsstarrig und vertrügen keine Veränderungen. Auch werden sie oft als passiv-aggressiv wahrgenommen. Jeder weiß, dass sie auch Gefühle haben, sie äußern sie nur nicht.

Der letzte DISG-Typ, „Gewissenhaft“ oder kurz „G“, ist reservierter, aber auch detailversessener. Eine Schauspielerin wie Meg Ryan, die am liebsten privat bleibt und selbst erklärt hat, das Rampenlicht zu hassen, könnte Typ „G“ sein, ebenso wie einige berühmte Einsiedler, etwa die Autoren J. D. Salinger und Harper Lee. Gewissenhafte Menschen sind diskret und verhalten sich in der Kommunikation gesittet und methodisch. Viele Menschen vom Typ „G“ suchen sich Berufe wie Buchhalter, Forscher, Ärztin oder Pilotin, bei denen es sich auszahlt, auf Details zu achten und sich auf die gerade zu erledigende Aufgabe zu konzentrieren. Das Problem: Der Typ „G“ kann streberhaft, reserviert, kühl oder undurchschaubar wirken. Wenn Sie ihm eine Frage stellen, bei der Antwort aber keinen Wert auf Einzelheiten legen, kann er Ihnen mit einer langatmigen Erklärung das Ohr abkauen, und Sie bekommen viel mehr Informationen, als Sie wollten, weil er sich gern in Details verliert. Gewissenhafte Menschen können in Situationen, in denen schnelles Handeln und schnelle Informationsweitergabe gefordert sind, in Schwierigkeiten kommen, ebenso in Situationen, in denen Offenheit und Spontaneität von Vorteil sind.

Diese Typenbeschreibungen sind natürlich Verallgemeinerungen von Menschen und ihrer Art, miteinander umzugehen. In Wirklichkeit legt jeder von uns in verschiedenem Maße das Kommunikationsverhalten aller vier Typen an den Tag. Wenn ich mich dem Typ „D“ zuordne, dann will ich damit sagen, dass dominante Züge bei mir am stärksten durchscheinen. Ich habe auch Anteile von „I“ und „G“ in mir, nur stechen sie nicht so deutlich hervor, und obwohl der Typ „G“ bei mir nur sehr schwach ausgeprägt ist, trage ich ihn doch ebenfalls in mir. Außerdem kehren wir diesen oder jenen Typ je nach Situation unterschiedlich stark hervor. Jemand, der als extrovertierter Typ „I“ erscheint, zeigt diesen Zug vielleicht vor allem bei öffentlichen Anlässen, zum Beispiel auf einer Cocktailparty. Aber wenn Sie ihn bei seiner Familie erleben, legt er womöglich ein ganz anderes Verhalten an den Tag, selbst wenn sein Kommunikationsstil vom Typ „I“ geprägt bleibt.

Machen Sie den DISG-Test

Wenn ich meinen Kursteilnehmern das DISG-Prinzip erkläre, wenden sie es am liebsten auf andere Menschen in ihrem Umfeld an, auf ihre Frau, ihren Chef oder einen Bekannten. „Mal langsam, Freunde“, sage ich dann. „Zuallererst probieren Sie es bitte an sich selbst aus. Denn dieses Prinzip hilft Ihnen in allen alltäglichen Situationen, in denen Sie auf andere Menschen treffen.“

Ich möchte Sie jetzt gern einladen, die folgende Übung zu machen:

Nehmen Sie sich bitte einen Augenblick Zeit, um über Ihr eigenes Kommunikationsverhalten nachzudenken. Verwenden Sie dazu den DISG-Spickzettel (Anhang 1 am Ende des Buches). Interessieren Sie sich vor allem für Menschen oder konzentrieren Sie sich eher auf die anstehende Aufgabe und das gewünschte Ergebnis? Wenden Sie eher einen direkten oder eher einen indirekten Kommunikationsstil an? Wenn Sie diese beiden Fragen beantworten, können Sie sich schon ungefähr im Raster einordnen. Angenommen, Sie haben sich dem Typ „Dominant" zugeordnet, dann denken Sie jetzt bitte über dessen Stärken und Schwächen nach. In welchen Situationen und bei welchen Menschen ist Ihr Verhalten für Sie von Vorbeziehungsweise von Nachteil (zu Hause in der Familie, bei der Arbeit mit Kollegen, am Wochenende mit Ihren Freunden)?

Wenn Sie sich die Stärken und Schwächen Ihres bevorzugten Kommunikationsstils ansehen, achten Sie bitte besonders auf die Schwächen. Wann könnte Ihre Art der Kommunikation dazu führen, dass sich andere Menschen abgestoßen fühlen, die Sie eigentlich gern enger an sich binden würden? Dazu gleich noch eine Übung:

Notieren Sie sich in den nächsten Tagen alles, was Sie gemeinsam mit anderen erreicht haben, und alle Situationen, in denen Sie mit anderen in Konflikt geraten sind. Überlegen Sie unmittelbar nach einer solchen Erfahrung, inwiefern Ihre Art zu kommunizieren zum Erfolg oder zur Streitigkeit beigetragen hat. Wenn es Ihnen wie meinen Kursteilnehmern ergeht, werden Sie das eine oder andere Mal einen Aha-Effekt erleben: „Ah, deshalb hat das Gespräch im Streit geendet", oder „Deshalb habe ich auf meine E-Mail nicht die erhoffte Reaktion erhalten."

Wenn Sie einmal für Ihr soziales Verhalten sensibilisiert sind, können Sie den nächsten Schritt gehen und lernen, Ihr Verhalten besser unter Kontrolle zu halten. Sie wissen nun, welche Ihrer kommunikativen Vorlieben bei anderen schlecht ankommen, und können Ihre „rauen Kanten“ ein wenig abschleifen. Ich selbst bin als Typ „D“ oftmals zu direkt und zu schroff zu anderen Menschen. Wenn ich früher eine E-Mail bekam, die mich auf die Palme brachte, habe ich sofort zurückgefeuert und dem Absender gesagt, was ich davon halte. Das wiederum brachte ihn auf die Palme. Mein Verhalten führte somit dazu, dass andere mein Ansinnen nur ungern erfüllten und emotional auf Abstand gingen. Deshalb machte ich es mir zur Pflicht, nach jeder E-Mail, die mich aufregte, erst einmal eine Pause einzulegen. „Chris“, sagte ich zu mir, „steh auf und geh eine Runde spazieren.“ Nur funktionierte diese Technik bei mir leider nicht, weil ich während meines Spaziergangs weiter über die E-Mail nachdachte. Deshalb probierte ich etwas anderes aus: Wenn ich eine E-Mail bekam, die mich aufregte, schrieb ich noch mit voller Wut im Bauch meine Antwort, schickte sie aber nicht ab, sondern stand auf und verließ den Raum. Das war die Lösung: Ich konnte mir meinen Ärger von der Leber schreiben, ohne im stereotypen „D“-Schema zu reagieren. Wenn ich mir die E-Mail nach der Pause noch einmal ansah, änderte ich meist 90 Prozent, bevor ich sie schließlich abschickte.

Mein Rat für Menschen mit einem anderen Kommunikationsprofil lautet ganz ähnlich: Finden Sie für sich einen Weg, um von Ihrer ersten emotionalen Antwort, die in Ihnen ausgelöst wird, Abstand zu gewinnen, und vermeiden Sie das Kommunikationsverhalten, auf das Sie automatisch zurückgreifen. Wenn Sie der Typ „Initiativ“ sind, riskieren Sie womöglich, auf andere abstoßend zu wirken, weil Sie im Gespräch zu viel über sich selbst reden, darüber, wie Sie fühlen, was Sie denken, wie Sie in dieser oder jener Situation reagiert haben. Um diese „raue Kante“ etwas abzuschleifen, sollten Sie einen Schritt zurücktreten und es sich zur Aufgabe machen, andere mehr zu Wort kommen zu lassen und aktiver zuzuhören.

Widerstehen Sie dem Drang, darüber nachzudenken, was Sie als Nächstes sagen wollen, und konzentrieren Sie sich darauf, was die anderen sagen – und falls Sie abschweifen, lenken Sie Ihre Aufmerksamkeit erneut auf Ihr Gegenüber. Wenn Sie nicht per E-Mail oder SMS, sondern per Telefon kommunizieren, ist Weggehen vermutlich keine Lösung. Erklären Sie Ihrem Gesprächspartner dann, dass Sie einen Moment brauchen, um sich zu sammeln, oder dass Sie eine Pause einlegen möchten, um das Gespräch ein wenig später weiterzuführen.

Wenn Sie eher der „Stetige" Typ sind, könnten passiv-aggressive Antworten ein Problem von Ihnen sein. Treten Sie beim nächsten Konflikt einen Schritt zurück und versuchen Sie wie bei Typ „I", aktiv zuzuhören und sich darauf zu konzentrieren, den Standpunkt des anderen zu verstehen, anstatt zu versuchen, die Auseinandersetzung für sich zu entscheiden. Menschen vom Typ „S" sind extrem auf das Zwischenmenschliche fokussiert, weshalb es sie oft irritiert, wenn jemand anderes ein Problem mit ihnen hat. Dann fällt es ihnen schwer, nicht defensiv zu reagieren, sodass sie oft die Perspektive des anderen nicht mehr mitbekommen. Versuchen Sie also, Ihre erste emotionale Reaktion zu überwinden, versetzen Sie sich in die Position Ihres Gegenübers und versuchen Sie zu verstehen, was es sagt.

Wenn Sie der „Gewissenhafte" Typ sind und sich gerade im Zwist mit jemandem befinden, laufen Sie Gefahr, den anderen mit 1.800 Gründen zu überfahren, warum das, was er gemacht hat, beschissen war. Wenn sie die alle vor ihm ausbreiten – so Ihr Kalkül –, *müssen* Sie aus dem Streit als Sieger hervorgehen. Eine Frage der Logik. Sollten Sie sich im direkten Gespräch befinden, Auge in Auge oder am Telefon, dann versuchen Sie bitte, eine Pause einzulegen, um aus Ihren Gefühlen auszusteigen. Wenn Sie die Unterredung wieder aufnehmen, konzentrieren Sie sich darauf, aktiv zuzuhören, anstatt zu sprechen. Sollten Sie bemerken, dass Sie wieder in eine endlose Aneinanderreihung von Fakten verfallen, halten Sie inne, atmen Sie tief ein und aus und versuchen

Sie erneut, dem anderen zuzuhören. Dasselbe gilt, wenn Sie merken, dass Sie in einer E-Mail oder SMS endlos Fakten aneinanderreihen.

Überlegen Sie sich drei Situationen mit anderen Menschen, die bei Ihnen immer wiederkehren (Gespräche oder bestimmte Nachrichten per E-Mail oder SMS und so weiter) und in denen Ihr dominantes Verhalten dazu führt, dass Sie Ihr Gegenüber abstoßen. Überlegen Sie sich für jede dieser Situationen eine spezielle Strategie, mit der Sie die für Sie nachteiligen Elemente Ihres Kommunikationsprofils ausgleichen können. Wenden Sie diese Strategie in den nächsten Tagen an und schauen Sie, was passiert.

Bei dieser Übung geht es darum, dass Sie es sich zur Gewohnheit machen, an die Schwächen Ihres dominanten Kommunikationsstils zu denken, um sie jedes Mal, wenn sie auftreten, sofort zu korrigieren. Sie möchten sich im Kontakt mit anderen aufmerksamer zeigen und Sie möchten erreichen, dass Sie dieses Verhalten ganz automatisch an den Tag legen. Dazu braucht es Zeit und Übung. Es ist wie eine Fremdsprache, die Sie erlernen möchten: Sie müssen jeden Tag Ihre Aufmerksamkeit darauf lenken, und das über Wochen, wenn nicht gar Monate. Aber wer ein Meister im Menschenhacken werden will, muss diese Anstrengung eben auf sich nehmen.

Die nächste Stufe des DISG-Prinzips

Wenn Sie die Schwächen Ihres Kommunikationsstils besser im Griff haben, können Sie sich daranmachen, Ihr weiteres Verhalten zu verändern, indem Sie das DISG-Prinzip auf andere Menschen anwenden und Ihre Kommunikation darauf abstimmen, um deren Bedürfnissen besser nachzukommen. Bereiten Sie sich zum Beispiel auf ein wichtiges Gespräch oder eine wichtige zu schreibende E-Mail vor, indem Sie ein DISG-Profil der betreffenden Person erstellen. Ich lasse jeden neuen Angestellten meines Unternehmens eine formelle DISG-Beurteilung von sich vornehmen, die von allen anderen Angestellten eingesehen werden kann. Wenn eine größere Unterredung mit einem Mitarbeiter bevorsteht, sehe ich mir sein Profil an und überlege mir dann eine Strategie für das Gespräch. Sie können genau das Gleiche mit besonders wichtigen Menschen in Ihrem Umfeld tun. Setzen Sie sich vor jedem wichtigen Gespräch hin und denken Sie anhand der obigen DISG-Beschreibungen und des DISG-Arbeitsblatts am Ende des Buches über Ihren Gesprächspartner und seinen Kommunikationsstil nach, ganz gleich, ob es sich um Ihre Frau, Ihren jugendlichen Sohn, jemanden aus Ihrem Team oder Ihren Vermieter handelt. Gehen Sie die vier Typen durch und versuchen Sie herauszufinden, ob Sie der Person einen davon als ihren vorherrschenden Typ zuordnen können.

Anschließend können Sie mithilfe des DISG-Spickzettels intensiver über die andere Person und ihre Vorlieben und Bedürfnisse nachdenken. Mit einem Menschen vom Typ „D“ werden Sie sicher anders sprechen wollen als mit dem Typ „S“. Ein „D“ will, dass Sie direkt sind und sich auf das Ergebnis konzentrieren, während sich ein „S“ von Ihnen wünscht, dass Sie sich auf ihn einstellen, ihn wertschätzen und eine lockere, entspannte Atmosphäre schaffen. Da Sie sich ja nun auf das Gespräch vorbereiten, können Sie sich vor dem Hintergrund dieses unterschiedlichen Kommunikationsverhaltens genau überlegen, was Sie sagen wollen. Wenn Sie also eine Unterredung mit dem Typ „S“ vorhaben, denken Sie daran, dass Sie ihm sagen, warum Sie ihn schätzen, und seien Sie dabei ehrlich. Lassen Sie sich Zeit und rauschen Sie nicht durch das Gespräch, um möglichst schnell zum Punkt zu kommen. Wenn Sie Ihre Argumente vortragen, sollten Sie nicht zu leidenschaftlich oder begeistert klingen. Hören Sie genau zu, was der andere sagt, und schätzen Sie es wert. Auf dem DISG-Spickzettel finden Sie Hinweise, was sich Menschen eines jeden Typs von ihrer Begegnung erhoffen, wie sie kommunizieren, wie Sie am besten mit ihnen kommunizieren und was Sie tun können, damit Ihr Gegenüber besser mit Ihnen kommuniziert.

Sie müssen aber nicht auf das nächste wichtige Gespräch warten, um eine DISG-Analyse durchzuführen. 2013 hatte ich in meinem Kurs einen Teilnehmer namens Brannon, der noch nie von DISG gehört hatte. Als er sich sein eigenes Profil durchlas, bekam er eine Gänsehaut. Er war, wie er sich später erinnerte, „schockiert, weil darin Dinge standen, die ich mir vor mir selbst niemals zugegeben hätte." Er schaute in die Runde und sah „in jeder Reihe, in jedem Gesicht dieselbe Reaktion. Es war wirklich erstaunlich, ein fast surreales Erlebnis." Als er erfuhr, dass er sehr stark zum Typ „D" und „I" tendierte, wurde ihm klar, dass er sich sein Leben lang „wie ein Elefant im Porzellanladen" benommen hatte.

Brannon hatte damals große Probleme in seiner Ehe, seine Frau und er waren ständig wütend aufeinander und hatten permanent Streit. Dank DISG begriff er, dass seine Frau ein anderes Profil hatte als er – sie war stark vom Typ „S" geprägt. Als die beiden darüber sprachen, stellten sie fest, dass für viele ihrer Probleme ihr unterschiedlicher Kommunikationsstil verantwortlich war. Als ein „S" scheute seine Frau die direkte Auseinandersetzung, wohingegen Brannon sie suchte. Wenn es ein Problem gab, suchte sie Frieden, während er es so lange ausdiskutieren wollte, bis sie zusammen eine Lösung dafür gefunden hatten. Jetzt, wo Brannon den Kommunikationsstil seiner Frau verstand, konnte er Situationen erkennen, in denen es besser war, sie gewähren zu lassen, wenn sie ein Gespräch abbrach, anstatt es weiterzuführen, bis das Problem seiner Meinung nach geklärt war. Zwar trennten sich Brannon und seine Frau später, aber dank ihres Wissens um das Kommunikationsprofil des anderen kommen sie heute besser überein, wie sie ihre gemeinsamen Kinder betreuen und großziehen wollen. „Wir können jetzt sachlicher darüber sprechen, was sie an mir nervt und umgekehrt", sagt Brannon. „Das macht uns das Leben sehr viel leichter."

Das DISG-Prinzip kann Ihnen auch helfen, wenn Sie mit Menschen zu tun haben, die Sie nicht besonders gut kennen oder denen Sie zum ersten Mal begegnen. Sie erkennen dann womöglich ein Verhalten, das „irgendwie nach Typ ‚G‘ aussieht“ oder das sehr „‚I‘-mäßig“ wirkt. Natürlich ist das keine wissenschaftliche Analyse. Und ja, es ist eine oberflächliche Einschätzung. Aber eine oberflächliche Einschätzung kann – mag sie sich auch in vielen Fällen als falsch erweisen – durchaus richtig sein. Wenn Sie einer Person gegenüberstehen, die Sie nicht gut kennen, ist eine oberflächliche Einschätzung besser als *gar keine Einschätzung*. Zumindest haben Sie etwas, worauf Sie aufbauen können, selbst wenn Sie Ihr Verhalten vielleicht mitten im Gespräch wieder ändern müssen, weil Sie mehr über Ihr Gegenüber erfahren haben und seinen bevorzugten Kommunikationsstil besser benennen können. Auf dem DISG-Spickzettel finden Sie einige knappe Hinweise, wie Sie andere Menschen „in freier Wildbahn“ einem der vier Typen zuordnen können.

Mit einiger Übung werden Sie immer besser darin, Ihr Gegenüber schnell zu klassifizieren und Ihr Reden und Handeln daran anzupassen. Damit Ihnen das in Fleisch und Blut übergeht, machen Sie sich in der ersten Zeit gleich nach dem Gespräch einige Notizen. Wie würden Sie Ihr Gegenüber anhand dessen, was es gesagt oder getan hat, einordnen? Hat es viele Einzelheiten erzählt? War es direkt? Hat es viel von sich selbst erzählt? Hat es seine Aufmerksamkeit eher auf die anderen als auf sich selbst gelenkt? Und so weiter. Noch einmal: Aktiv zuzuhören ist dabei extrem wichtig. Übrigens sollten Sie, wenn Sie gerade erst damit anfangen, DISG zu nutzen, nicht während des Gesprächs den anderen einzuordnen versuchen. Hören Sie möglichst genau zu, nehmen Sie alles in sich auf und verbinden Sie sich mit dem, was Sie hören. Nehmen Sie sich nach der Unterhaltung einen Moment Zeit, um sich in Erinnerung zu rufen, was der andere gesagt hat, und es zu analysieren. Mit der Zeit werden Sie feststellen, dass Sie diese zusätzliche Zeit nicht mehr brauchen, sondern die Analyse ganz automatisch am Ende des

Gesprächs im Geiste vornehmen. Und wenn Sie noch geübter sind, werden Sie die Analyse während des Gesprächs machen, ganz selbstverständlich und unbewusst, und dabei dem anderen sogar weiter aktiv zuhören können.

Stellen Sie sich vor, Sie gehen auf jemanden zu und wissen sofort, worauf er ansprechen wird und worauf nicht. Ja, vielleicht liegen Sie mit Ihrer Schnellanalyse des Öfteren falsch, aber selbst wenn Sie nur in 20 oder 30 Prozent der Fälle recht haben, ist das ein enormer Gewinn. Ich selbst kann inzwischen das Kommunikationsprofil meines Gegenübers mit ziemlicher Treffsicherheit innerhalb von Sekunden bestimmen. Wenn ich auf den Empfangstresen einer Firmenzentrale zugehe, in die ich einbrechen will, aktualisiere ich fortlaufend mein Bild vom Typ des Menschen dahinter – anhand dessen, wie er mich begrüßt, was für Fotos er auf dem Tresen stehen hat, anhand seiner Körpersprache und so weiter. Diesem Eindruck passe ich alles, was ich tue und sage, an. Es ist ganz erstaunlich, wie gut diese Vorgehensweise funktioniert. Noch präziser ist meine Einschätzung, wenn ich mir vorher im Internet ansehe, was die Person am Empfang in den sozialen Medien gepostet hat. Und damit sind wir auch schon bei unserer nächsten Übung.

Rufen Sie den Twitter-Account dreier Prominenter auf, die Sie mögen, und sehen Sie sich genau an, was dort zu lesen ist. Was können Sie über Ihren Kommunikationsstil sagen? Zum Beispiel sind Bill Clintons Posts typisch für den Typ „Initiativ". Er redet viel über sich selbst, tut das in der ersten Person und hebt Menschen hervor, die er mag. Seine Posts sind im Allgemeinen sehr lebendig, ausgelassen und „laut". Bonusaufgabe: Versuchen Sie, für jeden der vier DISG-Typen fünf Promis zu benennen.

Und gleich noch eine Übung, die Ihnen gefallen könnte:

Um eine schnelle DISG-Analyse zu trainieren, gehen Sie an einen öffentlichen Ort, an dem viel los ist, und beobachten Sie eine Stunde lang die Menschen. Sehen Sie sich verschiedene Menschengruppen an und versuchen Sie herauszufinden, wer von ihnen in welche Kategorie gehört.

Zusammenfassung

Lao-Tse, der chinesische Philosoph und Begründer des Taoismus, hat einmal gesagt: „Wer andere kennt, ist klug; wer sich selbst kennt, ist weise."[6] In diesem Kapitel ging es um beides, um Klugheit und Weisheit. Sie haben versucht, sich selbst, aber auch die Menschen Ihres Interesses besser kennenzulernen. Ich hoffe, Sie sind mit mir einer Meinung, dass ein Kommunikationsprofil ein erstaunlich gewinnbringendes Werkzeug sein kann, wenn man es voll und ganz beherrscht, und dass es Ihnen als Fundament all Ihrer Handlungen beim Hacken anderer Menschen dienen kann. Die bösen Jungs nutzen DISG zwar nur selten, aber auch sie erstellen ein schnelles, oberflächliches Persönlichkeitsbild ihrer Opfer, um zu entscheiden, wie sie auf sie zugehen. Terrornetzwerke durchforsten soziale Medien wie Twitter oder Facebook, um nach Leuten zu fahnden, die sich gegenüber westlichen Regierungen feindselig zeigen. Vor allem suchen sie nach Einzelpersonen, die desillusioniert und frustriert sind und wahrscheinlich ein bestimmtes emotionales Profil haben. Die Extremisten schneiden alles, was sie sagen und wie sie es sagen, auf dieses Profil zu, um solche Menschen anzulocken. Junge Leute sind leicht verwundbar, da sie keine Ahnung haben, wie raffiniert diese scheinbar sympathischen Menschen vorgehen.

Sie können die Methode des Profiling aber auch zum Guten einsetzen, um die Qualität Ihrer zwischenmenschlichen Beziehungen und Begegnungen zu verbessern. Die Methode funktioniert vor allem deswegen so gut, weil wir unsere Aufmerksamkeit (bei der Beurteilung von uns selbst oder von anderen) von dem, worauf wir normalerweise in Gesprächen und Begegnungen achten, nämlich uns selbst, unseren Bedürfnissen und Begierden, auf das Wesentliche lenken: unser Gegenüber. Vielleicht zum ersten Mal in unserem Leben denken wir intensiv über andere nach und darüber, wie sie sich im Gespräch verhalten und es erleben. Wir entwickeln Einfühlungsvermögen und können uns zu *ihren* Bedingungen auf die Begegnung einlassen, anstatt ausschließlich auf unsere Bedingungen zu schauen.

Empathie ist ein fundamentaler Aspekt, wenn Sie andere Menschen hacken wollen. Wie wir noch sehen werden, geht sie jedoch weit über das reine Profiling hinaus. Betrüger, Sicherheitsexperten und andere professionelle Menschenhacker setzen ihr Einfühlungsvermögen ein, um Unterhaltungen von Anfang an so zu gestalten, dass ihre Opfer mit größerer Wahrscheinlichkeit tun, was sie wollen. Wenn Sie auf der Arbeit von einem Fremden angerufen werden, der zu Ihnen sagt: „Sie kennen mich zwar nicht, aber ich will, dass Sie 500 Dollar auf folgendes Konto überweisen", dann tun Sie das natürlich nicht. Aber wenn sich der Anrufer als Mitarbeiter Ihres Stromanbieters ausgibt, Ihnen sagt, dass Ihre Rechnung überfällig ist und Ihnen der Strom abgedreht wird, wenn Sie nicht innerhalb einer Stunde 500 Dollar überweisen, dann könnte es sein, dass Sie es tun. Noch wahrscheinlicher wird es, wenn Sie auf die Telefonnummer schauen und der Anruf scheinbar tatsächlich von Ihrem Stromanbieter ist. Diese Betrugsart kommt extrem häufig vor[7], und sie funktioniert, weil viele Menschen der Gedanke nervös macht, ihnen könnte gleich der Strom abgedreht werden. Das weiß der Betrüger. Er hat nämlich einen „empathischen Sprung" gemacht und nutzt dieses Wissen, um einen überzeugenden „Vorwand" für ein Gespräch mit Ihnen zu liefern. Umgekehrt ist es sehr schwierig, Freunde zu finden, Menschen zu beeinflussen und das zu bekommen, was Sie wollen, wenn Sie diese Kunst der Gesprächseröffnung nicht beherrschen.

Schauen wir uns also genauer an, wie Sie Gespräche bewusster einleiten können, sodass Sie bei Ihrem Gegenüber eine positive emotionale Reaktion hervorrufen, die dazu führt, dass es sich gern weiter mit Ihnen unterhalten möchte – ja, sich sogar unbedingt mit Ihnen unterhalten *will*.

KAPITEL 2

WERDE DER, DER DU SEIN WILLST

Wenn Sie den richtigen Rahmen oder „Vorwand"
für eine Begegnung oder ein Gespräch finden,
sind Sie schon auf der Straße zum Erfolg.

„Ehrlichkeit", sagte der Komiker Richard Jeni, „ist das Wichtigste in einer Beziehung. Wenn Sie die vortäuschen können, haben Sie gewonnen."[1] Der Mann hätte Social Engineer werden können. Um auf andere Menschen Einfluss zu nehmen und zu bekommen, was Sie wollen, hilft es sehr, wenn Sie einen plausiblen Vorwand nennen können, warum Sie ein Gespräch führen und den anderen um etwas bitten möchten, und Ihre vorgeschriebene „Rolle" dabei fehlerlos spielen. Mit anderen Worten: Sie müssen die Begegnung von Anfang an so gestalten, dass Sie auf Ihre Zielperson nicht bedrohlich, sondern im Gegenteil liebenswert wirken.

Es gibt eine große Einzelhandelsmarke – deren Namen ich nicht nennen darf –, bei der heute sehr viel größere Sicherheit herrscht, weil sie Besuch von einem hilfsbereiten Vertriebsmitarbeiter aus der Abfallwirtschaft bekommen hat. Ja, auch ein solches Outfit besitze ich. Die Herausforderung bestand bei diesem Auftrag darin, in ein extrem gut gesichertes Warenlager einzudringen, um Fotos und Videos von ungesicherten Eingängen zu machen. Bei einem zweiten Besuch sollte ich dann versuchen, mir durch einen ungesicherten Eingang Zutritt zu verschaffen und die teure Ware zu stehlen.

Wenn ich sage, das Warenlager war extrem gut gesichert, heißt das, es war ungefähr so schwierig zu betreten wie ein Hochsicherheitsgefängnis. Man geht auf eine Glasfassade aus getöntem Panzerglas zu, drückt auf einen Knopf und wird von einer Person, die einen auf einem Videobildschirm beobachtet, aufgefordert, sich zu identifizieren. Hat man diese Barriere überwunden, kommt man an eine zweite Sicherheitsbarriere, eine Metallschleuse, wie man sie manchmal in U-Bahnhöfen sieht. Während man sich dort befindet, muss ein Wachmann den Ausgang mit seiner Dienstmarke öffnen, damit man auf der anderen Seite wieder hinauskann. Anschließend wird man mit einem Metalldetektor abgesucht, dann kommt eine weitere Kontrolle, bei der man einen von der Regierung ausgestellten Ausweis vorlegen muss und eine Besuchermarke erhält.

Wie zum Teufel sollte ich diese ganzen Sicherheitsvorkehrungen knacken? Die Lösung: Müll. Mithilfe von Bildern auf Google Street

View fanden wir heraus, dass auf der Rückseite des Warenlagers eine riesige Abfallpresse stand. Wir verglichen ein Bild dieser Presse mit Bildern auf der Website eines Unternehmens aus der Abfallwirtschaft und fanden auf diese Weise das genaue Modell heraus. Ich lud mir das gesamte verfügbare Material zu der Abfallpresse herunter, um Fachmann auf dem Gebiet zu werden. Dann streifte ich mir eine branchenübliche Uniform über, mit Logo, Kappe, Dienstmarke und einem großen Klemmbrett.

Ich begab mich zur Eingangstür des Warenlagers und stellte mich als Vertriebsmitarbeiter eines Abfallunternehmens vor. Ich wolle mit dem Leiter über die Abfallpresse sprechen. Der Wachmann ließ mich ein. Als ich an die Schleuse kam, fragte mich der dortige Wachmann, was genau ich besprechen wolle. Ich erklärte ihm, es gebe eine Rückrufaktion für eine Reihe von Abfallpressen, deren Motor nicht ordnungsgemäß funktioniere, und ich müsse die Seriennummer auf dem Motor überprüfen, um zu wissen, ob er ausgetauscht werden müsse. Als der Wachmann zögerte, mich durchzulassen, sagte ich ihm, er könne gern selbst hingehen und die Seriennummer nachsehen, das sei ebenso gut möglich. Er erwiderte, er wisse nicht, wo sich der Motor befinde, worauf ich sagte, ich könne es ihm entweder beschreiben oder selbst nach der Seriennummer sehen. Es würde keine fünf Minuten dauern. Daraufhin ließ er mich durch die Schleuse.

Nach dem Metalldetektor ging ich zum Sicherheitstresen. Ich wusste, dass ich einen von der Regierung ausgestellten Ausweis vorlegen musste, wollte aber nicht meinen eigenen benutzen, weil mein richtiger Name und meine Adresse darauf standen. Als ich nach einem Ausweis gefragt wurde, setzte ich einen entschuldigenden Blick auf und erklärte, ich hätte mein Portemonnaie im Wagen liegen gelassen. „Das ist so ein Monstrum, dicker als die Geldbörse von George Costanza“, sagte ich. „Ich krieg einen Hexenschuss, wenn ich das Ding in der Hose habe.“

Das gab einen Lacher, aber der Wachmann blieb ungerührt. „Ohne Ausweis kann ich Sie nicht durchlassen.“

Ich tat, als würde ich mich furchtbar aufregen. Das kann ja wohl nicht sein, dass ich jetzt noch mal durch die ganzen Sicherheitsschranken muss, sagte ich, nur um einmal kurz die Seriennummer abzulesen, das dauert keine fünf Minuten.

Da kam mir *die* Idee. „He, passen Sie auf", sagte ich. „Ich habe doch meinen Dienstausweis dabei. Da ist ein Foto von mir drauf, Geburtsdatum, alles, was Sie brauchen. Vielleicht können wir den nehmen?"

Er nickte und sagte: „Ja, okay, das ist wie ein Führerschein, das können wir nehmen." Die nächsten zehn Minuten lief ich durch das Warenlager, machte Fotos und Videos von ungesicherten Eingängen und notierte mir, wo ich einbrechen und Waren stehlen konnte. Als ich fertig war, ging ich durch die Sicherheitsschranken zurück nach draußen. „Alles in Ordnung", sagte ich lächelnd. „Ihre Seriennummer steht nicht auf meiner Liste, wir müssen den Motor also nicht zurückrufen." Damit hatte sich mein Besuch auch für die Wachleute „gelohnt". Sie hatten, wie sie meinten, ihrer Organisation geholfen, einem potenziellen Problem vorzubeugen. „Danke für Ihren Besuch", sagten sie. „Wir wissen Ihre Hilfe sehr zu schätzen!"

Ich wandte die Methode bei sieben Warenlagern dieses Händlers an und konnte mir damit jedes Mal Zutritt verschaffen. Der Grund dafür war der Vorwand, den ich liefern konnte. Ich hatte einen nachvollziehbaren Grund genannt, warum ich dieses Warenlager betreten musste: Ein Unternehmen der Abfallwirtschaft hatte mich damit beauftragt, eine dringende Arbeit auszuführen, von der *sie* profitierten. Meine Kleidung, meine Dienstmarke, mein Verhalten, alles schrie „Abfallwirtschaft". Aus welchem Grund hätten sie mir also den Zutritt verwehren sollen?

Der Vorwand in krimineller Hand

Ein Vorwand ist ein Anlass zu einem Gespräch, ein bestimmter Kontext, der die Wahrscheinlichkeit erhöht, dass Sie Ihre Ziele erreichen. Sie liefern Ihrem Gegenüber damit eine rationale Begründung, eine Erklärung oder auch eine „Entschuldigung“ dafür, dass Sie sich mit ihm in Verbindung setzen. Zugleich weisen Sie sich selbst eine Rolle zu, die Sie während dieser Begegnung spielen. Ein Vorwand löst in Ihrem Gegenüber immer Gefühle aus, mal positive, mal negative. In seinem Buch *Die Kunst, nicht aneinander vorbeizureden* spricht Malcolm Gladwell von der „Truth-Default Theory“. „Wahrheit ist unser Standardmodus“, heißt es darin. „Wir gehen automatisch davon aus, dass die Menschen, mit denen wir zu tun haben, ehrlich sind.“[2] Wer einen guten Vorwand liefern will, achtet darauf, dass diese Annahme bestehen bleibt. Er befriedet Ängste oder Bedenken, die die Person seines Interesses haben könnte, und erwirkt sogar positive Gefühle in ihr, wie etwa Freude, Zuneigung oder Wohlbefinden. Besteht bei der Person seines Interesses ein grundsätzliches Vertrauen, ist sie eher gewillt – oder freut sich sogar –, sein Anliegen zu erfüllen. Umgekehrt weckt ein schlechter Vorwand negative Gefühle wie Angst oder Wut und aktiviert das kritische Denken des Adressaten. Anstatt sich von seinen positiven Gefühlen leiten zu lassen, wird er argwöhnisch und denkt über Gründe nach, Ihrem Anliegen nicht nachkommen zu müssen, sodass Sie wiederum unter Rechtfertigungsdruck geraten. Gladwell: „Und diesen Glauben geben wir erst dann auf, wenn unsere Zweifel und Bedenken so überwältigend sind, dass wir einfach nicht mehr glauben können.“[3] Ein schlechter Vorwand „triggert“ unseren Unwillen, anderen zu vertrauen.

Betrüger, Hochstapler und Hacker wissen genau, welcher Vorwand welche Gefühle in anderen Menschen auslöst. Das gehört zu ihrem Handwerkszeug. In dem texanischen Ort West University City gab es angeblich einen Mann, der bei den Leuten an der Tür klingelte und behauptete, für das städtische Wasserwerk zu arbeiten. Während er mit einem Hauseigentümer sprach und eine Beziehung zu ihm aufbaute – dieses Thema besprechen wir im nächsten Kapitel –, brach ein anderer Gauner in das Haus ein und stahl alles, was er oder sie zu fassen kriegte.[4] Das ist der Einsatz eines Vorwands in Reinkultur. Die Rolle des „hilfsbereiten Wasserwerkmitarbeiters“

war die Begründung des Betrügers, um vom Hauseigentümer zu bekommen, was er wollte: Er sollte die Tür öffnen und sich ein paar Minuten mit ihm unterhalten. Dasselbe Prinzip funktioniert auch in elektronischer Form, genauer gesagt, es steht in der derzeitigen Epidemie des Onlinebetrugs ganz weit oben. In Hongkong kaperten Hacker den WhatsApp-Account der Schwester eines Mannes, um ihn zu überreden, „Punkte" für virtuelle Spiele zu kaufen, damit sie sie zu einem höheren Preis weiterverkaufen konnte. Leicht verdientes Geld. Allerdings waren die Einzigen, die einen Geldsegen ernteten, die Hacker, die binnen weniger Stunden 55.000 Dollar einnahmen.[5] Andere Trickbetrüger schickten den Eltern der Schüler des St.-Lawrence-College eine E-Mail, die angeblich vom College selbst stammte. Darin wurden die Eltern aufgefordert, die Studiengebühren vorzeitig zu zahlen, um sich einen Rabatt zu sichern. Einige Eltern fielen darauf herein – und verloren ihr Geld. Im ersten Fall bestand der Vorwand darin, dass die Verbrecher in der Rolle der fürsorglichen Schwester vorgaben, ihrem Bruder finanziell unter die Arme zu greifen. Im zweiten Fall war es der zuvorkommende Verwaltungsbeamte des College, der ein scheinbar attraktives Angebot machte.[6] In beiden Fällen brachten die Verbrecher einen guten, nachvollziehbaren Grund vor, der das arglose Opfer dazu brachte, ihrem Ansinnen zu folgen, ihnen also sein Geld zu geben.

Der vielleicht größte Vorwand-Erfinder aller Zeiten war Victor Lustig, bekannt als „Amerikas größter Betrüger" oder „Der Mann, der den Eiffelturm verkaufte – und zwar zwei Mal" Zumindest glaube ich, dass er Victor Lustig hieß. Genau weiß das niemand, denn der Mann hatte nicht weniger als 47 verschiedene Identitäten. Mitte der 1920er-Jahre schlüpfte Lustig in die Rolle eines französischen Regierungsbeamten und erzählte hochrangigen Personen in der Altmetallverarbeitung, die Regierung wolle den Eiffelturm abreißen und meistbietend versteigern. Der Vorwand, ein Regierungsbeamter biete ein Insidergeschäft mit wertvollem Altmetall an, kam seiner Klientel vollkommen glaubwürdig und verlockend vor. Mehrere Personen fielen darauf herein und gaben ein Gebot ab. Das höchste Gebot belief sich auf über 70.000 Dollar. Als der Betrug aufflog, war es dem Opfer aber angeblich „zu peinlich, zur Polizei zu gehen“. Von seinem Erfolg angestachelt, machte Lustig die Nummer offenbar ein zweites Mal, ohne geschnappt zu werden.[7]

Wenn wir uns diese Betrugsmasche einmal genauer anschauen, sehen wir einen Aspekt, der bei der Erfindung eines Vorwands eine große Rolle spielt: Es ist nicht nur wichtig, was Sie sagen, sondern auch, was Sie tun. Und neben Ihrem Verhalten – das heißt, ob Sie ruhig, nervös, fröhlich oder traurig wirken – spielen auch der Ort, den Sie für das Gespräch aussuchen, und Gegenstände oder „Requisiten“ eine Rolle, um Ihre Figur zum Leben zu erwecken. Bei seinem Eiffelturm-Betrug rief Lustig seine Opfer nicht einfach nur an und erzählte ihnen ein Märchen, wer er sei und was er von ihnen wolle, sondern hatte sich auch Briefpapier mit seinem Namen und „Frankreichs offiziellem Regierungsstempel“ drucken lassen. Er lud die Altmetallbosse in ein schickes Hotel ein, wie es vielleicht ein Regierungsbeamter mit guten Beziehungen ebenfalls machen würde. Außerdem soll er seinen Vorwand sprachlich so gestaltet haben, dass man darin den Bürokraten erkennen konnte, der Ahnung vom Fach hatte: „Aufgrund von Konstruktionsfehlern, kostenintensiven Reparaturen und politischen Differenzen, über die ich hier nicht sprechen kann, blieb uns letztlich keine andere Wahl, als den Abriss des Eiffelturms zu beschließen.“[8] Sie sehen auch hier wieder die Phrase „über die ich hier nicht sprechen kann“, ebenjenen Ausdruck von Diskretion, den ein Mitarbeiter aus diesen Kreisen in einer Feingefühl erfordernden Situation anbringen würde. Lustigs Vorwand enthielt genau wie mein Vorwand in der Geschichte mit der Uniform und dem Dienstausweis alle diese Elemente und eine ähnliche Erklärung, wie ich sie den Wachleuten im Warenlager aufgetischt hatte.

Ein Vorwand kann auch ohne Worte auskommen und nur aus Handlungen und Requisiten bestehen. 1935 wurde Lustig vom amerikanischen Geheimdienst verhaftet und kam ins Untersuchungsgefängnis in Manhattan, das damals den Ruf genoss, „ausbruchssicher“

zu sein. Ausbruchssicher war es – aber nur für die anderen Gefangenen.

Lustig knüpfte sich aus Bettlaken ein langes Seil und stieg durch das Fenster seiner Gefängniszelle hinaus, um sich an der Gebäudewand in den Hof abzuseilen. Unten standen allerdings Leute, die zu ihm hochgafften. Deshalb gab er sich mit einem Lappen in der Hand als Fensterputzer aus. Der Lappen und seine Position an der Mauer des Gefängnisgebäudes trugen dazu bei, dass in den Köpfen der Zuschauer ein bestimmter Vorwand entstand, der nicht der Einleitung eines Gesprächs diente, sondern der Legitimierung seiner Anwesenheit an der Gebäudewand. Als Lustig den Boden erreichte, machte er eine Verbeugung und zischte davon. Es dauerte einen Monat, bis ihn das Gesetz wieder eingefangen hatte. Daraufhin wurde er in ein Gefängnis gebracht, das für Verbrecher wie ihn gebaut worden war: Er kam nach Alcatraz.

Die Kunst, im Alltag einen Vorwand vorzubringen

Wenn man sich die schillernden Eskapaden eines Victor Lustig ansieht, könnte man meinen, das Vorbringen eines Vorwands sei für uns Normalbürger, die sich an Recht und Gesetz halten, kaum von Belang. Natürlich sollen Sie jetzt nicht wie ich eine falsche Identität annehmen, um ein Familienmitglied, einen Kollegen oder eine Nachbarin dazu zu bringen, Ihren Wünschen nachzukommen. Und ich hoffe, Sie werden sich auch keinen Grund und keine Rolle ausdenken, um die Menschen in Ihrem Umfeld skrupellos zu bestehlen. Rechtsgelehrte stehen dieser Praxis unter Staatsanwälten oder Polizeibeamten durchaus skeptisch gegenüber und nennen sie eine unethische Täuschung. In einem Artikel mit dem Titel „Pretexting: A Necessary Means to a Necessary End?“ („Der Vorwand: ein notwendiges Mittel zu einem notwendigen Zweck?“) verurteilte ein Wissenschaftler dieses Vorgehen scharf, denn „das Rechtssystem und unser Berufsstand können es sich nicht leisten, Lüge oder Täuschung einzusetzen, um an Informationen zu gelangen.“[9]

Die US-amerikanische Bundeshandelskommission sieht in der Methode eine unlautere strafbare Handlung. Es handle sich um eine „Praxis, bei der man sich unter Vorspiegelung falscher Tatsachen persönliche Informationen beschafft und diese an Menschen verkauft, die sich im Namen des Betrugsopfers Kredite verschaffen, ihn seines Vermögens berauben oder ihn ausspionieren. Dieses Vorgehen ist gesetzeswidrig.“[10]

Manche Juristen wiederum halten die Methode für unproblematisch, denn „der Zweck heiligt die Mittel“. Dieser Meinung bin ich nicht. Ich würde zu bedenken geben, dass es nichts mit Lügen, Verschleierungen oder Verstellung zu tun hat, wenn wir in einer Alltagssituation einen Vorwand erfinden. Als ich mich als Mitarbeiter eines Unternehmens der Abfallwirtschaft verkleidete, habe ich meinen Opfern natürlich eine kaltschnäuzige Lüge aufgetischt, aber nur, weil ich im Auftrag eines Kunden unterwegs war, mit dem ich wie bei allen Kunden im Vorhinein verabredet hatte, dass bestimmte Vorgehensweisen legitim sind. Ich würde in meinem Privatleben niemals Menschen auf eine solche Weise zu täuschen versuchen – und hätte es auch gar nicht nötig. Wenn ich im Alltag einen Vorwand vorbringe, heißt das im Grunde, *ich präsentiere einen von mir ausgewählten Ausschnitt der Realität,* um einen vorteilhaften Rahmen für ein Gespräch zu schaffen, sodass ich schnell eine Beziehung zu meinem Gegenüber aufbauen kann. Stellen Sie sich zum Beispiel vor, Sie besitzen ein Eiscafé und wollen einen Konkurrenten unter die Lupe nehmen, der gerade in der Nähe einen Laden eröffnet hat. Dann könnten Sie sich einfach als interessierter Kunde ausgeben. Oder ein anderes Beispiel: Sie überlegen, in eine andere Stadt zu ziehen, und möchten eine ehrliche Meinung hören, was die Leute dort von den Schulen halten. Dann rufen Sie einen Makler an und sagen: „Hey, wir wollen in Ihre Gegend ziehen und hätten da ein paar Fragen an Sie.“

Es ist vielleicht nicht der allergrößte Wunsch der Eiscafébesitzerin, sich eine Waffel bei der Konkurrenz zu kaufen, sondern sie möchte etwas über den neuen Laden erfahren. Aber da sie Geld auf den Tresen legt, ist sie auch Kundin. Vielleicht wollen Sie gar nicht unbedingt nächste Woche ein Haus kaufen, aber auch die Phase des „Was wäre, wenn?“ gehört zum Prozess des Hauskaufs dazu. Wenn Sie also diesen Vorwand nennen, ist das keine glatte Lüge, sondern eher eine bestimmte Darstellung der Realität, die auf einer wahren Tatsache beruht. Sollten Sie unsicher sein, wie weit Sie dabei gehen können, will ich Sie an einen wichtigen Punkt erinnern: Ihr Gegenüber muss das Gefühl haben, aus der Begegnung mit Ihnen etwas mitgenommen zu haben. Wenn Ihr Vorwand so weit von der Wahrheit entfernt ist, dass Ihnen das nicht mehr gelingt, sollten Sie ihn besser nicht benutzen.

Wir alle wenden übrigens ständig Vorwände an – meist ohne es zu merken –, indem wir eine „Rolle“ annehmen, die zu einer bestimmten Situation passt. In der Psychologie gibt es eine uralte Debatte darüber, ob unser Verhalten von unserer Persönlichkeit oder vom jeweiligen gesellschaftlichen Kontext bestimmt wird. Beides hat offenbar Anteil daran: Unsere grundlegende Persönlichkeit scheint in unserem Verhalten durch, aber bestimmte Facetten können wir nur voll entfalten, wenn wir uns im richtigen Umfeld befinden. Womöglich müssen wir sogar aktiv Situationen suchen, in denen wir bestimmte Teile unserer Persönlichkeit ausleben können – zum Beispiel unsere Geselligkeit oder unseren Hang, Neues auszuprobieren.[11] Christopher Soto vom Colby College sagt dazu: „Das Verhalten einer Person wird immer von ihrer Persönlichkeit und von der Situation beeinflusst, aber auch von anderen Faktoren wie ihren momentanen Gedanken, Gefühlen und Zielen.“[12]

Wenn wir uns einen Vorwand für ein Gespräch ausdenken, betonen wir bestimmte Aspekte unserer Persönlichkeit, um sie der jeweiligen Situation anzupassen. Hat meine Tochter etwas gemacht, was sie nicht darf, dann setze ich mich mit ihr hin und rede ernst mit ihr. Das ist der Vorwand „strenger Vater“. Habe ich ein Problem mit einem meiner Angestellten oder meiner Frau oder meinem besten Freund, das ich zu lösen versuche, dann kann ich keine Vaterrolle einnehmen, weil der andere das als beleidigend und herabwürdigend ansehen würde. Also spiele ich zum Beispiel die Rolle des verständnisvollen Chefs oder des frustrierten, aber mitfühlenden Ehemanns oder des besorgten besten Freunds. Dabei bin ich immer ein und dieselbe Person, lasse aber verschiedene Facetten von mir zum Vorschein kommen, um meine Ziele zu erreichen.

Wir nehmen diese verschiedenen Rollen instinktiv an, weil wir spüren, dass der von uns gewählte Vorwand entscheidend dazu beitragen kann, ob wir im Umgang mit dem anderen bekommen, was wir wollen. Nehmen wir einmal an, Ihre Mutter ist schon sehr alt und ihr Gesundheitszustand verschlechtert sich zunehmend. Nun steht Ihnen ein schwieriges Gespräch mit Ihrer Schwester bevor, mit der Sie sich nicht besonders gut verstehen. Sie müssen sich mit ihr darüber verständigen, wie Sie einen Platz im Altenheim finanzieren können. Wenn Sie die Unterredung unter der Prämisse „Ich muss mit dir reden, weil ich von dir bis Ende des Monats 10.000 Dollar brauche" führen und sich dazu eine volle, laute Kneipe aussuchen, nachdem Ihre Schwester einen langen, stressigen Arbeitstag hinter sich hat, dann wird das Gespräch vermutlich nicht sehr vorteilhaft für Sie verlaufen. Hört Ihre Schwester den Satz: „Ich brauche von dir bis Ende des Monats 10.000 Dollar", dann könnte es sein, dass sie negative Gefühle entwickelt, zum Beispiel Angst („Wo soll ich so schnell so viel Geld herbekommen?"), Feindseligkeit („Warum fragst du mich nach so viel Geld?"), Resignation („Noch ein Problem, mit dem ich mich beschäftigen muss. Ich bin doch schon gestresst genug.") oder Frust („Warum fragen mich immer alle Leute nach Geld?"). Ihr kritisches Denken wird aktiviert, während sie darüber nachdenkt, warum sie Ihnen das Geld nicht geben kann / darf / muss / wird. Aber wenn Sie Ihre Schwester anrufen und sagen: „Ich weiß, wir haben schon lange nicht mehr miteinander gesprochen, aber ich mache mir große Sorgen um Mum. Wir müssen dringend eine Lösung finden, wie sie betreut werden kann", und wenn Sie dann vorschlagen, dass Sie sich am Wochenende zum Mittagessen verabreden, in einem Restaurant, das Ihre Schwester mag, dann werden die genannten Gefühle wahrscheinlich nicht ausgelöst und Ihre Schwester verfällt nicht sofort in kritisches Denken. Damit steigen Ihre Chancen, dass Sie am Ende bekommen, was Sie wollen, dass nämlich Ihre Schwester 10.000 Dollar zur Unterbringung Ihrer Mutter beiträgt.

Ein Vorwand löst bestimmte Gefühle aus, indem er implizit die vier Grundfragen beantwortet (beziehungsweise nicht beantwortet), die sich jeder zu Beginn eines Gespräches über sein Gegenüber stellt: Wer ist dieser Mensch? Was will er? Wie lange wird unsere Begegnung dauern? Ist dieser Mensch eine Bedrohung für mich? Je nach Situation sind manche dieser Fragen natürlich schon im Vorhinein beantwortet: Selbstverständlich weiß Ihre Schwester, wer Sie sind, und auch, dass Sie keine Bedrohung für sie darstellen. Aber auf die anderen Fragen weiß sie womöglich keine Antwort. Wenn Sie diese also nicht mithilfe Ihres Vorwands beantworten, könnte die daraus resultierende Ungewissheit Angst oder Argwohn in ihr auslösen. Beunruhigende Antworten lösen diese Gefühle ebenfalls aus. Fragen Sie Ihre Schwester gleich zu Beginn des Gesprächs nach den 10.000 Dollar, dann stellen Sie womöglich eine Bedrohung für ihren Lebensstil dar – Sie wollen ja ihr Geld. Hatten Sie früher schon lange, qualvolle Gespräche über Geld, dann könnte die direkte Aufforderung bei ihr die Angst auslösen, dass ihr jetzt ein langes, nervenaufreibendes Gespräch bevorsteht. Gehen Sie aber in die Situation hinein, indem Sie sich als besorgtes Familienmitglied zeigen, das einfach nur die beste Pflege für Ihre Mutter will, werden Sie vermutlich nicht als Bedrohung wahrgenommen. Anstatt mit Angst wird Ihre Schwester dann vielleicht mit Dankbarkeit, Liebe oder Wertschätzung reagieren.

Die meisten Menschen machen sich über die Frage des Vorwands wenig Gedanken. Obwohl wir in unterschiedlichen Kontexten verschiedene Facetten von uns zeigen können, tun wir das nicht, um diese Fähigkeit strategisch einzusetzen und auf unsere Bedürfnisse zuzuschneiden. Was dazu führt, dass wir gewohnheitsmäßig immer wieder auf einen bestimmten Vorwand zurückgreifen, der aber nicht hilfreich für uns ist. Wir sind es gewohnt, daheim die strenge Mutter oder den strengen Vater zu spielen, und übernehmen diese Rolle bei der Arbeit oder bei Treffen mit Freunden. Wir spielen in der Schule den fröhlichen Freund und vergessen, die Rolle wieder abzulegen, wenn wir mit einem Lehrer oder einer anderen Autoritätsperson sprechen. Wenn unser gewohnter Vorwand und die damit verbundene Rolle oder Identität nicht funktionieren, machen wir gern unser Gegenüber dafür verantwortlich. Im obigen Szenario kann es gut sein, dass Sie am Ende die zehn Riesen nicht bekommen und sich darüber beschweren, Ihre Schwester sei „unvernünftig“, kapiere es einfach nicht oder sei „ein Arschloch“. Vielleicht ist Ihre Schwester tatsächlich ein furchtbarer Mensch. Aber vielleicht haben Sie sich selbst einfach auch nicht besonders geschickt angestellt. Oft wenden wir in einer Situation einen ungeeigneten Vorwand an und zucken dann mit den Schultern, nach dem Motto: „Tut mir leid, so bin ich nun mal, das ist eben meine Persönlichkeit.“ Nein, so sind Sie nicht – es ist nur eine Facette Ihrer Persönlichkeit. Wenn Sie sich bemühen, können Sie in bestimmten Situationen andere Facetten zeigen und einen strategisch günstigeren Vorwand finden, um Ihr Gegenüber in die richtige Richtung zu bringen und Ihre Ziele zu erreichen. Hacker tun genau das permanent aus bösartigen Motiven. Warum machen Sie es nicht genauso, aber auf eine positive, wohlwollende Art und Weise?

Denken Sie heute Abend vor dem Schlafengehen an die verschiedenen sozialen Interaktionen zurück, die Sie an diesem Tag erlebt haben. Wie viele verschiedene Rollen haben Sie gespielt? Waren Sie der besorgte Vater, der fröhliche Freund, der strenge, unnachgiebige Chef? Waren Sie die besorgte Nachbarin, die glückliche, liebende Gattin, die wissbegierige Studentin? Erstellen Sie in Gedanken eine Liste all dieser Rollen und überlegen Sie, wie gut sie für Sie funktioniert haben. Haben Sie vielleicht unbewusst eine Rolle aus einer bestimmten Situation in andere Situationen übertragen, wo sie für Sie weniger hilfreich war?

Denken Sie an eine Situation, in der jemand Sie kürzlich um etwas gebeten hat und Sie Ja gesagt haben. Dann denken Sie an eine Situation, in der Sie das Ansinnen abgelehnt haben. Welchen Vorwand hat Ihr Gegenüber Ihnen jeweils geliefert? Warum hat dieser funktioniert beziehungsweise nicht funktioniert?

Vielleicht wenden Sie jetzt ein, einen strategisch günstigen Vorwand zu ersinnen sei zwar keine direkte Lüge, aber trotzdem unlauter, weil Sie damit berechnend auf andere einwirken und sich einen Plan für Ihre Gespräche zurechtlegen. Ich habe von Ihnen nicht verlangt, dass Sie Ihren Freunden etwas vorspielen sollen. Sich genau zu überlegen, was man sagt, ist kein falsches Spiel. Sie gestatten sich damit nur, etwas mehr „Sie selbst" zu sein, und erwägen sorgfältiger, welche Facette von Ihnen Sie zeigen wollen. Und noch etwas zur Frage der Moral: Sie manipulieren Ihr Gegenüber nicht. Das würde für meine Begriffe bedeuten, dass Sie den anderen durch Tricks oder Zwang dazu bringen, zu seinem eigenen Nachteil Ihren Wünschen zu entsprechen (mehr dazu erfahren Sie im 6. Kapitel). Im Gegenteil, Sie sorgen dafür, dass der andere Ihrem Ansinnen mit größerer Freude entspricht, indem Sie ihm ebenfalls etwas geben. So viele Gespräche werden gedankenlos geführt und am Ende haben alle verloren und gehen frustriert nach Hause. Wäre es da nicht besser und klüger, ein wenig strategischer zu denken, um unsere Begegnungen und Auseinandersetzungen angenehmer und produktiver zu gestalten?

Nehmen wir an, Ihre Vorgesetzte kommt in der Empfangshalle auf Sie zu und sagt in strengem Ton zu Ihnen: „Ich muss morgen um 15 Uhr mit Ihnen sprechen." Wenn Sie sie fragen, warum, weigert sie sich, Ihnen zu sagen, worum es in dem Meeting gehen soll und warum es so dringend ist. Falls das Ziel Ihrer Vorgesetzten nicht darin besteht, Sie zu manipulieren, indem sie in Ihnen

Angst hervorruft, dann hat sie Ihnen einen äußerst schlechten Vorwand geliefert. Sie werden die Einladung zum Gespräch als unheilvoll empfinden und sich die nächsten 24 Stunden Sorgen machen, dass Sie etwas falsch gemacht haben und womöglich gefeuert werden. Wie viel einfacher – und netter – wäre es gewesen, wenn Ihre Chefin gesagt hätte: „Hey, letzte Woche beim Meeting mit unserem Kunden gab es ein paar Fragen und Einwände, nichts Schlimmes, aber ich würde gern morgen um 15 Uhr mit Ihnen darüber sprechen." Derart vorbereitet, wären Sie entspannter und könnten sich besser auf den eigentlichen Inhalt der Unterredung vorbereiten. Auch würden Sie vermutlich offener darauf reagieren, was Ihre Chefin Ihnen zu sagen hat, und ihr das geben, was sie von Ihnen will.

Ein Vorwand ist eine mitfühlende, produktive Art, ein Gespräch einzuleiten, weil Sie damit etwas Unglaubliches, fast Radikales tun: *Sie denken einen Augenblick über die emotionalen Bedürfnisse des anderen nach.* Wie schon im letzten Kapitel erläutert, überlegen die meisten Menschen, was sie sich selbst von einem Gespräch erhoffen. Wenn Sie aber einen wirkungsvollen Vorwand finden wollen, müssen Sie den „empathischen Sprung" machen und sich in die Gedankenwelt des anderen versetzen. Dann können Sie Ihren Vorwand dementsprechend anpassen. Als Chefin vermeiden Sie ein geheimnisumwittertes „muss, morgen, 15 Uhr", weil Sie um das Machtgefälle zwischen Ihnen und Ihren Angestellten wissen und daran denken, dass eine kryptische Ansage in Ihnen Angst hervorruft. Wenn Sie Ihre Schwester um Hilfe für Ihre Mutter bitten wollen, fragen Sie sie möglichst freundlich und respektvoll, damit sie Ihren Wunsch nicht als Bedrohung ansieht, denn vielleicht fällt es ihr nicht unbedingt leicht, auf die Schnelle 10.000 Dollar lockerzumachen. Ich würde mir wünschen, dass sich mehr Menschen über die Gefühle, Bedürfnisse und Begierden anderer Gedanken machten, bevor sie etwas sagen. Unser Zusammenleben wäre friedvoller. Und wir alle würden öfter bekommen, was wir wollen.

Ein guter Vorwand braucht gute Vorbereitung

Jetzt wissen Sie, was „Pretexting" ist, wie wir Fachleute sagen, und warum es funktioniert. Sehen wir uns also an, wie Sie diese Methode anwenden können. Für mich gehörte sie wie selbstverständlich zu meinem Leben dazu und ich vermute, dass alle erfolgreichen Hacker, Trickbetrüger und Falschspieler ähnliche Erfahrungen gemacht haben. Schon als Kind habe ich mir instinktiv überlegt, wie ein Gespräch in meiner Vorstellung ablaufen sollte. Dazu habe ich einbezogen, mit welcher Person ich zu tun hatte, was ihre Bedürfnisse und Wünsche waren und wie ihre Gedankenwelt aussah. Diese Herangehensweise ging mir so sehr in Fleisch und Blut über, dass ich sie bei jeder Begegnung mit anderen Menschen spontan anwandte. Es wirkte, als würde ich sie improvisieren, aber in Wirklichkeit spielte sich dabei sehr viel in meinem Hinterkopf ab. Erst seit einiger Zeit, seitdem ich anderen Menschen die Methode beizubringen versuche, betrachte ich sie mit einem analytischeren Blick. Indem ich meinen geistigen Prozess zurückverfolgte, konnte ich diese aus sieben Schritten bestehende Formel entwickeln, mit der Sie einen erfolgreichen Vorwand ersinnen können, um ein Gespräch einzuleiten:

Die Vorbereitungsmethode

1. Problem: Identifizieren Sie das Problem, das Sie lösen möchten.
2. Ziel: Benennen Sie das gewünschte Ziel.
3. Ihr Gefühlszustand: Überlegen Sie sich, welche Gefühle Sie beim anderen gern auslösen möchten.
4. Gefühle auslösen: Überlegen Sie sich, welche Gefühle Sie selbst zeigen müssen, um diese Gefühle beim anderen zu wecken.
5. Aktivierung: Definieren Sie Ihren Vorwand. Er sollte Ihnen jetzt völlig klar sein.
6. Vortrag: Bestimmen Sie, wo, wann und wie Sie Ihren Vorwand am besten vortragen können.

7. Bewertung: Bewerten Sie für sich Ihren Vorwand, um sicherzustellen, dass er einen starken wahren Kern hat und Ihr Gegenüber sich am Ende bereichert fühlt.

Damit ein Gespräch funktioniert, müssen Sie zuerst für sich selbst herausfinden, welches Problem Sie lösen müssen und was Ihr gewünschtes Ziel ist (Schritt 1 und 2). Sie haben zum Beispiel gehört, dass Ihre Tochter Natalie heimlich mit David, einem deutlich älteren Jungen, SMS-Kontakt hat, obwohl Sie es ihr verboten haben. Das Problem ist wohl ziemlich klar. Aber Sie können noch präziser sein: Durch den Kontakt zu David, der übrigens vor Kurzem wegen Drogenbesitzes festgenommen wurde, hat Natalie nicht nur bewusst eine Hausregel gebrochen, sondern Sie auch belogen (Sie hatten sie gefragt, ob sie Kontakt zu David habe, was sie abgestritten hat).

Indem Sie sich diese Einzelheiten des Problems vor Augen führen, wird Ihnen klarer, worum es in dem Gespräch gehen soll. Viele Eltern würden in einer solchen Situation einfach kurzerhand eine Strafe aussprechen, ohne die Ursachen des Verhaltens ihrer Tochter zu ergründen. Wenn Sie Natalie ihren Kontakt vorhalten, können Sie zum Beispiel sagen, dass Sie vor allem ihre Lüge beunruhigt hat und dass Natalies Freund David womöglich mit Drogen zu tun hat. Insofern ist Ihr Ziel bei einem Problem dieser Tragweite womöglich mehr, als dass Ihre Tochter Verantwortung für ihr Handeln übernimmt. Sie möchten, dass sie offen und ehrlich darüber spricht, was sie getan hat und warum sie es getan hat. Sie möchten verstehen, was mit ihr los ist, ob sie selbst Drogen nimmt und warum sie meinte, sie könne heimlich die Hausregeln brechen. Wenn Sie gemeinsam an die Wurzel des Problems gelangen und es gemeinsam zu lösen versuchen, dann können Sie den Grundstein für eine vertrauensvollere Beziehung legen, was wiederum in der Zukunft zu größerer Ehrlichkeit und besserem Verhalten Ihrer Tochter führen kann.

Nachdem Sie Ihr Ziel definiert haben, können Sie sich Schritt 3 zuwenden. Wenn Sie in Natalie Gefühle wie Wut, Angst oder Scham auslösen, wird sie vermutlich kein Vertrauen haben, sich Ihnen zu diesem Thema zu öffnen. Könnten Sie aber eine leichte Betrübnis und ein wenig Mitgefühl für Ihre Ängste und Sorgen in ihr hervorrufen, dann haben Sie möglicherweise Erfolg. Da Sie keine völlige Niedergeschlagenheit bewirken wollen, müssen Sie genau überlegen, welche Gefühle Sie selbst während des Gesprächs zeigen (Schritt 4). In vielen Situationen können Sie in anderen Menschen bestimmte Gefühle auslösen, wenn Sie sie selbst zuvor ausgedrückt haben. Sieht Natalie, dass Sie empathisch und ein bisschen traurig sind, steigen in ihr wahrscheinlich dieselben Gefühle auf. Das wiederum kann Ihnen helfen, einen geeigneten Vorwand zu finden (Schritt 5). Sie können das Gespräch natürlich nicht eröffnen, indem Sie sagen, dass sie es total vermasselt hat und Sie darüber reden müssen. Das löst nur Angst in ihr aus. Vielleicht wollen Sie eher die Rolle des „netten, aufmerksamen Vaters" spielen und der Unterredung einen ruhigeren, einfühlsameren Rahmen geben. Sie könnten zum Beispiel zu Ihrer Tochter sagen, dass Sie mit ihr reden möchten, weil Sie ihre Meinung zu einem wichtigen Problem hören möchten, das gerade in der Familie aufgekommen ist. Ein solcher Vortrag schafft eine ruhige, einfühlsame Atmosphäre, die zu Ihrem Vorwand passt (Schritt 6). Sie könnten zu Ihrer Tochter gehen, ihr auf die Schulter klopfen und sagen: „Hey, mein Schatz, können wir kurz reden? Ich weiß, es ist schon spät und du bist wahrscheinlich müde, du hast ja den ganzen Abend Hausaufgaben gemacht. Aber ich habe da was auf dem Herzen, das ich gern mit dir besprechen würde."

Jetzt haben Sie Ihren Vorwand vorgebracht und auch dessen Vortrag ausgearbeitet und müssen sich die Frage stellen: Ist das moralisch vertretbar? Die Antwort ist hoffentlich ein klares Ja. Der „nette, aufmerksame Vater" ist vermutlich ein wichtiger Teil Ihrer Persönlichkeit, stellt also keine Lüge dar. Ihre Art, das Gespräch einzuleiten und zu führen, wird Natalie das Gefühl geben, selbst von der Unterredung zu profitieren. Wenn Sie damit in ihr Vertrauen wecken können und sie sich Ihnen gegenüber öffnet, verbessert das langfristig Ihre Beziehung. Kurzfristig wird Ihre Tochter das Gefühl haben, von ihren Eltern geliebt, respektiert und umsorgt zu werden. Andere Arten, das Gespräch zu führen, hätten den Moraltest womöglich nicht bestanden. Stellen Sie sich vor, Sie hätten als Jugendlicher nie Drogen ausprobiert, und würden Ihrer Tochter unter dem Deckmantel des netten, aufmerksamen Vaters eine frei erfundene Geschichte auftischen, Sie wären schwer kokainabhängig gewesen, hätten gesehen, wie sich andere den goldenen Schuss setzten, und wären sogar einmal dafür in den Knast gekommen. Eine harte Story, bei der Sie am eigenen Leib erfahren haben, wie schlimm Drogen sind. Kurzfristig könnte diese Geschichte den gewünschten Effekt erzielen: Ihre Tochter würde sich von Drogen und von ihrem Freund David fernhalten. Aber sollte sie jemals herausfinden, dass die Geschichte gelogen war, würde sie sich sehr verletzt und betrogen fühlen, und das könnte womöglich Ihre Beziehung auf Dauer beschädigen.

Je nach Verlauf des Gesprächs könnte es sein, dass Sie irgendwann einen neuen Vorwand vorbringen müssen. Wenn Sie zum Beispiel erfahren, dass Natalie und David vorhatten, zusammen abzuhauen, wollen Sie vielleicht die Rolle des „netten, aufmerksamen Vaters“ beiseitelegen und den „strengen Vater“ herausholen. Wenn Sie dagegen erfahren, dass sie gar nicht mit dem Drogenbaron David SMS-Nachrichten ausgetauscht hat, sondern mit einem anderen, gleichaltrigen, guten Jungen aus ihrem Gemeinschaftskundekurs, dann könnten Sie sich dafür entschuldigen, ihr gegenüber argwöhnisch gewesen zu sein, ihr für ihre Ehrlichkeit danken und ihr sagen, wie stolz Sie auf sie sind. Das ist der Vorwand „unterstützender Vater“. Die komplexen Interaktionen, die wir in unserem täglichen Leben mit anderen Menschen haben, führen oft dazu oder sollten dazu führen, dass wir den Vorwand ändern, wenn ein Gespräch eine unerwartete Wendung nimmt. Der wichtigste Vorwand aber ist und bleibt der erste, weil sich daran zeigt, ob das Gespräch überhaupt produktiv ablaufen kann. Wäre ihre Tochter von Anfang an wütend gewesen, hätte sie vermutlich nicht vernünftig reagiert, hätte sich nicht in Ihre Lage hineinversetzen können und Ihre Unterredung wäre im Sande verlaufen.

Ich habe hier ein Beispiel einer Familiensituation genannt, aber Sie können das obige Schema in jedem beliebigen Kontext einsetzen, um Gespräche produktiv beginnen zu lassen. Mein Team ist einmal auf einer großen Branchenkonferenz, auf der mein Unternehmen eine Veranstaltung durchgeführt hat, nur herumgehetzt und hat alles dafür getan, damit die Veranstaltung ein Erfolg wurde. Nur mein Mitarbeiter Vince, ein kluger Mann Anfang 20,[13] war nicht da. Keiner wusste, wo er war. Ich rief ihn an, schrieb ihm eine SMS – keine Antwort. Ich war auf 180. Wo war der Typ, wenn man ihn brauchte?

Eine halbe Stunde später machten alle große Augen, als Vince unter einem Tisch hervorkam. Er hatte dort gelegen und ein 90-minütiges Nickerchen gehalten. Mein erster Impuls war, ihn auf der Stelle zu feuern. Aber dann atmete ich tief durch, ging die sieben Schritte der oben beschriebenen Methode durch und führte ein völlig anderes Gespräch. Unter dem Vorwand „empathischer Chef" ging ich auf ihn zu. Ich wollte erfahren, was zu diesem Verhalten geführt hatte, um herauszufinden, ob ich irgendetwas tun konnte, damit so etwas nicht mehr vorkam.

„Hey", sagte ich. „Wir haben die ganze Zeit verzweifelt nach Ihnen gesucht. Wir hatten ja alles genau geplant, damit die Vorbereitungen für die Veranstaltung reibungslos ablaufen, und dabei brauchen wir natürlich jeden Mann. Wir haben uns Sorgen gemacht, weil wir Sie nicht gefunden haben. Wir wussten ja nicht mal, ob Sie überhaupt noch am Leben sind. Könnten Sie mir bitte erklären, warum Sie anderthalb Stunden verschwunden sind?" Vince wurde rot und sagte, es sei ihm peinlich und er wolle nicht darüber reden. „Es tut mir leid, dass Ihnen das peinlich ist", sagte ich. „Es wäre für mich aber sehr wichtig, zu wissen, dass mit Ihnen alles in Ordnung ist." Da erzählte mir Vince, er habe sich den Rücken verrenkt und höllische Schmerzen gehabt. Deshalb habe er die Medikamente genommen, die ihm sein Arzt verschrieben hatte, und sich auf den Boden gesetzt. Irgendwann sei er unter den Tisch gekrochen und eingeschlafen. Die Schmerzen seien so schlimm gewesen, dass er sich nicht mehr bewegen konnte.

Hätte Vince eine andere Antwort gegeben, etwa, dass er eingeschlafen sei, weil er Alkoholiker war und sich am Abend vorher hatte volllaufen lassen, dann hätte ich den „empathischen Chef" vermutlich fallen gelassen und zum „strengen Chef" gewechselt, um ihm zu sagen, dass er sich zusammenreißen müsse, weil sein Verhalten seine Leistung mindere und er den Erfolg unseres Teams gefährde. Aber nachdem ich seine Erklärung gehört und für glaubwürdig befunden hatte, konnte ich beim „empathischen Chef" bleiben. „Okay", sagte ich, „ich kann verstehen, dass Ihnen das unangenehm ist. Mir ging es schon mal ähnlich. Beim nächsten Mal sagen Sie mir bitte einfach Bescheid. Dann gebe ich Ihnen eine Stunde frei oder schicke Sie nach Hause, wenn Sie so große Schmerzen haben, dass Sie nicht arbeiten können." Vince bedankte sich bei mir und machte während der restlichen Konferenz seine Arbeit tadellos. Seitdem gibt er mir immer gleich Bescheid, wenn die Rückenschmerzen zurückkommen, und wir haben uns mit dem Problem arrangiert. Als andere Mitarbeiter von meiner freundlichen, vernünftigen Reaktion hörten, kamen sie zu mir, um mir von ihren gesundheitlichen Problemen zu erzählen, die möglicherweise ihre Leistung beeinträchtigten. Auf diese Weise konnte ich eine Reihe von Missverständnissen ausräumen und das Vertrauen meiner Mitarbeiter stärken – dank der Magie des richtigen Vorwands. Wäre ich einfach wütend auf Vince zugestürmt und hätte ihn gefeuert, hätte ich nicht erfahren, was tatsächlich passiert war. Dann wäre er jetzt arbeitslos und ich hätte einen neuen Mitarbeiter suchen müssen. Wir hätten also beide etwas verloren.

Anwendung der Vorbereitungsmethode

Sie können die Vorbereitungsmethode anwenden, um sich auf wichtige Gespräche in Ihrem täglichen Leben vorzubereiten. Um sich damit vertraut zu machen, sollten Sie sich die einzelnen Schritte am Anfang aufschreiben, um sicherzugehen, dass Sie sie richtig verstanden und nichts vergessen haben. Das kann zwar fünf bis zehn Minuten dauern, aber nach ein paar Tagen oder Wochen wird Ihnen die Methode in Fleisch und Blut übergegangen sein, sodass Sie binnen Sekunden einen Vorwand für ein Gespräch ersinnen können, ohne sich noch irgendetwas aufschreiben zu müssen. Im weiteren Sinne werden Sie sich angewöhnt haben, über anstehende Gespräche nachzudenken, bevor Sie sie führen. Sie überlegen sich, was Sie für sich selbst erreichen wollen, wie die Gedankenwelt Ihres Gesprächspartners aussieht und wie Sie die Unterredung am besten einleiten können, um die gewünschten Gefühle beim anderen hervorzurufen. Außerdem gewöhnen Sie sich eine ganz zentrale Fähigkeit an: Sie lernen, sich während des Gesprächs von Ihren eigenen Gefühlen zu distanzieren, Ihre Selbstbeherrschung wiederzugewinnen und sich ruhig zu unterhalten. Dadurch werden Sie selbstbewusster im Umgang mit anderen und verstehen besser, welchen Vorwand Ihr Gesprächspartner Ihnen gegenüber anwendet.

Wenn Sie überlegen, welche Gefühle Sie im anderen auslösen beziehungsweise selbst zeigen wollen (Schritt 3 und 4), achten Sie darauf, dass es keine negativen Gefühle sind. Denn auch hier lautet zwar Ihr Ziel, dass Sie bekommen, was Sie wollen, aber auch Ihr Gegenüber soll sich durch das Gespräch bereichert fühlen. Das wird kaum passieren, wenn Sie ein negatives Gefühl wie Angst oder Wut in ihm auslösen. Deshalb müssen Sie bei jedem Schritt der Vorbereitungsmethode darauf achten, dass auch Ihr Gegenüber davon profitiert. Ansonsten geraten Sie schnell in den Bereich der Manipulation, bei der Sie im Gespräch gewinnen und der andere verliert. Das sollten Sie jedoch tunlichst meiden.

Überprüfen Sie auch, ob der gewählte Vorwand tatsächlich mit Ihnen und Ihrer Persönlichkeit in Einklang ist. Wenn ich in ein Gebäude einbrechen will, kann ich mich auf den Kopf stellen, um als 25-jährige Studentin durchzugehen, es wird mir nicht gelingen. Selbst wenn das der ideale Vorwand wäre, muss ich mir leider etwas anderes ausdenken. In meinem Privatleben könnte ich niemals auf „wilder Junggeselle“ machen. Das bin ich nicht und das würde mir auch keiner meiner Freunde abkaufen.

Manchmal kann auch ein Vorwand, der sich in anderen Situationen eignen mag, nicht funktionieren, weil er nicht mit dem übereinstimmt, wie der andere uns sieht. Wenn Sie Ihre Schwester bitten wollen, Ihnen bei der Pflege Ihrer Mutter zu helfen, und sie auf ein Wellness-Wochenende einladen, anstatt mit ihr in ihrem Lieblingsrestaurant zu essen, wird Ihre Schwester auf Ihre Frage hin vermutlich das Gefühl haben, dass Sie sie manipulieren wollen – selbst wenn Sie das noch nie getan haben. Ihr Gespräch wird ihr berechnend und unauthentisch vorkommen, weil Sie etwas gemacht haben, was ganz offensichtlich nicht zu Ihnen passt. Wenn Sie aber schon oft mit Ihrer Schwester ein Wellness-Wochenende unternommen haben, könnte das genau der richtige Vorwand für Ihr Gespräch sein.

Vielleicht denken Sie jetzt, Sie müssten Ihre eigene Persönlichkeit ein wenig „ausdehnen“, um einen Vorwand vorbringen zu können, der zu Ihrem Gegenüber passt. Ich hasse Golf. Aber wenn ich für einen potenziellen Geschäftspartner eine angenehme Atmosphäre schaffen möchte, damit mir die Verhandlungen leichterfallen, und wenn ich weiß, dass er wahnsinnig gern Golf spielt, dann könnte ich doch vielleicht ausnahmsweise in den sauren Apfel beißen und ihn auf eine Partie einladen. Oder etwa nicht? Nein, auf gar keinen Fall. Weil ich Golf hasse und ein schlechter Spieler bin, würde ich die ganze Zeit frustriert und gestresst über den Rasen laufen, sodass ich nicht die Gefühle ausdrücken kann, mit denen ich wiederum die gewünschten Gefühle in meinem potenziellen Geschäftspartner auslösen kann. Und wenn er bemerken würde, dass ich Golf hasse, würde er mich für unauthentisch halten. Sich auf sein Gegenüber und seine Gefühle einzulassen bedeutet nicht, dass man die eigenen Gefühle vernachlässigt. Laden Sie den anderen zu etwas ein, das Ihrer beider Persönlichkeit und Geschmack entspricht. Dann können Sie sich auch beide entspannen und die Begegnung genießen.

Dazu vielleicht eine kleine Einschränkung: Nehmen wir an, Ihre Schwester liebt Golf und Sie hassen es. Wenn Sie mit ihr über die Pflege Ihrer Mutter sprechen wollen, dann könnten Sie eventuell eine Partie Golf vorschlagen. Das müsste dann aber ungefähr so aussehen: „Hör mal, ich muss wahrscheinlich nächstes Jahr mit ein paar Kunden golfen gehen. Können wir vielleicht nächste Woche zusammen auf den Platz gehen und ein paar Löcher spielen, und du zeigst mir, wie man das macht? Du spielst doch so gern Golf, und ich würde gern vermeiden, bei meinen Kunden wie der letzte Hansel auszusehen.“ Vorausgesetzt, Sie müssen wirklich nächstes Jahr mit Ihren Kunden Golf spielen gehen und hätten Angst, sich zu blamieren, dann wäre das ein großartiger Vorwand, um ein Gespräch mit Ihrer Schwester einzuleiten. Sie wird sich wohlfühlen und Sie selbst bekommen eine kleine, dringend benötigte Golf-Lektion. Außerdem versetzen Sie Ihre Schwester in eine Lage, in der sie ihre Kompetenz zeigen kann und sie sich wertgeschätzt, ermächtigt und wichtig fühlt – allesamt positive Gefühle, die dazu beitragen können, dass sie Ihrem Ansinnen aufgeschlossener begegnet.

Achten Sie bei der Ausführung Ihres Vorwands immer darauf, dass alles, was Sie tun oder sagen, damit in Einklang steht. Sonst erscheint er schnell fadenscheinig. Wenn Sie einen Elternabend besuchen und Ihr Vorwand „der verantwortungsbewusste Vater“ ist, sollten Sie nicht nach Gras riechen und ein T-Shirt mit einem Motiv von Marihuanablättern anhaben. Wenn Sie behaupten, ein „aufmerksamer Freund“ zu sein, sollten Sie nicht alle drei Sekunden aufs Handy schauen. Und wenn Sie als „einfühlsame Mutter“ durchgehen wollen, sollten Sie keinen Tobsuchtsanfall bekommen und Ihr Kind anschreien: „Was ist los mit dir?“

Auch sollten Sie Ihren Vorwand nicht vorschnell aufgeben, nur weil das Gespräch nicht so anfängt, wie Sie es sich vorgestellt haben. Stellen Sie sich vor, wie unauthentisch Sie Ihrer Schwester vorkommen müssen, wenn sie auf Ihre Bitte, Ihnen bei der Pflege Ihrer Mutter zu helfen, mit Nein antwortet und Sie daraufhin einen Wutausbruch bekommen und sie anschreien: „Ich wusste es! Du bist so ein egoistisches Arschloch! War ja klar!“ Viel ratsamer ist es, wenn Sie im Rahmen Ihres Vorwands bleiben und zum Beispiel erwidern: „Ja, ich weiß, das ist sehr viel verlangt und es ist eine Menge Geld. Mir geht es ja ähnlich. Hast du eine Idee, was wir machen können, wenn wir uns das Altenheim nicht leisten können?“ Mit dieser Antwort halten Sie das Gespräch in Gang, Sie zeigen Ihrer Schwester Ihre Wertschätzung und können Ihr Ansinnen aufrechterhalten. Vielleicht kriegen Sie nicht alles, was Sie wollen, aber zumindest einen Teil. Nehmen wir an, Ihre Schwester sagt daraufhin: „Pass auf, mein Wagen war gerade in der Werkstatt, das war eine teure Reparatur, und die Hypothek aufs Haus will ich nicht auflösen. Ich könnte jetzt 2.000 oder 3.000 Dollar beisteuern und dann im Laufe der nächsten acht, neun Monate noch ein bisschen mehr, so gut ich eben kann. Wäre das für dich in Ordnung?“ Wahrscheinlich hätte sie niemals ein solches Angebot gemacht, wenn Sie Ihren Vorwand aufgegeben und sie angeschrien hätten.

Eltern kommt diese Dynamik vermutlich bekannt vor. Sie sitzen gemütlich auf dem Sofa und Ihre geliebte, entzückende, fünfjährige Tochter kommt zu Ihnen. Sie umarmt Sie, gibt Ihnen einen Kuss auf die Wange und sagt: „Ich liebe dich.“ Ihr Herz schwillt über vor Liebe und Glück, und dann sagt sie: „Kannst du mir das Spielzeug im Internet bestellen? Bitte, Papa, biiiii-tteeee.“ Sie schauen sie an und sagen: „Nein, mein Schatz, gerade nicht.“ Sie läuft rot an und sagt: „Warum bist du nur so gemein zu mir??“ Jetzt hat sie ihren Vorwand aufgegeben.

Ich hatte einmal meine Tochter Amaya bei einem Meeting dabei und musste ihr drei oder vier Mal sagen, dass sie bitte aufhört, herumzurennen und so laut zu sein. „Wenn du nicht aufhörst“, sagte ich, „gehen wir nach hinten und es gibt Haue.“ Was glauben Sie, was passiert ist? Sie hat natürlich nicht aufgehört.

Ich stand auf und wies mit dem Kopf zur Tür. Dazu sagte ich, was man als Vater halt so sagt: „Du weißt, was jetzt passiert.“ Als wir hinten waren, sagte ich zu ihr: „Amaya, ich habe dir fünf Mal gesagt, du sollst bitte nicht so laut sein. Du weißt, dass ich dich jetzt dafür bestrafen muss.“

Sie schaute zu mir auf, ergriff meine Hand und sagte: „Es tut mir leid. Ich weiß, du hast mich gewarnt und dass ich jetzt Haue bekomme, aber können wir uns vielleicht einmal kurz hier hinsetzen, damit ich dir einen Kuss geben kann und dir sagen kann, wie leid es mir tut?“

„Meinst du, damit kommst du um deine Strafe herum?“, fragte ich.

„Nein“, sagte sie. „Ich weiß, dass du mich bestrafen musst – du hast mich ja gewarnt. Aber es tut mir wirklich sehr leid.“ Dann warf sie ihre Arme um mich und drückte mich ganz fest, küsste mich auf die Wange und sagte: „Okay, dann los.“

Sie bekam natürlich keine Haue, nicht an diesem Tag und auch danach nie wieder. So wirkungsvoll ist es, wenn man sich an seinen Vorwand hält!

Ähnlich wichtig ist, dass Sie Ihren Vorwand und den Vortrag möglichst schlicht halten. Sie müssen Ihr Gespräch nicht bis ins allerletzte Detail durchspielen. Denken Sie an meinen Mitarbeiter Vince, der wegen seiner Rückenschmerzen vermisst wurde. Wenn ich ihn nun als „mitfühlender Chef“ anspreche, dann muss ich ihm nicht in aller Ausführlichkeit erzählen, wie es war, als ich zuletzt einen schlimmen Unfall hatte, der meine Leistung auf der Arbeit beeinträchtigte, nur um ihm mein Mitgefühl auszudrücken. Ein paar klug ausgewählte Details genügen. Wenn ich zu lange rede, könnte in Vince Frust aufsteigen, weil ich ihn mit meinem Gelaber langweile. Schlimmer noch, es könnte bei ihm so ankommen, als würde ich mit aller Macht versuchen, eine Verbindung zwischen uns herzustellen. Dann könnte er argwöhnisch werden und denken, ich hätte mir das alles im Vorhinein überlegt, weil ich einen Hintergedanken habe. Er würde mich für falsch halten und sich mir vermutlich eher nicht anvertrauen.

Denken Sie beim Vortragen eines Vorwands immer an die DISG-Analyse, die ich Ihnen im letzten Kapitel vorgestellt habe. Nehmen wir an, Sie leiten ein Unternehmen und müssen einem leistungsschwachen Mitarbeiter erklären, was er falsch macht, und ihn motivieren, sich mehr anzustrengen. Ist Ihr Mitarbeiter der Typ „I“, extrovertiert, überschwänglich und emotional, dann wäre es vielleicht gut, Ihren Vorwand schriftlich vorzutragen und ihm gleichzeitig ein Anschlussgespräch vorzuschlagen, per Telefon oder unter vier Augen. Denn wenn Sie ihm Ihr Feedback zuerst im Gespräch geben, könnte er in die Defensive geraten und sich mit Ihnen um jeden einzelnen Punkt streiten. Dann haben Sie eine Debatte am Hals, anstatt ein produktives Gespräch zu führen. Geben Sie ihm Ihr Feedback aber schriftlich, hat er die Gelegenheit, seine Gefühle abkühlen zu lassen und zu verarbeiten, was Sie ihm mitgeteilt haben.

Ist Ihr Mitarbeiter dagegen der Typ „G", dann ist vielleicht ein direktes Gespräch per Telefon oder unter vier Augen zu bevorzugen. Der Mitarbeiter möchte wahrscheinlich Ihr Feedback im Detail verstehen, und in einem Gespräch könnten Sie ihm alles in Ruhe erläutern und auch alle Fragen klären, die er dazu hat. Ähnliches gilt für einen Mitarbeiter vom Typ „D". Er interessiert sich zwar nicht so sehr für die Einzelheiten, aber er möchte, dass Sie ihn direkt ansprechen und gleich zum Punkt kommen. Wenn Sie ihm eine lange E-Mail schreiben, wird ihn Ihr Feedback vermutlich eher frustrieren, egal, welchen Inhalt sie hat und wie nachvollziehbar sie ist.

Ein etwas allgemeinerer Aspekt ist, dass Sie Ihre Hausaufgaben machen müssen. Sammeln Sie vorab Informationen über die Person Ihres Interesses, so wie ich es mit dem Warenlager gemacht habe. Je mehr Sie wissen, desto klarer wird Ihnen, welcher Vorwand gut funktionieren wird und welcher nicht. Es mag für Sie vielleicht ein wenig beunruhigend klingen, aber wenn ich mich auf ein schwieriges Gespräch vorbereite, dann schaue ich mir die letzten Posts des anderen in den sozialen Medien an und suche nach Hinweisen über Entwicklungen in seinem Leben, die mit dem Problem, das wir zu lösen haben, in Zusammenhang stehen könnten. Manchmal helfen mir solche Hinweise, meine Ziele im Gespräch klarer zu definieren oder einen Vorwand festzulegen, der dem anderen relevant oder interessant erscheint. Je mehr ich über den anderen weiß, desto eher kann ich vermeiden, etwas zu sagen oder zu tun, das ihn abstößt. Um ein besonders krasses Beispiel zu nennen: Wenn ich in den sozialen Medien erfahre, dass gerade das Haustier eines Freundes, den ich um einen Gefallen bitten möchte, gestorben ist, dann werde ich das Gespräch sicher nicht mit der Frage einleiten, wie es seinem Hund geht, sondern drücke ihm mein Mitgefühl aus.

So wichtig die Vorbereitung eines Gespräches auch ist, übertreiben Sie es nicht. Wenn Ihre Geschichte zu perfekt ist oder Sie – ich sage es noch einmal – zu viele überflüssige Details erwähnen, dann schrillen beim anderen die Alarmglocken. Versuchen Sie ein Gleichgewicht zwischen Vorbereitung und Spontaneität zu finden, dadurch wirkt das Gespräch authentischer. Ich sage immer zu meinen Kursteilnehmern, dass sie lernen können, spontan zu sein, so widersprüchlich das klingen mag. Probieren Sie es aus: Gehen Sie an einen öffentlichen Ort und führen Sie ohne jede Vorbereitung Gespräche mit Fremden, um ihnen eine einfache Information zu entlocken, zum Beispiel ihren vollen Namen oder ihr Geburtsdatum. Überlegen Sie sich keinen Vorwand – gehen Sie einfach auf die Leute zu und sprechen Sie sie an. Versuchen Sie es mit verschiedenen Gesprächseröffnungen und schauen Sie, was passiert. Manchmal klappt es, manchmal nicht. Wenn Sie erst einmal ein paar Gespräche geführt haben, werden Sie anfangen, den ersten Satz zu improvisieren oder kleine Änderungen an dem, was und wie Sie es sagen, vorzunehmen. Sie bekommen ein immer besseres Gefühl dafür, wie Sie auf Fremde zugehen können, und können es immer ungezwungener und immer spontaner tun.

Die Kraft des guten Anfangs

Wie wir in diesem Kapitel gesehen haben, dient ein Vorwand dazu, ein Gespräch so einzuleiten und aufzubauen, dass Ihr Gegenüber gern mit Ihnen weiterredet, und zwar selbst in Situationen, in denen es Ihnen sonst ohne viel Federlesens die Tür vor der Nase zuknallen würde – ja, in denen die Vernunft oder der gesunde Menschenverstand es ihm sogar gebieten würde. Wenn Sie einen starken Vorwand liefern und im anderen die richtigen Gefühle auslösen können, setzen Sie damit sein kritisches Denken außer Kraft und haben für die Dauer des Gesprächs den Fuß in der Tür. Denn Sie sorgen dafür, dass er Ihnen eine Chance geben *will*. Und dann kann sogar scheinbar Unmögliches wahr werden.

Ich habe in der Einleitung erwähnt, dass es mir einmal gelungen ist, den Besitzer eines schicken Restaurants dazu zu bringen, mich einzustellen, obwohl ich keinerlei Erfahrung als Koch besaß. Das Entscheidende dabei war meine Fähigkeit, ihm auf der Stelle einen zwingenden Vorwand zu bieten. Meine derzeitige Arbeit langweilte mich und ich wollte unbedingt etwas Neues ausprobieren. Als ich das Schild an der Straße sah: „Chefkoch gesucht", bat ich darum, den Küchenchef zu sprechen. Ich entschied mich instinktiv, den „ultraselbstbewussten, aber nicht großspurigen Bewerber" zu geben, schüttelte ihm die Hand und sagte: „Hi, ich bin Chris. Ich bin Ihr neuer Chefkoch." Ich wollte, dass er Vertrauen in mich hat und mir den Job zutraut. Um dieses Gefühl zu wecken, musste ich meinerseits Selbstvertrauen zeigen und es mit einer Prise Unbeschwertheit und Augenzwinkern würzen.

„Okay", sagte er. „Kann ich Ihren Lebenslauf sehen? Welche Referenzen haben Sie?"

„Ich habe keine Referenzen", erwiderte ich. „Ich brauche keine. Probieren Sie einfach, was ich koche. Die Mahlzeit ist meine Referenz."

„Gut", sagte er und wies hinter sich auf den Gewerbekühlschrank und die Herdplatten. „Dann kochen Sie etwas für mich."

Ich ging zum Kühlschrank, holte Fleisch, Gemüse, Kokosmilch und Gewürze heraus und kochte ein Thaigericht – dank meiner Frau, die thailändischer Abstammung ist, kann ich einige ziemlich gute Currygerichte. Während er mir zusah, sagte er: „Das ist das ungewöhnlichste Bewerbungsgespräch, das ich je geführt habe:"

Ich nickte. „Ja, wir könnten natürlich auch mehrere Bewerbungsrunden machen, in denen ich rede und rede, aber am Ende stellen Sie mich ja doch erst ein, wenn ich für Sie gekocht habe. Da können wir das Ganze doch auch gleich direkt auf den Punkt bringen."

Als das Essen fertig war, gab ich eine Portion auf einen Teller und reichte sie ihm. Er sah sich das Arrangement an, roch an dem Gericht und probierte eine Gabel.

Seine Augen begannen zu leuchten. „Sie haben den Job."

Natürlich musste ich jetzt, nachdem er mich angestellt hatte, auch liefern, was schwierig war, so ganz ohne Erfahrung. Aber ich lieferte. Mein neuer Chef bat mich, ein paar andere Gerichte zu kochen, die er eventuell auf die Karte setzen wollte. Da ich keine Rezepte parat hatte, ging ich nach Hause und recherchierte und probierte tagelang verschiedene Gerichte aus. Im Laufe der nächsten Monate präsentierte ich sie in der Küche, wo er und die anderen Köche mir die Grundlagen der Kochkunst während der täglichen Arbeit beibrachten, ohne dabei jemals meine Kompetenz infrage zu stellen. Zum Beispiel wusste ich nicht einmal, wie man Gemüse stiftelt. Als mein neuer Chef mich darum bat, sagte ich: „Sie wissen ja, jeder macht das anders. Wollen Sie mir nicht vielleicht Ihre Methode zeigen? Dann kann ich es machen wie Sie." Gesagt, getan. Durch meine Bereitschaft, etwas dazuzulernen, und meiner Fähigkeit, mich durch schwierige Situationen zu lavieren, war ich bald ein hochgeschätzter Mitarbeiter. Ich blieb zwei Jahre und hängte den Job nur an den Nagel, weil er mir langweilig wurde und ich etwas anderes ausprobieren wollte.

Mein Vorwand war mein Türöffner gewesen. Mit seiner Hilfe hatte ich mich ohne jede Erfahrung in diesem Beruf in eine leitende Position gebracht. Aber das war nur der Anfang. Im Grunde passiert in jedem Gespräch, das wir führen, etwas ganz Ähnliches. Ist die Tür einmal geöffnet, müssen Sie wissen, wie Sie es fortführen können, sonst erreichen Sie gar nichts. Hacker bauen auf ihrem Vorwand auf, indem sie einen Raum schaffen, in dem sie und ihre „Zielperson" auf einem gemeinsamen Nenner sind. Das geschieht innerhalb von Sekunden und nahezu automatisch, ohne dass ihr Gegenüber es mitbekommt. Ist dieser gemeinsame Nenner etabliert, hat der Hacker sein Ziel schon halb erreicht. Gelingt es ihm allerdings nicht, dann hilft nur noch beten – es sei denn, er ist bereit, sich von seinen ethischen Grundsätzen zu verabschieden, und fängt an, den anderen zu manipulieren. Das würde ich niemals tun.

Profis nennen diesen Vorgang „eine Beziehung aufbauen“. Das ist, wie Sie mir sicher zustimmen werden, für jede Begegnung wichtig, sei es, Sie lernen auf einer Cocktailparty jemanden kennen oder sehen einen alten Freund wieder oder wollen Ihrer Frau sagen, was Ihnen auf dem Herzen liegt. Sehen wir uns also diesen Aspekt einmal genauer an, damit Sie lernen, Beziehungen aufzubauen, wie Sie es nie für möglich gehalten hätten.

KAPITEL 3

DIE KUNST, AUF ANDERE ZUZUGEHEN

Bauen Sie schnell zu anderen Menschen eine Beziehung auf, um die Wahrscheinlichkeit zu erhöhen, dass sie Ihrem Wunsch entsprechen.

Jetzt, da Sie den Kontext einer Begegnung etabliert haben, geht es darum, den Gesprächsanfang zu Ihrem größtmöglichen Vorteil zu lenken. In diesem Kapitel stelle ich Ihnen eine Methode vor, die Sie auf Cocktailpartys und Konferenzen, in Geschäften und allen nur erdenklichen Situationen anwenden können, um Ihr Gegenüber unverzüglich davon zu überzeugen, dass Sie ein vertrauenswürdiges Mitglied seines Stamms sind. Stellen Sie sich vor, Sie können auf Freunde, Bekannte und sogar vollkommen fremde Menschen zugehen und immer genau das Richtige sagen, sodass sie Sie mögen und gern bereit sind, Ihnen zu helfen.

Ich rauche nicht. Ich hasse den Geruch von Zigarettenrauch. Aber eines weiß ich: Raucher kommen dank dieser Angewohnheit miteinander in Kontakt, heutzutage sogar noch häufiger als früher wegen der ganzen öffentlichen Rauchverbote. Vor Kurzem gelang es mir allein durch diese allgemein bekannte Tatsache, in den Hauptverwaltungssitz eines großen Gesundheitsdienstleisters einzudringen.

Mein Kunde hatte mir den Auftrag erteilt, mir Zugang zur Vorstandsetage zu verschaffen und in den Büros nach herumliegenden vertraulichen Unterlagen zu suchen. Bei den Recherchen zum Unternehmen hatten wir herausgefunden, dass infolge eines Bauvorhabens in der Gegend die umliegenden Gebäude von kleinen Spinnen heimgesucht wurden. Ich verkleidete mich als Schädlingsbekämpfer, in voller Montur mit Sprühgerät, und betrat einen öffentlichen Eingang, um verschiedene Tricks auszuprobieren, die ich Ihnen in diesem Buch noch darlegen werde, um an den Sicherheitsleuten vorbeizukommen und ins Gebäude zu gelangen. Keiner dieser Tricks funktionierte. „Passen Sie auf", erklärte mir der Sicherheitsmann, „Ihr Name steht nicht auf meiner Liste, also kann ich Sie nicht hereinlassen." Ich versuchte es an einem anderen Eingang und wurde wieder abgewiesen. Ein Flop sondergleichen.

Zwar war ich erst einmal geknickt, freute mich aber auch, dass ich so schnell aufgehalten worden war. Nun musste ich mir, wie mit dem Kunden verabredet, einen neuen Plan überlegen. Ich verließ das Gebäude und schlenderte daran entlang, um zu überlegen, wie ich vorgehen könnte. Als ich an einem Seiteneingang fünf, sechs Mitarbeiter sitzen sah, die gerade rauchten, kam mir eine Idee. Mit dem Sprühgerät in der Hand ging ich auf sie zu und sagte: „Hey, macht es Ihnen was aus, wenn ich mich zu Ihnen geselle und ein bisschen frische Luft schnappe?“ Sie lachten und warfen mir ein paar neugierige Blicke zu. „Tja, Leute“, sagte ich, „ich habe gerade zum ich weiß nicht wievielten Mal aufgehört. Zum zehnten?“

„Kommt mir bekannt vor“, sagte einer von ihnen.

„Ich hab's schon 15 Mal versucht.“

„Ich versuch's schon gar nicht mehr“, sagte ein anderer. „Ich habe damit aufgehört, aufzuhören!“

Ein dritter hielt mir seine Packung hin. „Wollen Sie eine?“

Ich winkte ab. „Nein, diesmal mache ich ernst. Aber wenn ich hier kurz stehen bleibe und den Geruch einatme, hört der Drang nach einer Zigarette vielleicht auf.“

„Klar, kein Problem“, sagte er. „Bleiben Sie ruhig hier.“

Und so wurde ich innerhalb von 60 Sekunden Mitglied ihres Zirkels. Mehrere Minuten standen wir noch dort, dann war die Raucherpause zu Ende und sie gingen zurück zum Eingang, ich im Schlepptau. Als wir die Tür erreichten, die nur Angestellte mit Marke betreten konnten, öffneten sie sie, gingen hinein und ließen mich ebenfalls ein, ohne auch nur eine Sekunde darüber nachzudenken. Bingo. Ich war drin. Kurz darauf war ich auch schon auf der Vorstandsetage und wühlte mich durch haufenweise vertrauliche Dokumente.

Ich hatte einen glaubwürdigen Vorwand gefunden – der altgediente Raucher, der sich damit herumquält, aufzuhören –, aber dieser Schachzug gab mir erst mal nur die Möglichkeit, ein Gespräch zu eröffnen. Um mein Ziel zu erreichen, musste ich das Gespräch weiterführen und die vier Grundfragen beantworten, die sich Menschen immer sofort unbewusst stellen, wenn sie einem Fremden begegnen (Wer ist dieser Mensch? Was will er? Wie lange wird unsere Begegnung dauern? Ist dieser Mensch eine Bedrohung für mich?). Deshalb habe ich schnell eine Beziehung zu den nichts ahnenden Rauchern aufgebaut. Mit etwas gut überlegtem Geplauder konnte ich ihnen zeigen, dass ich keine Bedrohung für sie darstellte, sondern einfach ein harmloses, nettes Mitglied ihres Stamms war. Die große, glückliche Raucherfamilie. Als sie zurück an ihren Arbeitsplatz mussten, dachten sie sich nichts dabei, mich ebenfalls ins Gebäude zu lassen, denn für sie war ich jetzt einer von ihnen.

Von Skaterkumpels und Oxytocin

Auf den ersten Blick mag es Ihnen nicht sonderlich schwer vorkommen, eine Beziehung zu jemand anderem aufzubauen. Auf den zweiten Blick auch nicht. Wir leben zwar in einer Welt der Smartphones und Wolkenkratzer, aber unser Gehirn ist so vernetzt, als würden wir immer noch in Stammesgruppen leben, durch Wälder streifen und nach Nahrung suchen. Wir sind eher geneigt, anderen zu helfen, wenn es eine gemeinsame Verbindung gibt, ob sie nun auf der Zugehörigkeit zu einer Gesellschaftsschicht, einem Beruf, einer Ethnie, einem Glauben, einem Lebensabschnitt, auf Wesensverwandtschaft oder ähnlichen Erfahrungen beruht.[1] Wenn Sie wollen, dass jemand, dem Sie gerade zum ersten Mal begegnen, Ihren Wünschen nachkommt, sind Ihre Chancen deutlich höher, wenn Sie zuerst einen gemeinsamen Nenner finden, sodass der andere das Gefühl hat, mit seinesgleichen zu tun zu haben.

In meinen Kursen stelle ich das Konzept des Beziehungsaufbaus vor, indem ich meine Menschenhacker in spe bitte, sich das Mittagessen in der Schulkantine in Erinnerung zu rufen. Wenn das bei Ihnen ähnlich war wie bei mir, dann saßen alle Schülerinnen und Schüler mit ihrem jeweiligen Stamm zusammen – die Sportskanonen, die Nerds, die Punks, die Skater. Jeder wusste, wo er hingehört, und identifizierte sich durch sein Gebären, Insidersprache und Kleidung für alle sichtbar mit einem Stamm (Funfact: Ich gehörte zum Stamm der Skater, das heißt, ich trug eine Schlabberhose und eine Kette am Portemonnaie). Durch diese Identifikation kam zumindest ein Anfangskontakt zustande, eine erste Beziehung zwischen

Schülern, die ansonsten nichts miteinander zu tun hatten. Würde ein Neuer, der wie ein Skater gekleidet war, zum Nerdtisch schlendern und irgendeine ahnungslose Frage stellen, zum Beispiel wann die nächste Schuldisko stattfindet, würden die vier Grundfragen eine ziemliche Hürde darstellen, weil die Nerds den Skater nicht kannten. Sie würden sich fragen: Warum bist du hier? Was willst du? Wie viel meiner wertvollen Zeit wirst du verschwenden? Bist du eine Bedrohung für mich? Aber wenn der Skater an den Skatertisch ginge und lässig-gelangweilt dieselbe Frage stellte, wären die Fragen der Nerds für die Skater schon beantwortet, weil sie den Neuen allein aufgrund seiner äußeren Erscheinung als ihresgleichen akzeptiert hätten.

Wie Wissenschaftler inzwischen herausgefunden haben, ist diese unter Schülern zu beobachtende Dynamik tief in der menschlichen Natur verwurzelt. Wenn wir zu jemand anderem eine Beziehung aufbauen, wird ein sehr wirkungsvolles Hormon ausgeschüttet, das Oxytocin. In einer Reihe von Studien konnten Forscher das Vorhandensein von Oxytocin im Gehirn mit Vertrauen und großzügigem Handeln in Verbindung bringen. Auch stieg bei Menschen, bei denen empathische Gefühle geweckt wurden, der Oxytocinspiegel, was wiederum zu großzügigem Verhalten führte. In einer Studie konnten Forscher den Oxytocinspiegel anheben, indem sie den Teilnehmern ein Video von einem unheilbar an Krebs erkrankten Kind zeigten. Der erhöhte Oxytocinspiegel „führte zu höheren Spenden an die Wohltätigkeitsorganisation, die das Video produziert hatte.“ Außerdem wurde Oxytocin mit anderem „positiven Sozialverhalten“ in Verbindung gebracht, zum Beispiel Augenkontakt oder dem Erkennen der Gefühle anderer Menschen.[2]

Wenn wir eine Beziehung aufbauen, sei es in der Schulkantine, bei uns zu Hause oder am Arbeitsplatz, sorgt das Gefühl der Verbundenheit im anderen für einen kleinen Schuss Oxytocin, sodass er Vertrauen und Verbundenheit verspürt und sich uns gegenüber großzügiger verhält. Eine wirkmächtige Dynamik. Gerissene Spekulanten nutzen sie, um zögerliche Zielpersonen dazu zu bringen, ihr Geld zu investieren. Halbseidene Verkäufer gehen im Autohaus nicht einfach auf Sie zu und versuchen Ihnen ein überteuertes Auto zu verkaufen, von dem sie wissen, dass Sie es sich nicht leisten können, sondern plaudern erst mal mit Ihnen, bieten Ihnen einen Kaffee an, schwelgen in Erinnerungen an die Schule, die Sie beide besucht haben, oder lassen sich über Ihren gemeinsamen Lieblingsverein aus. Gewiefte Politiker klingeln nicht einfach an Ihrer Tür und bitten Sie, sie zu wählen. Sie setzen ihr breitestes Lächeln auf, schütteln Ihnen die Hand, nehmen Ihr Baby auf den Arm oder geben einen Kommentar ab, um zu zeigen, dass sie sich in der Kultur Ihres Ortes und Ihrer Gegend auskennen – und versuchen auf diese Weise zu erreichen, dass Sie sich wie ihresgleichen fühlen, als Mitglied ihres Stammes oder besser noch wie ein enger Freund. Und natürlich bauen erfolgreiche Trickbetrüger eine möglichst intensive Beziehung zu ihren arglosen Opfern auf, damit diese ihnen ihr Geld, Informationen oder andere wertvolle Dinge geben.

Ein häufig angewandter Trick besteht darin, dass sich der Betrüger als Mitarbeiter von Microsoft oder Apple ausgibt und Sie anruft, um ein Problem mit der Computersoftware zu lösen. Wenn das Opfer bestimmte Informationen preisgibt oder auf einen scheinbar harmlosen Link klickt, erhält der Betrüger Zugang zu seinen persönlichen Daten, etwa seinem Bankkonto oder zu Passwörtern. Der Betrüger kann sogar den Computer kapern und Lösegeld fordern.[3] Um eine Beziehung aufzubauen, geben sich Betrüger höflich und nett und verwickeln ihr Opfer in ein unverfängliches Gespräch. In den USA werden sie wegen ihres Akzents und des Tonfalls ihrer Stimme oft als indische Frauen gehalten. Da Frauen für die meisten Menschen keine Bedrohung darstellen und Inder von Amerikanern oft in der Rolle des Kundendienstmitarbeiters gesehen werden, denken sich die Opfer nichts dabei, wenn sie tun, was die Betrüger von ihnen verlangen. Sie gehen davon aus, dass der Fremde am anderen Ende der Leitung dieselbe Vorstellung von Anstand hat wie sie, und sehen keinen Grund, das infrage zu stellen. Durch das geschickte Etablieren eines gemeinsamen Nenners rauscht jetzt das

Oxytocin durch ihr Gehirn. Beziehung = Oxytocin = Vertrauen = Ticket erster Klasse in des Opfers Bankkonto.

Professionelle Menschenhacker benötigen nur wenige Sekunden gut vorbereiteter Interaktion, um eine Beziehung aufzubauen. Das liegt daran, dass wir Menschen nicht bloß Stammesmitglieder sind. Wir neigen auch dazu, spontane Entscheidungen über andere Menschen zu treffen, die auf Stereotypen basieren. Diese Urteile fällen wir mithilfe einiger weniger Hauptfaktoren meist nonverbaler Art, etwa der Kleidung, des Haarschnitts, der Hautfarbe und so weiter. Um eine Beziehung zum anderen aufzubauen, müssen Sie ihn schnell taxieren und sich ein klares, wenn auch oberflächliches Bild von ihm machen, wer er ist und zu welchem Stamm er gehört. Dann müssen Sie eine Möglichkeit finden, ihn persönlich anzusprechen. Sie wollen keine tiefe, dauerhafte Freundschaft etablieren, sondern nur eine Verbindung schaffen, damit der andere nicht seinen Schutzschild hochfährt und an Ihren Beweggründen zu zweifeln beginnt.

Um einen gemeinsamen Nenner zu finden, können Sie – wie beim Vortrag eines Vorwands – Körpersprache und Wörter einsetzen. Joe Navarro, der Bestsellerautor und ehemalige Verhaltensanalytiker beim FBI, erzählte mir einmal von einem denkwürdigen Fall, wo er einen Informanten (oder in FBI-Sprech einen „menschlichen Aktivposten“) von einem anderen Agenten übernahm. Eine delikate Angelegenheit: Informanten riskieren ihr Leben, wenn sie mit dem FBI zusammenarbeiten und Beweise gegen Verbrecher liefern. Sie sind auf eine vertrauensvolle Beziehung zu ihrem Agenten angewiesen. Beendet man die Beziehung, kann es sein, dass der Informant verschwindet oder die Zusammenarbeit abbricht, weil er um seine Sicherheit fürchtet. Joe musste also eine starke Arbeitsbeziehung zu seinem neuen Informanten aufbauen und dabei möglichst das Vertrauen, das sein Vorgänger etabliert hatte, nutzen.

Eine große Herausforderung, vor allem weil der Informant – nennen wir ihn einmal Boris – ein über 80-jähriger russischsprachiger Mann war und sein voriger Betreuer beim FBI ein erfahrener Agent Ende 50. Joe dagegen war gerade mal 25 und erst vor Kurzem eingestellt worden. Wie sollte er mit einem Mann, der einen völlig anderen kulturellen und sprachlichen Background hatte und sein Großvater hätte sein können, einen gemeinsamen Nenner finden? „Ich hatte einen Plan, wie ich eine Beziehung zu ihm aufbauen konnte", sagte Joe, während er an ihre erste Begegnung zurückdachte, „aber als ich den Raum betrat und ihn zum ersten Mal sah, kam alles anders." Boris taxierend, wurde ihm klar, dass die gewohnte Herangehensweise, die ein Agent in einer solchen Situation anwendet – berufliche Autorität zeigen, förmlich sprechen und dem anderen versichern, dass ihm keine Gefahr droht –, hier nicht funktionieren würde. „Der Mann war ganz klar der Typ Einzelgänger", sagte Joe. „Er hatte die sowjetische Besatzung [seines Landes] miterlebt und wusste, wie er mich zu lesen hatte – was ich der Form halber sagte und was von Herzen kam. Und er wusste, dass ich als 25-jähriger Jungspund nicht viel über meinen Job wissen konnte. Wie heißt es so schön: Betrüge keinen Betrüger. Das musste ich unbedingt vermeiden."

Joe erkannte, dass Boris' Mentalität noch aus einer Welt herrührte, in der Respekt und Ehrerbietung gegenüber alten Menschen wichtig war. Anstatt also seine Autorität als Agent heraushängen zu lassen, senkte er leicht den Kopf, als er Boris die Hand gab, vermied Augenkontakt und setzte sich seitlich zu ihm – allesamt Zeichen von Ehrerbietung gegenüber dem anderen, die bedeuteten, dass er nicht nach Überlegenheit oder Kontrolle strebte. Als Boris um einen Tee bat, trank Joe ebenfalls Tee, obwohl er Kaffee lieber mochte. Anstatt sich mit persönlichen Informationen zurückzuhalten, wie es Agenten im Normalfall tun, sprach Joe offen über seine schmerzhafte Familiengeschichte: wie seine Verwandten in höchster Not aus Kuba entkamen und sein Vater unter Fidel Castro festgenommen und gefoltert wurde. „Ich konnte sehen, wie sich seine Gesichtsmuskeln entspannten. Da ging ich zu ihm und setzte mich neben ihn auf das Sofa", sagte Joe. In nur ein oder zwei Minuten hatte er eine Beziehung zu dem Mann aufgebaut. „Ich habe mich vor ihm kleingemacht und ihn dann wissen lassen, wie verehrungswürdig er mir erschien.“ Das war der Anfang einer erfolgreichen, drei Jahre währenden Beziehung zwischen den beiden Männern.

Eine Beziehung aufbauen, ohne seine Seele zu opfern

Wenn Sie eine solche Geschichte lesen oder an mein Erlebnis zurückdenken, wie ich mich mit den Rauchern angefreundet habe, steigen vielleicht ähnliche Bedenken in Ihnen auf wie beim Thema Vorwand. Hat Joe seinem Informanten nicht etwas vorgespielt, indem er die Begegnung so strategisch angegangen ist? Normalerweise würde er sich gegenüber Informanten nicht derart ehrerbietig zeigen. Und er hat Tee getrunken, obwohl er Kaffee lieber mag. Ich selbst habe schlichtweg gelogen, als ich mich als Raucher ausgab, der gerade aufgehört hat. In beiden Fällen sieht es so aus, als wären zum Aufbau der Beziehung List und Täuschung angewandt worden – was sicher die meisten von uns ungern in ihrem täglichen Umgang tun würden.

Ich sage mitnichten, dass Sie lügen sollen, um mit Ihrem Gegenüber auf einen gemeinsamen Nenner zu kommen. Das habe ich nur im Kontext eines beruflichen Auftrags gemacht, wo ein solcher Trick legitim ist. Im Alltag sollte alles, was Sie sagen oder tun, um eine Beziehung zu jemand anderem aufzubauen, zumindest einen wahren Kern haben, und der andere sollte das Gefühl haben, von der Begegnung mit Ihnen zu profitieren. Ein Betrüger, der mit Ihnen Small Talk macht und dabei vorgibt, im Kundendienst tätig zu sein, bricht einen ethischen Grundsatz (vom Gesetz ganz zu schweigen), ebenso wie der skrupellose Autoverkäufer, der Fußball nicht leiden kann, aber so tut, als würde er Ihren Lieblingsverein abgöttisch lieben, nur um Ihnen ein Auto zu verkaufen. In beiden Fällen handelt es sich um glatte Lügen und die Zielperson profitiert nicht von der Begegnung. Ein solches Verhalten müssen gute Menschen, die sich an Recht und Gesetz halten, Menschen wie Sie und ich, in jedem Fall ausschließen.

Bei Joe Navarro liegt der Fall aber ein bisschen anders. Ja, er hätte sich gegenüber einem Informanten normalerweise nicht so ehrerbietig gezeigt, tat das aber durchaus gegenüber älteren Menschen in seinem Umfeld. Insofern widersprach das, was er tat, nicht von Grund auf seiner Persönlichkeit. Und obwohl er lieber Kaffee als Tee trank, war es auch nicht so, dass er Tee verabscheute. Dass er ebenfalls eine Tasse Tee trank, war eine kleine, freundliche Geste, ein Angebot mit der schlichten Absicht, Boris das Gefühl zu geben, wertgeschätzt zu werden. Joe mag sich vielleicht ein Stück weit aus seiner Komfortzone bewegt haben, aber er hat sich nicht dabei verbogen. Außerdem hatte sein Verhalten zur Folge, dass Boris sich wohler fühlte und sich eher auf Joes Begehren einließ. Durch den Schuss Oxytocin, der durch sein Gehirn floss, fühlte Boris eine größere Verbundenheit als vor dem Gespräch. Dadurch waren die beiden in der Lage, ihre Beziehung zu vertiefen.

Wie der Vortrag eines Vorwands erfordert auch das Aufbauen einer Beziehung ein gewisses Maß an strategischen Überlegungen. Ich sage es noch einmal: Eine Strategie ist a) unvermeidbar und b) etwas Gutes. Die meisten von uns versuchen naturgemäß, in ihrem alltäglichen Leben Beziehungen zu anderen Menschen aufzubauen, sei es ein nettes Geplauder mit den Nachbarn, ein Plausch unter Kollegen vor einem Meeting oder ein Lächeln für den Kassierer, der unser Gemüse abwiegt. Wenn wir die Fähigkeit trainieren, Beziehungen aufzubauen, heißt das nur, dass wir bewusster und häufiger versuchen, uns emotional mit anderen zu verbinden. Auch wenn wir es aus egoistischen Gründen tun, bereichern wir damit trotzdem das Leben der Menschen, denen wir begegnen, von Freunden wie Fremden.

Wie oft gehen wir durch den Tag, ohne Kontakt zu anderen Menschen aufzunehmen oder ihre Bedürfnisse zu sehen. Wir vergraben uns in unser Telefon und blicken nicht einmal auf, wenn wir mit anderen in den Aufzug steigen. Fest verschlossen in unserer bequemen Medienblase, finden wir soziale, kulturelle oder politische Unterschiede derart abschreckend, dass wir nicht einmal mehr versuchen, darüber zu verhandeln. Aber wenn wir uns die Fähigkeit aneignen, Beziehungen aufzubauen, können wir üben, über andere nachzudenken, und uns angewöhnen, den Graben zwischen uns zu überwinden, um eine Verbindung herzustellen oder zu festigen. Wir können es uns zur Gewohnheit machen, einen gemeinsamen Nenner zu finden, anstatt die anderen, die unsere Überzeugungen nicht teilen, zu ignorieren oder konvertieren zu wollen. Unsere schwer polarisierte Gesellschaft braucht *mehr* Menschen, die Beziehungen aufbauen, nicht weniger. Etwas mehr soziales Feingefühl bringt uns immer weiter, wenn es darum geht, andere Menschen dazu zu bringen, unsere Wünsche zu hören.

Es ist Ihnen möglicherweise nicht in jeder Situation klar, wie weit Sie gehen sollten, wenn Sie sich bei jemand anderem beliebt machen wollen. Wenn ich beruflich als Hacker unterwegs bin, sagt meine Zielperson manchmal während des Verbindungsaufbaus Dinge, die ich abscheulich finde – und buhlt damit um meine Zustimmung –, oder verhält sich in einer Weise, die meine religiösen Gefühle verletzt. Das gehört zu den Gefahren dieses Berufes. Obwohl es für meine Zwecke sicher das Beste wäre, meinen Ärger herunterzuschlucken und mich so zu verhalten, wie die Zielperson es von mir erwartet, gehe ich niemals auf solche Dinge ein, sondern versuche, auf andere Weise einen gemeinsamen Nenner zu finden. Als ich mich einmal als Mitarbeiter eines bestimmten Unternehmens ausgab, musste ich auf eine Gruppe von Angestellten dieses Unternehmens zugehen, um von ihnen Informationen zu bekommen. Bevor ich sie ansprechen konnte, hörte ich, wie sie über „Kathy" lästerten, eine ihrer Vorgesetzten, die sie „blöde Schlampe" und einiges mehr schimpften. Als ich mich vorstellte, fuhren sie nicht nur fort, Kathy zu verunglimpfen, sondern forderten mich auf, mit ihnen im Chor über Frauen in Machtpositionen einzuprügeln. „Haben Sie ein Glück, dass Kathy nicht Ihre Chefin ist", sagten sie. „Sie ist so eine [hier bitte ein Schimpfwort Ihrer Wahl einfügen]."

Es wäre ein Leichtes gewesen, mich in den Stamm wütender Männer einzufügen, ihnen zuzustimmen und über all die Frauen abzulästern, die meine Vorgesetzten gewesen waren. Aber das konnte ich nicht. Unser Ethikkodex und meine eigenen Wertvorstellungen erlauben es mir nicht, „beleidigende Bemerkungen (ob mündlich, schriftlich oder anderweitig) zu Geschlecht, sexueller Orientierung, Ethnie, Religion oder Behinderung anderer Menschen zu machen."[4] Nachdem ich schon ähnliche Situationen erlebt hatte, wusste ich, dass ich trotzdem eine Beziehung zu ihnen aufbauen konnte, ohne mich zu verstellen. Also sagte ich: „Oh ja, das kenne ich gut. In meinem letzten Job hatte ich einen furchtbaren Chef. Seinetwegen habe ich gekündigt und arbeite jetzt hier." Anstatt den gemeinsamen Nenner in einer frauenfeindlichen Haltung zu suchen, etablierte ich ihn im Frust über schlechte Vorgesetzte, unabhängig von ihrem Geschlecht.

Überlegen Sie sich eine Situation, in der Sie sich in einer Zwickmühle befinden, wenn Sie eine Beziehung zu anderen aufbauen wollen. Vielleicht stehen Sie in einer Umkleide und wollen Kontakt zu den anderen Männern aufnehmen, die gerade sexistische Sprüche klopfen. Oder Sie feiern ein großes Fest mit Ihrer Familie, in der die meisten eine andere politische Meinung haben als Sie und diese auch lautstark verkünden. Welche kreativen Möglichkeiten fallen Ihnen ein, um trotzdem eine Beziehung aufzubauen?

Es ist im Umgang mit anderen oftmals schwer, nicht ihren Erwartungen zu entsprechen, vor allem wenn Sie versuchen, Kontakt zu einer Gruppe von Menschen aufzunehmen. Wir haben oft Angst, von ihrem Stamm ausgeschlossen zu werden, wenn wir nicht „mitspielen", weshalb wir unsere eigenen Überzeugungen opfern, um dazuzugehören. Mit einiger Übung werden Sie aber sehen, dass Sie in der Situation Abstand zu Ihren Ängsten gewinnen können, um schnell auf eine andere Weise einen gemeinsamen Nenner zu finden. Sie können sich auch auf schwierige Begegnungen vorbereiten und einen Plan erstellen, wie Sie damit umgehen könnten.

Einmal bin ich im Auftrag eines Kunden in ein Gebäude eingedrungen und in der Vorhalle Mitarbeitern begegnet, die darüber diskutierten, ob Lehrer das Recht haben sollten, eine Waffe zu tragen. Ich versuchte, eine Beziehung zu ihnen aufzubauen und Mitglied ihres Stamms zu werden, merkte aber bald, dass es aussichtslos war. Das lag nicht daran, dass ich eine besonders militante Meinung zur Reglementierung von Waffenbesitz hätte – ich kann beide Seiten verstehen. Das Problem war, dass ich in jedem Fall eine Hälfte der Gruppe gegen mich aufgebracht hätte, ganz gleich, was ich zu dem Thema sagte. Da drehte sich einer von ihnen zu mir um und fragte mich rundheraus, was ich darüber denke. Ich überlegte ein paar Sekunden. Dann sagte ich: „Wissen Sie, was ich darüber denke? Ich denke, wenn in der Schule Kinder sterben, ist es das Schlimmste, was in diesem Land passieren kann. Und Angst haben zu müssen, dass mein Kind in der Schule sterben könnte, ist der absolute Horror." Plötzlich waren alle still. Obwohl sie einander zu diesem Thema unversöhnlich gegenüberstanden, gab es doch einen gemeinsamen Nenner. Und ich hatte ihn gefunden.

Sie haben höchstwahrscheinlich irgendeinen Verwandten, Nachbarn oder Arbeitskollegen, der eine Überzeugung vertritt, die Sie abscheulich finden, oder mit dem Sie wenig gemeinsam haben. Versuchen Sie einmal, einem solchen Menschen die Hand zu reichen, anstatt ihn zu meiden. Natürlich dürfen Sie dabei nicht Ihre grundlegenden Werte negieren. Da Sie ihn schon persönlich kennen, können Sie Ihre Fähigkeiten zum Aufbau einer Beziehung nutzen, um das relativ niedrige Niveau Ihrer Verbindung zu verbessern, unabhängig davon, ob Sie mit einem bestimmten Anliegen auf ihn zugehen wollen. Wenn Sie schüchtern sind oder Angst vor anderen Menschen haben, werden Sie dadurch selbstbewusster und aufgeschlossener. Warum wollen Sie darauf warten, dass jemand kommt und Sie aus Ihrem Schneckenhaus befreit? Versuchen Sie es doch lieber Ihrerseits bei jemand anderem. Je mehr Sie das Aufbauen einer Beziehung üben, umso mehr begreifen Sie, dass Sie die scheinbar unüberwindliche Distanz zu den anderen doch überwinden können. Und Sie werden sehen, dass es nicht unbedingt immer an den anderen liegt, wenn kein Kontakt zwischen Ihnen besteht oder sich der Kontakt nicht vertieft – sondern oft an Ihnen selbst.

Denken Sie an jemanden in Ihrem Leben, zu dem Sie eine schwierige Beziehung haben. Vielleicht sind Sie zerstritten oder Sie haben zwar Kontakt, aber ein altes Zerwürfnis steht immer noch zwischen Ihnen. Überlegen Sie sich drei Möglichkeiten, wie Sie bei Ihrem nächsten Gespräch wieder einen gemeinsamen Nenner finden können, und bleiben Sie dabei Ihren Werten und Überzeugungen treu.

Ihr Weg zum gelungenen Beziehungsaufbau – und die Macht der „Acht“

Hier habe ich eine hübsche Aufgabe für Sie: Gehen Sie in ein Café und sprechen Sie einen Fremden an, der an einem Tisch sitzt oder in der Schlange steht. Suchen Sie nicht nach jemandem, der in Ihrem Alter ist, Ihrer Ethnie angehört oder denselben sozioökonomischen Hintergrund hat. Suchen Sie sich einfach zufällig jemanden aus und versuchen Sie, Mitglied seines Stamms zu werden. Ihnen fällt nichts ein? Dann machen Sie, was ich in solchen Situationen immer mache: Nehmen Sie Ihr Smartphone zu Hilfe. Angenommen, Sie haben ein Android-Telefon. Dann gehen Sie zu jemandem, der ein iPhone hat, und sagen zu ihm: „Hey, ich überlege gerade, ob ich von Android zu iPhone wechseln soll. Was würden Sie mir raten?“ Meiner Erfahrung nach wird Ihnen der iPhone-Besitzer das Ohr abkauen, um Ihnen zu erklären, warum sein iPhone tausend Mal besser ist als ein Handy mit Android. Indem Sie ihn nach den Gründen fragen und Interesse an seiner Antwort zeigen, schätzen Sie ihn als Person wert, auch wenn es sich nur um eine Kleinigkeit handeln mag. Damit haben Sie einen gemeinsamen Nenner etabliert. Nicht weil Sie beide ein iPhone besitzen, sondern weil Sie beide zum Stamm derer gehören, die gern darüber sprechen, warum iPhones so wahnsinnig toll sind.

Wenn ich meinen Kursteilnehmern diese Aufgabe stelle, bitten sie mich oft, ihnen ein paar einfache Regeln oder Richtlinien an die Hand zu geben, wie sie – spontan oder geplant – eine Beziehung zu anderen Menschen aufbauen können. Sie wollen, dass ich ihnen zum Beispiel sage: „Wenn Sie jemanden vom anderen Geschlecht ansprechen wollen, tun Sie folgende fünf Dinge“, oder „Wenn Sie Kontakt zu einem 20-Jährigen aufnehmen wollen, sagen Sie dieses und jenes“. Tut mir leid, ich kenne keine Regeln, die sich so weit gefasst anwenden ließen. Jede Situation ist anders und Sie müssen im Grunde immer spontan agieren und Ihre eigene Strategie zum Aufbau einer Beziehung entwickeln. Das mag erst mal abschreckend klingen, sollte es aber nicht sein. Die Überlegungen, die ich dazu anstelle, lassen sich auf sechs einfache Schritte herunterbrechen:

Der Verbindungsaufbau

1. Identifizieren Sie die Person Ihres Interesses: Überlegen Sie sich, mit wem Sie eine Beziehung aufbauen wollen (wenn Sie ein Gespräch im Vorhinein planen und sich schon einen Vorwand ausgedacht haben, dann ist dieser Schritt schon erledigt).
2. Schnelle Notiznahme: Erstellen Sie in ein, zwei Sekunden ein schnelles, oberflächliches Profil der Person: Geschmack, sozioökonomischer Hintergrund, mögliche Überzeugungen, Ethnie, Geschlecht und so weiter (wenn Sie die Person schon kennen, rufen Sie sich kurz ihr Profil ins Gedächtnis).
3. Nenner finden: Überlegen Sie sich auf der Grundlage des erstellten Profils einige Möglichkeiten, wie Sie einen gemeinsamen Nenner finden können.
4. Entscheidung treffen: Wählen Sie eine Möglichkeit aus und denken Sie daran, dass Sie noch andere in petto haben, falls die erste nicht funktioniert.

5. Ausprobieren: Probieren Sie die ausgewählte Möglichkeit aus.
6. Bewertung: Achten Sie währenddessen darauf, wie die Person Ihres Interesses reagiert. Wenn Sie merken, dass Ihr Ansatz nicht funktioniert, wechseln Sie schnell zu einem anderen.

Vielleicht denken Sie jetzt, dass Sie sich da aber ganz schön viel merken müssen, vor allem, weil Sie die Schritte in Sekundenschnelle durchgehen müssen und noch dazu bei einer nicht im Vorhinein geplanten Begegnung. Um diese Methode zu üben, können Sie auf meine Website gehen und sich die kleine Karte im Handtaschenformat herunterladen, auf der die sechs Schritte stehen. Die können Sie immer bei sich tragen und kurz vor der nächsten Begegnung anschauen. Wenn Sie das Aufbauen einer Beziehung vier oder fünf Mal geübt haben, sind Ihnen diese Schritte wahrscheinlich schon in Fleisch und Blut übergegangen. Sehen Sie die Methode als geistige Stütze an, die Sie, je mehr praktische Übung Sie haben, umso weniger brauchen. Üben müssen Sie aber natürlich. Und zwar ab sofort.

Die meisten Probleme haben Anfänger mit dem fünften Schritt: „Ausprobieren". Sie können sich dazu den Rat des Bestsellerautors und ehemaligen Verhaltensanalytikers beim FBI Robin Dreeke zunutze machen. Er gibt Ihnen *acht Killertechniken zum Beziehungsaufbau* an die Hand, auf die Sie zurückgreifen können, wenn Sie in einer alltäglichen Situation nach einem gemeinsamen Nenner mit jemand anderem suchen:

1. Technik: Künstliche Zeitbeschränkung

Aus den ersten Kapiteln wissen Sie inzwischen, dass Zeit bei sozialen Begegnungen eine wichtige Rolle spielt – sie ist einer von vier Aspekten, die automatisch aufploppen, wenn ein Fremder auf uns zukommt. Haben wir den Eindruck, ihm nicht in der begrenzten Zeit, die uns zur Verfügung steht, helfen zu können, lehnen wir seine Bitte wahrscheinlich ab. Viele Begegnungen haben eine natürliche Zeitbeschränkung. Wenn Sie im Selbstbedienungscafé einen anderen Kunden in der Schlange ansprechen, kann er sich einigermaßen sicher sein, dass das Gespräch nur so lange währt, bis einer von Ihnen seinen Kaffee bekommen und bezahlt hat. Das führt dazu, dass ein Fremder eher dazu bereit ist, sich ein oder zwei Minuten mit Ihnen zu unterhalten.

In Situationen, in denen es keine natürliche oder offensichtliche Zeitbeschränkung gibt, können Sie leichter eine Beziehung aufbauen, indem Sie auf subtile Weise eine künstliche Zeitbeschränkung erfinden. Sie könnten zum Beispiel sagen: „Hey, kann ich Sie zwei Minuten stören? Ich bin neu hier in der Gegend und suche ein gutes Restaurant." Die Zeitbeschränkung muss aber realistisch sein. Wenn Sie zwei Minuten sagen, dann sollten es auch nur zwei Minuten sein – wohl wissend, dass Sie das Gespräch ausdehnen können, wenn Sie merken, dass die Person Ihres Interesses das befürworten würde. Fragen Sie auf keinen Fall, ob Ihr Gegenüber „mal 'ne Sekunde" Zeit hat. Das ist nicht realistisch, denn die Sekunde ist in dem Moment schon vorbei. Sie können die Person Ihres Interesses auch implizit beruhigen, indem Sie etwa sagen: „Ich bin gerade auf dem Sprung, aber ..." oder „Ich habe gleich eine Verabredung, ich wollte nur kurz ..." Beide Sätze implizieren, dass Ihr Gespräch nicht lange dauern wird.

2. Technik: Sprechtempo anpassen

Als ich einmal meine Schwester in Tennessee besucht habe, sind wir abends in ein Grillrestaurant gegangen. Der Kellner kam zu uns und fragte, ob wir bestellen möchten. „Für mich bitte einen Eistee", sagte ich, „und die Rippchen und dazu einmal Maisbrot."

„Wowowoh", sagte der Kellner, „immer mit der Ruhe, Großstadtcowboy."

Ich gab meine Bestellung noch einmal auf und bemühte mich diesmal, langsamer zu sprechen. Ich gebe zu, ich war etwas angesäuert, weil ich den Kellner respektlos fand und er sich in eine mir überlegene Position bringen wollte. Als ich genauer darüber nachdachte, wurde mir allerdings klar, dass ich eine wichtige Tatsache in Sachen Kommunikation dabei vergessen hatte. Wir alle reden mit unterschiedlicher Geschwindigkeit, je nach Alter, Persönlichkeit, Dialekt und sozialem Kontext.[5] Amerikaner aus dem tiefen Süden sprechen langsamer als ihre Mitbürger aus dem Norden.[6] Daran ist nichts gut oder schlecht, es ist einfach so.

Wenn wir eine Beziehung aufzubauen versuchen, ist es hilfreich, über die betreffende Person nachzudenken und unsere Ansprache zumindest ein wenig an sie anzupassen. Sie müssen sicher auch nicht übertreiben, so als würden Sie mit einem Kind oder jemandem aus einem anderen Land sprechen. Das kann beleidigend wirken oder verwirrend sein. Versuchen Sie einfach auf die Bedürfnisse Ihres Gegenübers zu achten, während Sie mit ihm sprechen, und zu erreichen, dass es sich wohlfühlt. Und wenn Sie zur Spezies der besonders redegewandten Menschen gehören, die auf andere herabblicken, die langsamer sprechen oder im Gegenteil zu den Gemütlichen zählen, die sich gern Zeit nehmen, kann ich Sie in beiden Fällen beglückwünschen: Sprachwissenschaftler haben nämlich herausgefunden, dass Menschen, die schnell sprechen, im Allgemeinen besonders verbindlich und überzeugend wirken, und Langsamsprecher freundlicher und zugänglicher.[7]

3. Technik: Um Mitgefühl oder Hilfe bitten

Menschen sind altruistische Wesen – wir wollen von Natur aus anderen helfen, wenn sie gerade Hilfe brauchen. Um genau zu sein, ist einer der wirkungsvollsten Sätze, die jeder Social Engineer in seinem Repertoire hat, ein schlichtes „Können Sie mir helfen?" Dabei gilt aber zu bedenken, dass wir nicht zu viel verlangen dürfen, damit die Person unseres Interesses die Bitte – beziehungsweise allein schon unsere Gegenwart – nicht als Bedrohung empfindet. Als allgemeine Regel kann man sagen, dass Sie jede Bitte um Hilfe nach dem Niveau der bereits bestehenden Beziehung richten sollten. Bei Fremden sollte Ihre Bitte schlicht und leicht zu erfüllen sein. Wenn ich vor einem Gebäude aufkreuze, um mich in den Serverraum zu hacken, kann ich nicht zum Mann am Empfangstresen sagen: „Hey, könnten Sie mir bitte zeigen, wo der Serverraum ist?“ Ich muss klein anfangen, zum Beispiel indem ich den ersten Wachmann dazu bringe, mich durchzulassen, damit ich zum nächsten Wachmann gelange. Ich stelle eine einfache, harmlose Frage: „Hey, ich habe meine Dienstmarke vergessen, genügt Ihnen das hier als Ausweis?“, oder: „Hey, ich bin hier, weil ich einen Termin bei Soundso habe, aber ich weiß nicht, wer sein Assistent ist. Können Sie mir helfen?“ Vielleicht nennt mir der Rezeptionist einfach nur den Namen des Assistenten und belässt es dabei. Es könnte aber auch sein, dass er mir sagt, auf welche Etage ich muss, und mich durchlässt, damit ich persönlich mit ihm sprechen kann.

Achten Sie darauf, Ihre Bitte nicht flirtend oder auf anzügliche Weise vorzutragen. Manche meiner gut aussehenden Kursteilnehmer versuchen das. Ich erkläre ihnen dann, dass der andere nicht das Gefühl haben wird, von der Begegnung zu profitieren, wenn er feststellt, dass Sie sich gar nicht für ihn interessieren, sondern nur Ihr eigenes Ziel erreichen wollen. Er kommt sich dann ausgenutzt vor. Und das ist, wie wir alle wissen, kein besonders schönes Gefühl.

4. Technik: Sein Ego hintanstellen

Allgemein gesagt sind westliche Gesellschaften deutlich individualistischer als östliche, die sehr viel Wert auf das Kollektiv legen.[8] Solche kulturellen Ausprägungen zeigen sich auch in beruflichen Kontexten, wo sich Menschen aus westlichen Ländern schwer damit tun, ihr Ego hintanzustellen und anderen den Vortritt zu lassen. Bescheidenheit wird als Schwäche ausgelegt, Selbstbewusstsein und Kompetenz als Stärke verstanden. Daher glauben Westler, alles wissen zu müssen und Autorität und Kontrolle ausstrahlen zu müssen. Wenn Sie Menschen hacken wollen, ist das genau der falsche Ansatz. Denken Sie an jemanden aus Ihrem Leben, der sich zurücknehmen kann, den Sie vielleicht sogar als bescheiden bezeichnen würden. Welche Wirkung hat dieser Mensch auf Sie, wenn Sie mit ihm zusammen sind? Fühlen Sie sich wertgeschätzt und gesehen? Bescheidene Menschen besitzen die Fähigkeit, dass wir uns in ihrer Gegenwart wohlfühlen. Wenn Sie versuchen, jemanden dazu zu bringen, Ihren Wünschen zu entsprechen, dann ist diese Eigenschaft eine Stärke, keine Schwäche.

Um eine Beziehung aufzubauen, müssen Sie das Bedürfnis begraben, immer richtigzuliegen oder das Heft in der Hand zu haben. Versuchen Sie nicht, die Gedanken Ihres Gegenübers zu ändern. Der andere soll die Welt sehen, wie er will oder wie es gut für ihn ist, ohne sich bedroht zu fühlen. Sie finden dann viel leichter einen gemeinsamen Nenner, weil Sie sich nicht stillschweigend über andere stellen und damit eine Distanz zu ihnen aufbauen. Als Ronald Reagan Präsident war, hieß es oft, er sei zu alt für sein Amt. Er hätte sich verletzt fühlen und defensiv reagieren können, indem er seine Kritiker kritisierte. Das tat er aber nicht. Stattdessen beschloss er, sein Ego hintanzustellen und sich über sein eigenes Alter lustig zu machen. Eine Debatte mit einem anderen Präsidentschaftskandidaten begann er mit den berühmt gewordenen Worten: „Ich werde unser Alter nicht mehr zum Thema machen. Denn ich will nicht zu politischen Zwecken die Jugend und Unerfahrenheit meines Gegners ausschlachten.“[9] Die spitze Bemerkung brachte alle im Raum zum Lachen, sogar seinen Gegner, sodass eine Beziehung zwischen ihnen entstand. Manche Wahlbeobachter glauben sogar, dass Reagan die Wahl 1984 dank dieser Aussage gewann. Wenn Sie also eine unterbewusste „Ego-Schlacht“ mit Ihrer Zielperson vermeiden können, ist diese gleich viel entspannter.

Es ist nicht immer leicht, „Ich weiß es nicht“ oder „Es tut mir leid“ zu sagen oder Wörter wie „ich“ oder „mich“ aus der Gleichung zu nehmen. Wenn Sie jahrelang an Ihrer Doktorarbeit in Medizin gearbeitet haben, kommt es Ihnen vielleicht seltsam vor, sich nicht als „Doktor“ vorzustellen. Auch mag es manchmal schwierig sein, sich einer Meinung zu enthalten und stattdessen den anderen nach seiner Meinung und seinem Feedback zu fragen. Aber je besser Ihnen das gelingt, umso leichter können Sie mit anderen Menschen Kontakt aufnehmen.

5. Technik: Die Person Ihres Interesses wertschätzen

Sich selbst zurückzunehmen ist ein wichtiger erster Schritt, wenn Sie anderen ein gutes Gefühl geben wollen, sodass sie eher geneigt sind, Ihnen zu helfen. Sie können darauf aufbauen und dem anderen aktiv zuhören, seine Vorstellungen und Meinungen bejahen und ihm Komplimente machen. Natürlich sollten Sie dabei immer darauf achten, dass es zu der Art Ihrer Beziehung passt. Männer machen in dieser Hinsicht permanent Fehler. Sie wollen eine Beziehung zu Frauen aufbauen, indem sie ihnen für ihr Äußeres Komplimente machen. Das kommt oft herablassend herüber oder stößt Frauen ab, weil die Verbindung für derlei Avancen noch nicht eng genug ist. Seien Sie nett, aber versuchen Sie auch, sich in die Lage des anderen zu versetzen. Was würde *er* vielleicht gern hören? Und was würde *er* peinlich oder anstößig finden, wenn es jemand zu ihm sagt, den er nicht besonders gut kennt?

6. Technik: Quidproquo

Als professioneller Menschenhacker versuche ich, andere dazu zu bringen, mir sensible Informationen zu geben. Aber anstatt einfach direkt danach zu fragen, gebe ich oft erst mal selbst irgendein harmloses Detail von mir preis. Ein Beispiel: Ich gehe auf einen Empfangstresen zu und möchte, dass die Dame dahinter mir sagt, wo sich der Serverraum befindet. Wenn auf dem Tresen ein Foto von ihrer Familie beim Strandurlaub steht, könnte ich sie dazu einladen, ein bisschen mit mir zu plaudern, indem ich sage: „Hey, ich mache demnächst mit meinen beiden Söhnen zum ersten Mal Strandurlaub. Ich kenne mich da überhaupt nicht aus. Aber das da ist ein toller Strand!“ Wenn ich sie dann später bitte, mir zu sagen, wo der Serverraum ist, wird sie es mir viel lieber erklären, weil ich ihr schon etwas Persönliches von mir erzählt habe. Außerdem habe ich sie implizit um Rat gefragt, wo gute Strände sind, wodurch sie sich wertgeschätzt und kompetent fühlt. Ich habe ihr etwas gegeben, und jetzt kann sie mir etwas geben. Quidproquo, Baby.

7. Technik: Geben, um zu nehmen

Besonders gewiefte Hacker gehen beim Quidproquo noch einen Schritt weiter und suchen nach Gelegenheiten, um anderen etwas zu schenken. Man nennt das „reziproker Altruismus“: Viele Tierarten, darunter auch der Mensch, machen gern etwas für andere, wenn diese sich ihnen gegenüber freundlich verhalten. Sogar Ratten tun das.[10] Das Geschenk kann etwas Materielles sein, aber immaterielle Dinge wie Freundlichkeit oder Rücksichtnahme funktionieren oft genauso gut.[11] Das Entscheidende ist, dass das Geschenk für den anderen einen Wert hat, unabhängig davon, ob Sie ihm selbst Wert zuschreiben oder nicht.

Ich habe einmal mit Robin Dreeke ein Auto gemietet, um zu einem Training zu fahren. Der Wagen war dermaßen klein, dass ich nicht mal meine Beine unterkriegte. Daher gingen wir zurück zur Autovermietung, um nach einem größeren Fahrzeug zu fragen. Als wir an den Tresen kamen, sahen wir, dass noch einige andere Kunden Probleme mit ihrem Mietwagen hatten. Einige schrien die Kundenberaterin sogar an. Sie war um die 40 Jahre alt und wirkte ziemlich gestresst, versuchte aber trotzdem ruhig zu bleiben.

Wir stellten uns in die Schlange, und als wir an der Reihe waren, machte Robin etwas Geniales. Anstatt die Dame hinter dem Tresen einfach nur zu fragen, ob wir ein größeres Auto bekommen könnten, sagte er: „Sie haben heute offenbar einen harten Tag, Madam. Wenn Sie möchten, dann machen Sie doch eine kurze Pause. Wir warten hier einfach so lange.“

Urplötzlich entspannten sich ihre Gesichtszüge. „Wirklich?“, fragte sie und schielte nach ihrem Vorgesetzten. „Das würde Ihnen nichts ausmachen?“

„Nein“, sagte Robin. „Wir haben ja gesehen, wie Sie hier gerade die ganze Zeit angeschrien wurden.“ Er wies auf die Wasserflasche, die hinter ihr auf dem Tisch stand. „Gehen Sie doch einfach dort rüber und wir tun so, als würden wir uns unterhalten.“

Ein größeres Geschenk hätten wir der Frau vermutlich nicht machen können. Und im Handumdrehen hatten wir eine Beziehung zu ihr hergestellt. Als sie sich nach ein paar Minuten gesammelt hatte, fragte sie uns nach unseren Wünschen. Wir sagten ihr, wir würden gern ein größeres Auto mieten. Sie fand nicht nur eine Luxuslimousine, die kurzfristig frei war, sondern stellte sie uns, ohne ein Wort darüber zu verlieren, ohne Aufpreis zur Verfügung. Wir hatten ihr ein Geschenk gemacht, das für sie in diesem Moment extrem wertvoll war, sodass es für sie danach selbstverständlich war, etwas für uns zu tun.

8. Technik: Mit den eigenen Erwartungen umgehen

Es gibt im Social Engineering einen schrecklichen Begriff, den sogenannten „Kill Shot", den Todesschuss. Sie sind mit jemandem in Kontakt gekommen, haben eine Verbindung zu ihm herstellt, eine Beziehung aufgebaut und sind auf diese Weise Schritt für Schritt Ihrem Ziel nähergekommen, eine Information von ihm zu erlangen oder in ein gesichertes Gebäude einzudringen. Der „Todesschuss" ist die letzte Handlung oder der letzte Satz, nach dem Ihre Zielperson Ihnen gibt, was Sie wollen. Damit haben Sie Ihr Opfer „gekillt".

„Todesschuss" klingt so wahnsinnig unbarmherzig. Ich würde mich lieber als einen freundlichen, mitfühlenden Menschen ansehen denn als Auftragskiller. Außerdem ist ein solcher Ansatz kontraproduktiv. Zweitklassige Menschenhacker denken beim Aufbau einer Beziehung ausschließlich an ihr eigenes Ziel. Sie interessieren sich allein für den „Todesschuss". Deshalb hasten sie durch das Gespräch, um möglichst schnell zu bekommen, was sie wollen, und umgehend wieder abzuhauen. Das führt nicht selten dazu, dass sie Fehler machen, etwas Falsches sagen und ihre „Zielperson" verstimmen. Sie täten also besser daran, mit ihren eigenen Erwartungen umzugehen zu lernen, ihr eigenes Ziel erst einmal beiseitezulassen und stattdessen eine Beziehung aufzubauen, die dem anderen das Gefühl gibt, auch etwas von der Begegnung zu haben.

Hören Sie dem anderen zu. Suchen Sie nach einem gemeinsamen Nenner. Genießen Sie die Begegnung. Seien Sie authentisch. Dann verhalten Sie sich anderen gegenüber mitfühlender und überlegter und können leichter und schneller eine Beziehung aufbauen, wodurch auch die Wahrscheinlichkeit steigt, dass Sie Ihr Ziel erreichen. Es kann schwierig sein, sich von der „Todesschuss"-Mentalität zu befreien. Wenn ein Gespräch gut läuft, fühlen Sie sich selbst gut. Das Oxytocin rauscht durch Ihr Gehirn, was dazu führen kann, dass Sie zu schnell ans Ziel wollen. Wenn Sie den Umgang mit Ihren eigenen Erwartungen erlernen wollen, müssen Sie auch Ihre Gefühle im Griff haben. Denken Sie daran, ruhig ein- und auszuatmen. Hetzen Sie sich nicht. Stellen Sie das Erleben Ihres Gegenübers an erste Stelle. Dann können Sie eigentlich gar nichts falsch machen.

Suchen Sie sich eine der acht Techniken zum Aufbau einer Beziehung aus und üben Sie sie mit Fremden. Wenn Sie denken, die Technik zu beherrschen, probieren Sie eine andere aus und dann noch eine andere. Beherrschen Sie die meisten oder alle Techniken, versuchen Sie sie beim nächsten Mal miteinander zu kombinieren.

Ein Wort zu Requisiten

Ich liebe Verkleidungen und Kostüme. Sie sind für einen professionellen Social Engineer ein grundlegendes Hilfsmittel. Aber wenn Sie im Alltag mit anderen Menschen zu tun haben, wollen Sie sich natürlich nicht für jemanden ausgeben, der Sie nicht sind, während Sie Ihren Vorwand vortragen und eine Beziehung aufzubauen versuchen. Trotzdem gibt es ein paar Dinge, die Ihnen helfen können, etwa weil sie dazu beitragen, was Sie über sich selbst denken. Besonders wichtig ist, wie Sie sich kleiden und wie Sie aussehen. In einer inzwischen zum Klassiker avancierten Studie haben Wissenschaftler Studierende gebeten, während des Tests einen weißen Mantel zu tragen, der im Zimmer hing. Einer Teilnehmergruppe sagten sie, der Mantel gehöre einem Maler, einer anderen, es sei der Labormantel eines Professors. Die Teilnehmer, die den „Professorenmantel" anhatten, schnitten bei dem Test besser ab. Die mit dem „Malermantel" gingen den Test schneller durch und erzielten weniger Punkte. Wie die Wissenschaftler herausfanden, senkten die Studierenden, die dachten, der Mantel gehöre einem Maler, die Erwartungen an sich selbst. Sie kennen vielleicht den Spruch „Kleiden Sie sich für den Job, den Sie wollen, nicht für den, den Sie haben". Da ist etwas Wahres dran![12]

Als ich mich als Küchenchef in einem schicken Restaurant beworben habe, ohne Erfahrung in dem Beruf zu haben, spielte meine Kleiderwahl eine wichtige Rolle, während ich mir einen Vorwand überlegte und eine Beziehung aufbaute. Ich trug weder zerrissene Jeans und T-Shirt noch einen Dreiteiler, sondern ein Button-down-Hemd und eine Anzughose – förmlich, aber nicht zu förmlich. Das Outfit verlieh mir Selbstvertrauen und half mir beim Beziehungsaufbau, weil es meinen Chef in spe weder ablenkte noch Argwohn in ihm weckte. Als ich dann mein eigenes Unternehmen leitete, saß ich auf der anderen Seite des Tisches und sah zahlreiche Bewerber und Bewerberinnen, die sich nicht angemessen gekleidet hatten. Sie konnten keine Beziehung zu mir aufbauen, weil ich während des Gesprächs die ganze Zeit dachte: „Diese Person hat keine Ahnung, wie man sich kleidet."

Es mag Ihnen offensichtlich erscheinen, aber ich sage es trotzdem, weil viele Leute diesen Punkt verpatzen: Denken Sie sorgfältig über alle Aspekte Ihres äußeren Erscheinungsbilds nach. Wenn Sie einen Verkaufsbesuch machen, sollten Sie nicht mit ungekämmten Haaren, übertriebenen Piercings oder Essen zwischen den Zähnen aufkreuzen. Wenn Sie wohlhabend sind und mit jemandem Kontakt aufnehmen wollen, der wenig Geld hat, sollten Sie vielleicht nicht Ihre gesammelten Klunker tragen oder Ihre 3.000 Dollar teure Handtasche von Louis Vuitton. Wenn Sie zum ersten Mal mit jemandem ausgehen, achten Sie darauf, nicht zu viel Parfüm zu benutzen. Wenn Sie ein ernstes Gespräch führen möchten, ist es ebenso wie in vielen anderen Situationen ratsam, ärgerliche Zerstreuungen wie das ständige Schauen aufs Smartphone zu vermeiden. Denken Sie immer an Ihr Gegenüber und überlegen Sie, welche Dinge dazu beitragen könnten, dass es sich in Ihrer Gegenwart wohlfühlt.

Den Hacker hacken

Man kann das Konzept des Beziehungsaufbaus im Grunde auf zwei Worte herunterbrechen: freundlich sein. Aber lassen Sie sich nicht davon täuschen, wie schlicht diese Anweisung klingt. Denn hinter dem Konzept steht eine präzise Wissenschaft und es erfordert einige Kunstfertigkeit. Aber wenn Sie es einmal beherrschen, werden Sie feststellen, dass die einfachsten Dinge im Leben oft die wirkungsvollsten sind. Joe Navarro erzählte mir, dass er die hier beschriebenen Prinzipien des Beziehungsaufbaus einmal bei einem Jugendlichen in einem Indianerreservat anwandte, damit dieser ein Verbrechen gestand, das er begangen hatte. Der Junge hatte womöglich unter Alkoholeinfluss einen Menschen angefahren. Er wollte aber mit keinem von Joes Kollegen sprechen, obwohl diese mehrfach versuchten, ihn zum Reden zu bringen. Joe sah, dass der Junge überfordert war, und ging mit ihm erst einmal von der Unfallstelle weg. Dann atmete er tief ein und aus, ein und aus, ein und aus. Als der Junge das sah, begann er selbst tief ein- und auszuatmen. So hatte Joe binnen weniger Sekunden eine Beziehung zu ihm aufgebaut, indem er einen Stamm zweier gestresster Menschen schuf, die sich zu entspannen versuchen. „Ich habe Scheiße gebaut", sagte der Junge, noch bevor Joe ihn fragen konnte, was passiert war. Und dann erzählte er ihm den gesamten Unfallhergang.

Das Prinzip des Beziehungsaufbaus ist derart wirkungsvoll, dass selbst hochprofessionelle Hacker nicht immun dagegen sind. Auf unserer Jahreskonferenz gibt mein Unternehmen immer auch ein großes offizielles Fest mit einer exklusiven Gästeliste, auf der nur unsere Kunden und ein paar enge Freunde stehen. Unsere Hackerkollegen wissen das und versuchen jedes Jahr, sich irgendwie reinzuschleichen, nur um hinterher sagen zu können, dass sie dabei waren. Vor ein paar Jahren kam auf der Konferenz ein Typ auf mich zu und sagte: „Chris, wir kennen uns zwar nicht, aber ich bin ein großer Fan von Ihren Büchern und Ihrem Podcast. Ich habe ein Geschenk für Sie, um Ihnen für alles zu danken, was Sie für unsere Community getan haben." Dann überreichte er mir eine Flasche Glenfarclas 25, meinen Lieblingswhisky.

Ich war baff. Ich schaute auf die Flasche und fragte: „Woher wissen Sie, dass das mein Lieblingswhisky ist?"

„Das haben Sie in Ihrem Podcast erwähnt." Er sagte mir, in welcher Folge – er hatte recht, ich hatte es tatsächlich einmal erwähnt.

Ich bedankte mich bei ihm für das Geschenk, dann verspürte ich den Impuls, etwas Nettes für ihn zu tun. „Hey", sagte ich und gab ihm ein Armband für das Fest. „Wir veranstalten heute Abend ein großes Fest. Kommen Sie doch auch! Hiermit kommen Sie rein."

„Wow, echt cool, Mann", sagte er. „Hey, ich bin mit ein paar Freunden hier. Kann ich die vielleicht auch mitbringen?"

„Klar", sagte ich. „Wie viele Bänder brauchen Sie?"

„Fünf."

Fünf weitere Einladungen war ziemlich viel verlangt für jemanden, der weder ein Kunde noch ein enger Freund von mir war, aber er hatte mir gerade ein Geschenk gemacht, das mir viel bedeutete, weshalb es mir schwerfiel, Nein zu sagen. Ohne groß darüber nachzudenken gab ich ihm also die fünf Armbänder. Er bedankte sich überschwänglich bei mir und verabschiedete sich. An diesem Abend ließ er es mit seinen fünf Freunden auf unsere Kosten so richtig krachen. Da hatte er eine echt gute Story, die er im Büro erzählen konnte.

Der Typ war wirklich gut. Er hatte mich in keiner Weise manipuliert, damit ich ihm seine Bitte erfülle, sondern eine Beziehung zu mir aufgebaut, indem er in wenigen Sekunden mehrere Aufgaben erfüllte. Er hatte mir gezeigt, dass wir vom selben Stamm waren, der Sicherheitsbranche. Er hatte mir seine Wertschätzung gezeigt und dabei implizit sein eigenes Ego zurückgestellt. Und er hatte mir ein wohlüberlegtes Geschenk gemacht, das mir etwas bedeutete. Das Oxytocin rauschte wie der mächtige Mississippi durch mein Gehirn und sorgte dafür, dass ich gern seinen Wünschen entsprach. Als ich sie erfüllt hatte, verabschiedete er sich und hinterließ bei mir das Gefühl, dass mir unsere Begegnung etwas gegeben hatte.

Der Mann hatte einen gewieften Hacker gehackt – einfach nur, weil er die Kunst des Freundlichseins beherrschte. Wenn Sie den Beziehungsaufbau nur fleißig genug üben, können Sie eines Tages vielleicht auch jemanden wie mich hacken. Und selbst wenn es Ihnen nicht gelingt, werden Sie auf jeden Fall mehr von dem bekommen, was Sie wollen, und die Menschen in Ihrem Leben glücklicher machen. Damit leisten Sie einen kleinen, aber wichtigen Beitrag, um unser Gemeinschaftsgefühl zu stärken und der Spaltung in der Welt entgegenzuwirken.

KAPITEL 4

DIE KUNST, ANDERE MENSCHEN DAZU ZU BRINGEN, DIR HELFEN ZU *WOLLEN*

Bekommen Sie, was Sie wollen, indem Sie andere Menschen auf subtile Weise dazu bringen, Ihnen zuzustimmen.

„Wenn Sie überzeugen wollen“, hat Benjamin Franklin einmal gesagt, „müssen Sie nicht den Intellekt des anderen ansprechen, sondern sein Interesse.“[1] Jemanden zu beeinflussen heißt, es ihm leicht zu machen, sich in der von mir gewünschten Weise zu verhalten oder zu denken. Lernen Sie, die sieben in diesem Kapitel genannten Prinzipien zu beherrschen, und Sie werden feststellen, wie leicht Sie siegreich aus Auseinandersetzungen hervorgehen können, neue Freunde finden und andere dazu bringen, Ihre Wünsche zu erfüllen.

Ich stand auf dem Parkplatz einer Unternehmenszentrale. Mein Ziel: ins Gebäude einzudringen und Zugang zu den Büros der Vorstandsetage zu erlangen. Als ich auf die Eingangstür zuging, zischte ein Typ in einem glänzenden neuen BMW Z3 an mir vorbei und parkte auf einem Managerparkplatz. Er sprach in sein Bluetooth-Headset, und an seinem finsteren Blick und seinen fuchtelnden Armen war zu erkennen, dass er sich gerade mit jemandem stritt und ziemlich aufgebracht war. „Hm", dachte ich. „Am besten, ich gehe langsam an dem Wagen vorbei, um zu hören, was er sagt." Natürlich durfte ich nicht *zu* langsam gehen – das wäre wahrscheinlich aufgefallen. Aber ich hatte einige Papiere dabei, die zu meinem Vorwand gehörten, und tat so, als würde ich darin lesen. Damit hatte ich einen guten Grund, um mein Tempo zu drosseln. Als ich an dem Wagen vorbeikam, hörte ich allerdings nur ein paar Fetzen von dem Gespräch. Der Manager sagte: „Ich will das heute nicht machen. Es wird sehr viele Leute verletzen." Was hatte das zu bedeuten? Wollte er jemanden feuern? Sollte es Entlassungen geben? Gab es irgendeine andere schlechte Neuigkeit?

Ich ging weiter Richtung Eingangstür, trat ein und bewegte mich auf den Empfangstresen zu. Der Bildschirm vor der Empfangsdame war so geneigt, dass ich gerade noch erkennen konnte, was darauf zu sehen war. Sie werden es nicht glauben, die Dame spielte ein Videospiel. Für einen Moment legte ich mein Hackergewand ab und benahm mich wie ein normaler Mensch, der sich um seine Mitmenschen sorgt. Wenn der tobende Manager hereinkam und sie beim Videospielen erwischte, musste man mit allem rechnen. Deshalb sagte ich zu ihr: „Hey, bevor ich Ihnen mitteile, warum ich hier bin, wollte ich Sie nur wissen lassen: Ich glaube, ich habe draußen auf dem Parkplatz Ihren Chef gesehen, und er hat richtig miese Laune. Wenn der das hier sieht, dreht er garantiert durch.“

Sie beendete das Spiel, wandte sich mir höflich zu und fragte: „Was kann ich für Sie tun?“ Genau in dem Moment kam der Wüterich herein. Er schnaufte am Tresen vorbei und sagte: „Beth, in mein Büro.“

Sie stand auf und ging. Dann wandte sie sich noch einmal um und formte mit den Lippen ein „Dankeschön“. Im selben Moment hatte ich mein Hackergewand wieder an und wusste: Die Sache wird ein gutes Ende nehmen.

Ich setzte mich und wartete, bis sie wiederkam. Sechs oder sieben Minuten später kehrte sie leicht aufgewühlt zurück und sagte: „Oh, bitte entschuldigen Sie. Sie haben ja die ganze Zeit gewartet.“

„Kein Problem“, sagte ich. „Ich dachte, Sie könnten mir vielleicht helfen. Das Warten hat mir nichts ausgemacht.“

„Wo waren wir?“, fragte sie, während sie sich setzte.

„Oh“, sagte ich, „Sie wollten mich gerade reinlassen, weil ich ein bisschen spät dran bin für mein Meeting mit der Personalabteilung.“

Sie blickte – nein, starrte mich an, durchdringend und erbarmungslos – und ich wusste, dass sie wusste, dass ich gelogen hatte.

Ich sah auf meine Uhr und seufzte. „Ja, ich bin wirklich spät dran.“

„Ja, allerdings“, sagte sie. Sie drückte auf den Türsummer und ließ mich herein.

Dank dieser einen kurzen Begegnung konnten meine Kollegen und ich das gesamte Unternehmen hacken. Wir bekamen Zugang zu allen Daten und Dokumenten.

Bei diesem Ansatz hatte ich jedoch keine Beziehung aufgebaut – dazu hatte ich gar keine Zeit und ich fand auch keinen klar definierten Vorwand. Stattdessen griff ich in eine andere Werkzeugkiste, die professionelle Menschenhacker ebenfalls immer dabeihaben: Methoden der Beeinflussung. Ein guter Vorwand und ein

Beziehungsaufbau können genügen, um andere dazu zu bringen, zu tun, was wir wollen, oft aber dienen sie nur als Vorspiel, um noch weit ausgeklügeltere Arten der Einflussnahme anzuwenden. Wenn Sie Ihre Schwester dazu bringen wollen, Geld für die Pflege Ihrer alten Mutter beizusteuern, oder Ihre Mitarbeiter dazu, mehr zu arbeiten, damit Ihr Team ein großes Projekt erfolgreich zum Abschluss bringen kann, dann teilen Sie ihnen Ihr Ansinnen in dem von Ihnen initiierten Gespräch auf eine bestimmte Art und Weise mit, damit die Wahrscheinlichkeit steigt, dass sie Ja sagen. Professionelle Hacker überlassen das nicht dem Zufall oder ihrem „Bauchgefühl". Sie wenden erprobte Techniken an, die aus der Humanpsychologie stammen und so effektiv sind, dass sie manchmal wie Gehirnwäsche anmuten. Wenn nötig, kommen Hacker oft ganz ohne Vorwand und Beziehungsaufbau aus und erreichen ihr Ziel allein durch Einflussnahme, wie hier in meinem Fall.

Die spezifische Technik, die ich bei der Assistentin angewandt habe, nennt sich Reziprozität. Sie ähnelt der Technik „Geben, um zu nehmen" zum Beziehungsaufbau aus dem letzten Kapitel. Es gibt aber einen entscheidenden Unterschied. „Geben, um zu nehmen" ist ein allgemeines Prinzip: Sie wissen nicht viel über die andere Person, daher geben sie ihr eine Kleinigkeit, die jeder und jedem gefallen würde, in der Hoffnung, dass sie dann auch etwas für Sie tut. Ihr Ziel besteht schlicht und einfach darin, Ihr Gegenüber dazu zu bringen, dass es Sie mag, um es irgendwann in der Zukunft in eine bestimmte Richtung lenken zu können. Wenn dieser Moment gekommen ist, beginnt die Reziprozität, bei der Sie Ihren vorherigen Altruismus gezielt einsetzen, um vom anderen eine Gefälligkeit zu erbitten, die ihm angemessen und natürlich erscheint. Sie kennen die Person Ihres Interesses ein wenig und wissen, was sie als wertvoll erachtet. Jetzt bereiten Sie Ihr Ansinnen vor, indem Sie ihr ein entsprechendes Geschenk machen, sodass sie sich verpflichtet fühlt, zu Ihrem Wunsch Ja zu sagen.

In diesem speziellen Fall hatte ich ein klares Ziel vor Augen: Ich wollte, dass mich die Empfangsdame ins Gebäude lässt. In der

Annahme, der Manager auf dem Parkplatz sei ihr Chef, gab ich ihr etwas, wovon ich sicher sein konnte, dass sie es zu schätzen wusste: die Möglichkeit, eine unangenehme Begegnung zu vermeiden. Auch wenn es Ihnen vielleicht zu glauben schwerfällt, habe ich ihr dieses Geschenk ohne Hintergedanken gemacht. An mein eigenes Ziel habe ich in diesem Moment nicht gedacht, sondern ihr einfach nur aus dem Impuls heraus geholfen. Aber natürlich war mir sofort bewusst, dass ich damit das perfekte Geschenk gefunden hatte, damit sie es als angemessen und natürlich empfinden würde, mein Ansinnen zu erfüllen. Jetzt konnte ich sie um das bitten, was ich wollte, und mit einer positiven Antwort rechnen. Ohne es zu beabsichtigen, hatte ich eine Dynamik der Reziprozität in Gang gebracht.

Sie können das Prinzip der Reziprozität und einige andere Methoden der Einflussnahme ebenfalls anwenden, um Menschen für sich zu gewinnen und dazu zu bringen, etwas für Sie zu tun. Vermutlich nutzen Sie einige dieser Methoden ohnehin schon in Ihrem täglichen Leben, ohne sich dessen bewusst zu sein. Stellen Sie sich vor, Sie könnten diese Fähigkeiten perfektionieren und gezielt einsetzen. Und stellen Sie sich vor, wie gut es wäre, zu erkennen, wenn andere Menschen Sie zu beeinflussen versuchen – dann wäre es Ihnen ein Leichtes, sich aus der Umklammerung zu befreien, und Sie könnten fundierte Entscheidungen treffen, die in Ihrem Interesse sind.

Sieben Prinzipien, die Ihr Leben verändern werden

Mit einer Ausnahme stammen die Prinzipien der Einflussnahme, die ich anwende und lehre, nicht von mir, sondern aus dem Klassiker *Die Psychologie des Überzeugens* von Robert Cialdini.[2] Bevor ich das Buch gelesen habe, wandte ich sie zwar schon an, hatte aber nur eine vage Ahnung davon, was ich da tat. Cialdini benennt diese Prinzipien und legt die ihr zugrunde liegenden wissenschaftlichen Erkenntnisse dar. Dafür fühle ich mich ihm zu großem Dank verpflichtet. Wenn Sie ein Meister im Menschenhacken werden möchten, lesen

Sie also unbedingt Cialdini, ebenso wie die anderen Autoren, die Sie am Ende des Buches in den Lektüreempfehlungen finden. Aber natürlich können Sie auch erst einmal die sieben wichtigsten Prinzipien der Beeinflussung üben, indem Sie sie in Ihren Alltagsbegegnungen anwenden.

1. Prinzip: Reziprozität

Ich würde zum oben Gesagten gern noch etwas ergänzen, nämlich wie wichtig es ist, dass Sie aus Ihrer eigenen Blase aussteigen und der Person Ihres Interesses größtmögliche Aufmerksamkeit schenken. Die goldene Regel, die wir aus der Bibel kennen, besagt, wir sollen mit anderen so umgehen, wie wir es uns selbst wünschen würden. Bei der Methode der Reziprozität sollten Sie vor allem üben, was der Geschäftsmann und Autor Dave Kerpen die „Platinregel" nennt: Sie versuchen mit anderen so umzugehen, dass es ihren Wünschen entspricht.[3] Da Sie in ihnen das Gefühl wecken wollen, Ihnen verpflichtet zu sein, ist das Entscheidende, wie Ihr Gegenüber die Situation empfindet, nicht Sie. Überlegen Sie sich ein Geschenk, das der andere wertvoll genug finden könnte, um Ihnen dankbar zu sein und sich erkenntlich zeigen zu wollen.

Denken Sie dabei immer daran, dass es kein besonders teures oder ausgefallenes Geschenk sein muss. Manchmal empfinden Menschen einen selbst gemachten Gegenstand oder eine mitfühlende Geste als viel wertvoller. Geschenke und Wünsche dürfen gleichermaßen dezent sein. Wenn Sie zum Beispiel eine Frage stellen, bewirken Sie, dass der andere sich „verpflichtet" fühlt, zu antworten. Wenn Sie ihm eine Information geben, möchte er den Gefallen womöglich erwidern. Wenn Sie über einen Witz von ihm lachen, fühlt er sich vielleicht verpflichtet, auch über Ihren Witz zu lachen. Und wenn Sie jemandem die Tür aufhalten, möchte er Ihnen gern eine ähnlich ritterliche Geste zuteilwerden lassen.

Im obigen Beispiel war mein „Geschenk" an die Empfangsdame das ideale Geschenk für sie, ohne dass ich hätte ahnen können, *wie* ideal. Als ich sie und einige andere Mitarbeiter des Unternehmens ein paar Wochen nach dem Hackereinbruch darüber aufklärte, fragte ich sie, warum sie mich ins Gebäude gelassen hatte. „Weil ich schon dreimal dafür angeschrien worden war, dass ich am Empfangstresen Videospiele spiele", sagte sie. „Der Job ist einfach furchtbar langweilig. Sie haben mich davor bewahrt, dass ich noch mal angeschrien werde, und ich war Ihnen ganz besonders dankbar, weil mein Chef eine so miese Laune hatte. Als ich zurückkam und Sie sagten, ich hätte Sie gerade reinlassen wollen, wusste ich, dass das gelogen war, aber Sie hatten mich gerade vor einer weiteren Demütigung bewahrt. Da habe ich mir gedacht: ‚Ein so netter Typ kann kein schlechter Mensch sein.' Deshalb habe ich Sie reingelassen." Ich hatte einfach Glück, ein Geschenk zu finden, das mich wenig kostete – nur ein paar Minuten meiner Zeit –, das aber für ihr Empfinden so wertvoll war, dass sie sich über die geltenden Sicherheitsmaßnahmen hinwegsetzte. Obwohl sie wusste, dass etwas nicht stimmte, erschien es ihr natürlich, mir zu helfen, und womöglich fühlte sie sich sogar dazu verpflichtet.

Wenn Sie sich vornehmen, jemanden um einen Gefallen zu bitten, überlegen Sie sich, welche Bedürfnisse oder Begierden die betreffende Person hat und welche Geschenke das Gefühl in ihr wecken könnte, sich Ihnen gegenüber verpflichtet zu fühlen. Wenn Sie unsicher sind, was die Person Ihres Interesses wertschätzt, beobachten Sie sie genau und achten Sie darauf, ob sie vielleicht „neuralgische Punkte" äußert – Probleme, bei denen Sie ihr mit einem bescheidenen Aufwand an Zeit, Mühe oder Geld eine Hilfe sein könnten. Ihr Geschenk darf aber nicht übermäßig groß sein, es sollte der Tiefe Ihrer Beziehung entsprechen. Sonst könnte das Ganze nach hinten losgehen. Reziprozität ist ein Prozess, der sich in Alltagsbeziehungen potenziell immer weiter steigern kann. Wenn Sie Ihrem Gegenüber ein Geschenk machen, bekommen Sie möglicherweise eine positive Antwort auf Ihr Ansinnen, worauf Sie wiederum ein weiteres, wertvolleres Geschenk machen und um einen größeren Gefallen bitten können. Anders gesagt: Durch das gegenseitige Beschenken können Sie Ihre Beziehung immer weiter intensivieren. Ihr Gegenüber fühlt sich durch die Begegnung bereichert und gewinnt einen positiven Eindruck von Ihnen. Je mehr es Sie mag, umso mehr können Sie den Wert dessen, was Sie schenken und worum Sie bitten, steigern.

Wenn meine Nachbarn während unseres Urlaubs auf unser Haus aufpassen und ich im Gegenzug dasselbe für sie tue, dann haben wir damit ein gewisses Maß an Gefälligkeit und Vertrauen zwischen uns etabliert, sodass wir uns noch größere Gefallen tun können – zum Beispiel, indem ich mehrere Stunden darauf verwende, für meinen Nachbarn herauszufinden, warum sein Internet nicht funktioniert, und ihn dann im Gegenzug um einen ähnlichen Gefallen bitten kann. So entwickelt sich unsere Beziehung weiter. Vielleicht nimmt der eine ein wertvolles Paket für den anderen entgegen oder wir passen übers Wochenende auf die Haustiere unseres Nachbarn auf. Hätte ich ihn gleich bei unserer allerersten Begegnung darum gebeten, auf meinen Hund Ralphie aufzupassen, wäre ihm das wohl seltsam und übertrieben vorgekommen. Dadurch wäre Misstrauen zwischen uns entstanden und die Wahrscheinlichkeit zukünftiger Gefälligkeiten hätte abgenommen. Dasselbe gilt aber auch, wenn ich meinem Nachbarn ein großes Geschenk gemacht hätte, um ihn vielleicht später um einen Gefallen zu bitten. Auch das hätte er seltsam gefunden und vermutet, dass ein Haken an der Sache ist.

Alle Prinzipien der Beeinflussung, die ich Ihnen im Folgenden vorstelle, können im anderen positive Gefühle auslösen und dadurch das Grundniveau Ihrer Beziehung heben, wodurch wiederum eine größere Einflussnahme möglich wird. Beziehung und Beeinflussung verstärken sich gegenseitig. Je enger Ihre Beziehung wird, umso mehr können Sie Einfluss auf den anderen nehmen, und umgekehrt.

2. Prinzip: Entgegenkommen

Vor ein paar Jahren bekam ich einen Anruf von der Humane Society, einer Tierschutzorganisation, von der wir unseren Hund Logan hatten. Sie wollte mich um eine Spende bitten. „Wie geht es Logan?“, fragte die Frau am Telefon. „Ist er noch gesund?“ Als ich die Frage bejahte und mich bei ihr für ihren Anruf bedankte, sagte sie, sie sammle Geld für ihre jährliche Wohltätigkeitsveranstaltung, die Tieren unter ihrer Obhut zugutekomme. „Die meisten Ihrer Nachbarn haben heute 200 Dollar gespendet."

„Wow", sagte ich, „200 Dollar ist eine Menge Geld."

„Ja, das stimmt", sagte die Frau. „Ich weiß, die Zeiten sind hart, aber mit 50 Dollar würden Sie uns auch schon sehr helfen. Meinen Sie, das ginge?"

„Ich weiß nicht, vielleicht 40 Dollar? Wäre das in Ordnung?"

„Wunderbar", sagte sie. „Möchten Sie jetzt gleich per Kreditkarte spenden oder lieber per Scheck?"

Hätte die Frau am Anfang nicht von 200 Dollar gesprochen, hätte ich wahrscheinlich keine 40 Dollar gespendet. Ich hätte erklärt, ich trüge ja schon meinen Teil bei, indem ich einen Hund in Pflege genommen hätte. Oder ich hätte einen symbolischen Betrag gespendet, vielleicht zehn Dollar. Indem sie hoch einstieg und mir dann zu einem niedrigeren Betrag entgegenkam, gab sie mir das Gefühl, sie würde mir etwas „geben" und ich würde die Spende zu meinen Bedingungen machen. Dadurch fühlte es sich für mich besser an, nachzugeben und die 40 Dollar zu spenden.

Die Allgegenwart der goldenen Regel legt nahe, dass wir Menschen die Vorstellung mögen, mit anderen so umzugehen, wie wir es uns für uns selbst wünschen würden – ob wir das tatsächlich immer machen, steht dabei auf einem anderen Blatt.[4] Indes geht sie weit über das oben beschriebene gegenseitige Beschenken hinaus. Wenn uns jemand entgegenkommt, sind wir auch eher bereit, ihm entgegenzukommen. Zudem haben Studien in der Sozialpsychologie gezeigt, dass wir eher bereit sind, einem Wunsch nachzukommen, wenn wir vorher schon einem kleineren Wunsch nachgekommen sind, der damit in Zusammenhang steht. Das ist die sogenannte „Fuß-in-der-Tür-Technik".[5] Es ist also ein guter Weg, der Person Ihres Interesses erst einmal entgegenzukommen, indem Sie sie um einen relativ kleinen Gefallen bitten, den sie Ihnen gewährt, und dann Ihre Wünsche allmählich zu steigern, während sich zwischen Ihnen Vertrauen und eine Beziehung aufbaut. Jetzt, nachdem ich der Humane Society 40 Dollar gespendet hatte, würde ich mit größerer Wahrscheinlichkeit bei der nächsten Anfrage 60 oder 75 Dollar spenden.

Ein anderer Trick besteht darin, der Person Ihres Interesses in einem Umfang entgegenzukommen, der für sie von großem Wert scheint, für Sie selbst aber nicht. Vielleicht hatte die Humane Society beschlossen, dass sie gern pro Person im Schnitt eine Spende von 25 Dollar bekäme. Bei 200 Dollar anzufangen und mir 160 Dollar zu „erlassen", war da ein ziemlich effektives Mittel. Machen Sie sich, bevor Sie diese Technik anwenden, eine Liste mit Ideen, wie Sie Ihrem Gegenüber entgegenkommen können, und gleichen Sie sie mit Ihren eigenen Wünschen ab, um sicherzustellen, dass die Waage auf Ihrer Seite ausschlägt.

Sie können diese Methode auch sehr gewinnbringend bei der Erziehung Ihrer Kinder anwenden. Als mein Sohn Colin acht Jahre alt war, hatte er eine Phase, in der er seine Unabhängigkeit zeigte, indem er sich weigerte, zu frühstücken. Ich konnte betteln, schmeicheln oder drohen, es half alles nichts. Irgendwann stand er sogar später auf und zog sich erst kurz, bevor der Schulbus kam, an, sodass er gar keine Zeit mehr zum Frühstücken gehabt hätte. Eines Morgens kam mir eine Idee. Ich weckte ihn und sagte: „Hey, heute Morgen hast du die Wahl. Willst du Eier, Müsli oder Haferbrei?"

Er überlegte einen Augenblick, dann sagte er: „Haferbrei." Ich hatte gewonnen. Ich erweckte den Eindruck, dass ich ihm entgegenkomme, indem ich ihm die Kontrolle überlasse. Ich ließ ihm die Wahl und gab ihm damit die Möglichkeit, seine Unabhängigkeit zu zeigen. Im Gegenzug kam er mir entgegen: Er willigte ein, zum Frühstück Haferbrei zu essen. Mir ging es einzig und allein darum, dass er überhaupt etwas aß – was, war mir egal. Damit wandte ich dasselbe Prinzip an wie die Humane Society: Ich hatte ihm die Wahl gelassen und wusste, ich würde gewinnen, ganz gleich, wofür er sich entschied. In beiden Fällen brachte die Person, die die Technik des Entgegenkommens anwandte, die Person ihres Interesses dazu, freiwillig zu tun, was sie wollte, und gab ihr noch dazu das Gefühl, selbst von der Sache profitiert zu haben.

3. Technik: Verknappung

Dem Sozialpsychologen Timothy C. Brock zufolge besagt die Gütertheorie, dass „jedes Gut in dem Maße wertgeschätzt wird, wie es knapp ist".[6] Mit anderen Worten: Ein seltenes Gut ist ein wertvolles Gut. Menschenhacker nutzen dieses einfache Prinzip – mit dem eigentlich die Psychologie unseres Konsumverhaltens erklärt werden sollte –, um ihre Zielperson zum gewünschten Ergebnis zu führen. Das können Sie auch. Wollen Sie ein neues Produkt verkaufen? Dann lassen Sie verlautbaren, dass es nur für einen begrenzten Zeitraum erhältlich ist. Sie wollen, dass jemand Ihnen vertraut? Dann sagen Sie ihm, dass Sie sonst niemanden wissen, mit dem Sie über das Thema sprechen könnten. Ich nutze die Technik der Verknappung immer, wenn ich ein Meeting mit einem potenziellen Kunden ansetze. Anstatt ihm zu sagen, dass mein Kalender noch komplett leer ist und er sich Tag und Zeit frei aussuchen kann, nenne ich ihm nur ein paar wenige knappe Zeitfenster innerhalb einer Woche, aus denen er sich eines auswählen kann. Dadurch bekommt er den Eindruck, dass ich – und logischerweise damit auch mein gesamtes Team – extrem viel zu tun habe und meine Zeit kostbar ist. Das führt dazu, dass der potenzielle Kunde den Termin umso mehr begehrt. Ich habe ihn jedoch nicht angelogen. Denn ich habe tatsächlich viel zu tun. Ich habe ihm lediglich gesagt, dass ich terminlich nicht sonderlich flexibel bin, um dieser Tatsache Nachdruck zu verleihen.

4. Prinzip: Konsistenz

Wir Menschen legen in unserem Alltag großen Wert auf Konsistenz, das heißt auf Beständigkeit. Wir verbinden damit Stabilität, Weisheit und Vertrauen. In Studien wurde festgestellt, dass konsistentes Verhalten dazu beiträgt, kognitives Vertrauen aufzubauen (nicht zu verwechseln mit affektivem Vertrauen).[7] Im unternehmerischen

Bereich sprechen Mitarbeiter der Beratungsfirma McKinsey von den „drei Ks der Kundenzufriedenheit: Konsistenz, Konsistenz, Konsistenz."[8] Wenn Sie Kinder haben, wissen Sie, dass dieses Prinzip nicht nur bei der Kundenpflege gilt. Sie kommen ins Wohnzimmer und sehen, dass eine teure Glasvase zerbrochen auf dem Boden liegt. Ihr Sohn steht daneben. Als Sie ihn fragen, ob er die Vase kaputt gemacht hat, sagt er: „Nein, das war ich nicht." Sie sehen, dass sein Ball nur ein paar Meter weiter liegt, wo er vor ein paar Minuten noch nicht lag, und erinnern sich, dass Sie gehört haben, wie Ihr Sohn irgendwas durchs Wohnzimmer geworfen hat. Trotzdem leugnet er weiterhin, die Vase kaputt gemacht zu haben. „Ich bin gerade erst reingekommen und da war sie schon kaputt", sagt er. Kinder machen so etwas ständig. Sie lügen selbst dann noch weiter, wenn es nur albern ist – eben weil sie unbedingt eine konsistente Geschichte erzählen wollen.

Sie können diesen Drang nach Konsistenz leicht im Alltag mobilisieren. Zum Beispiel können Sie Konsistenz bei anderen fördern, indem Sie Verhalten belohnen, das Ihnen gefällt. Auch wenn ich bei meinem Sohn Colin einen Sieg gelandet hatte, indem ich ihn dazu brachte, zum Frühstück Haferbrei zu essen, war der Erfolg vorerst nicht von Dauer. Dazu musste ich ihn von nun an jeden Tag dazu bewegen, morgens etwas zu essen. Das versuchte ich, indem ich sein Verhalten belohnte, um seinen inneren Drang nach Konsistenz zu verstärken. Ich machte keinen Hehl daraus, dass ich zufrieden mit ihm war, und bot an, ihm Haferbrei auf jede nur erdenkliche Art und Weise zu kochen, sogar mit Ahornsirup, um ihn süßer zu machen. Heute hasst Colin Haferbrei, weil er ihn ein ganzes Jahr lang jeden Morgen gegessen hat – dank meiner Hackingfähigkeiten und seines Drangs nach Konsistenz. (Sie meinen, es ist leicht, einen Hacker als Vater zu haben? Fragen Sie Colin – das ist es ganz bestimmt nicht!)

Unternehmen spielen permanent mit dem Prinzip der Konsistenz, was man am deutlichsten an ihren Treueprogrammen sehen kann. Starbucks weiß, dass seine Kunden ihre morgendlichen „Kaffeegewohnheiten" haben. Die verstärkt es, indem es ihnen für jedes gekaufte Getränk Punkte schenkt, und noch mehr Punkte, wenn sie andere Gewohnheiten entwickeln, die ihm gefallen, wenn sie etwa zum Kaffee noch ein Frühstückssandwich bestellen. Sie können selbst Belohnungssysteme entwickeln, um den Menschen in Ihrem Leben zu einem konsistenten, für Sie vorteilhaften Verhalten zu verhelfen. Sie möchten, dass Ihre Kinder ihre künstlerische Ader ausleben? Dann loben Sie die Bilder, die sie malen, und hängen Sie sie an die Wand. Ehe Sie es sich versehen, haben Sie so viele Bilder bekommen, dass Sie gar nicht mehr wissen, wo Sie sie hinhängen sollen. Wenn Sie wollen, dass Ihr Ehepartner mehr mit Ihnen redet, fordern Sie es nicht nur von ihm ein, sondern hören Sie aktiv zu, wenn er Ihnen von seinem Tag erzählt, und „belohnen" Sie ihn mit Ihrem Interesse, indem Sie Anschlussfragen stellen. Geben Sie ihm nach dem Gespräch als zweite Belohnung einen Kuss. Diese beiden Reaktionen können dazu beitragen, dass er ein konsistenteres Verhalten entwickelt

Sie können das Prinzip der Konsistenz auch in Unterhaltungen anwenden, um den anderen in eine bestimmte Richtung zu lenken. Die Chancen, dass jemand tut, was Sie wollen, stehen besser, wenn Sie ihn zuerst um einfache Dinge bitten und er Ja dazu sagt. Dann ist er eher geneigt, auch zu Ihrem eigentlichen Ansinnen Ja zu sagen, weil er gern sich selbst und anderen gegenüber ein konsistentes Verhalten an den Tag legen möchte. Bitten Sie ihn, nachdem er einem Wunsch von Ihnen entsprochen hat, das auch explizit zu sagen. „Um es noch einmal zusammenzufassen", könnten Sie zum Beispiel zu Ihrem Mitarbeiter sagen, „sagen Sie mir doch bitte noch einmal kurz, auf welche Ziele wir uns geeinigt haben und wann Sie die Projekte umsetzen wollen." Wenn Ihr Mitarbeiter eine Arbeit freiwillig annimmt und das Ihnen gegenüber auch sagt, wird er sie wegen des psychologischen Drangs nach Konsistenz auch mit größerer Wahrscheinlichkeit zu Ende führen und nicht zurückrudern.

5. Prinzip: Sozialer Beweis

Menschen erachten eine Handlung oder Vorstellung im Allgemeinen als „gut" oder akzeptabel, wenn sie glauben, dass es anderen ebenso geht. Wissenschaftler haben in Experimenten gezeigt, dass der sogenannte soziale Beweis bei zahlreichen Handlungen greift, bei guten Taten, beim Müllwegschmeißen und „sogar bei der Entscheidung, ob und wie man Selbstmord begeht."[9] Menschenhacker üben Konformitätsdruck aus, um ihre „Zielperson" zu beeinflussen. Und sie versuchen, ihrer Zielperson zu ähneln, damit sie sich wohler fühlt, wenn sie ihrem Wunsch nachkommt. Denn dem Gefühl nach hilft sie nicht einem Fremden, sondern einem Gleichgesinnten.

Meine Kursteilnehmer haben diese Techniken einmal angewandt, um in einer Shoppingmall in Las Vegas an persönliche Informationen von Fremden zu gelangen. Aus einer Vierergruppe setzte sich ein Teilnehmer mit iPad in den Gastronomiebereich der Mall und gab sich als erfolgreicher Entwickler von Apps für den Apple Store aus. Er behauptete, ein neues Spiel programmiert zu haben, das noch nicht auf dem Markt war – kurz vorher hatte er sich dazu eine App heruntergeladen, mit der man einfache Spiele für Kinder entwickeln kann. Jetzt erzählte er den Leuten, er suche nach Personen, die die App testen und ihm Feedback geben. Um die App zu testen, mussten sie ihren vollständigen Namen, Wohnort und Geburtsdatum angeben. Wäre das alles gewesen, hätte er die Leute also nur gefragt, ob sie seine App testen wollen, dann hätte er vermutlich kaum Interessenten gefunden. Aber die drei anderen Teilnehmer aus seiner Gruppe standen bei ihm Schlange und taten so, als wären sie Fremde, die die App ausprobieren wollen. Das allein machte die umstehenden Personen schon neugierig. Aber dann taten die drei, als würden sie das Spiel spielen, und riefen dabei lauthals, wie „geil" es ist. Als der angebliche App-Entwickler sie um ihre Daten bat, waren sie gern bereit, sie ihm zu geben. Daraufhin stellten sich andere Personen an und gaben ihm ebenfalls bereitwillig ihre persönlichen Daten. Da es schon jemand vor ihnen getan hatte, hielten sie es für „sicher". Ein fantastisches Beispiel für das Prinzip des sozialen Beweises.

Richtig angewendet, können Sie mithilfe dieses Prinzips Situationen kreieren, in denen selbst zögerliche oder misstrauische Menschen Ihren Wünschen entsprechen. Als ich einmal in ein gesichertes Gebäude eindringen wollte, hielt mir der Wachmann ein Klemmbrett hin, auf dem ich unterschreiben sollte. Während ich den Blick über das Blatt schweifen ließ, sah ich, dass sich an diesem Morgen ein gewisser Paul Smith eingetragen hatte. Ich behauptete, meine Papiere vergessen zu haben, gab ihm das Klemmbrett zurück, entschuldigte mich wortreich und versprach dem aufmerksamen Wachmann, dass ich im Laufe des Tages mit den Papieren wiederkäme. Bevor ich hinausging, fragte ich ihn noch nach seinem Namen. Allerdings kam ich nicht an dem Tag zurück, sondern erst am nächsten Morgen, wo ich mich an einen anderen Wachmann wandte. „Hey“, sagte ich, „mein Name ist Paul Smith. Ich war gestern schon hier, und Jim hat meine Papiere überprüft. Ich habe alle Formulare ausgefüllt und er hat mich reingelassen.“ Der Wachmann ließ mich passieren, ohne meine Identität zu überprüfen. Für ihn genügte der soziale Beweis, den ich ihm geliefert hatte, indem ich den Namen seines Kollegen nannte.

6. Prinzip: Autorität

Die meisten von uns sind so sozialisiert, dass sie Autoritätspersonen respektieren. In einer Studie des Psychologen Stanley Milgram von der Yale University – heute ein Klassiker – wurden die Teilnehmer gebeten, einer anderen Person Elektroschocks zu verpassen. Angeblich wollten die Fachleute herausfinden, inwiefern Bestrafung unsere Lernfähigkeit beeinflusst. Vom Forscher angespornt, befahlen die Teilnehmer Elektroschocks verschiedener Stärke als „Strafe“, wobei die Stärke im Laufe des Experiments immer mehr zunahm. Milgram wollte sehen, wie weit Menschen gehen, wenn eine Autoritätsperson von ihnen verlangt, einem anderen Schmerzen zuzufügen. Von 40 Teilnehmern gab die überwiegende Mehrheit, nämlich 26, bis zum Ende des Experiments Elektroschocks aus, als die Voltzahl schon über einer Marke lag, auf der „Gefahr von schwerem Stromschlag“ stand. Milgram zufolge zeigte das Experiment, „wie viel Macht die Neigung zum Gehorsam hat“. Er fuhr fort: „Die Teilnehmer haben von Kindheit an gelernt, dass es ein fundamentaler Verstoß gegen moralisches Verhalten ist, jemand anderen gegen seinen Willen zu verletzen. Aber 26 Teilnehmer haben diesen Grundsatz missachtet, als sie den Anweisungen einer Autorität Folge leisteten, die keine besonderen Befugnisse besaß, um ihre Anordnungen durchzusetzen."[10]

Trickbetrüger nutzen das Autoritätsprinzip permanent, um andere Menschen zu beschwindeln. Sie geben sich als Polizisten aus, als Steuerprüfer und was weiß ich noch was. Zwischen Januar und Mai 2019 hat die Bundeshandelskommission in den USA fast 65.000 Berichte über Trickbetrüger erhalten, die behaupteten, vom Sozialamt zu sein, und fast 20.000 Berichte über Trickbetrüger, die vorgaben, beim Gesundheitsministerium zu arbeiten.[11] Erschreckend, nicht wahr? Sie werden das Autoritätsprinzip sicher nicht anwenden wollen, um die Menschen in Ihrem Leben übers Ohr zu hauen, aber Sie können es auf subtilere Weise nutzen, um Ihre Überzeugungskraft zu steigern. Wenn Sie zum Beispiel einen Personalchef davon überzeugen wollen, Sie einzustellen, können Sie ihn beeinflussen, indem Sie leicht die Stimme senken oder ausgefallenere Wörter benutzen, die zu der Stelle passen. Beides suggeriert Kenntnisse und Autorität. Wenn Sie einer Beschwerde bei einem Kundendienst mehr Nachdruck verleihen wollen, könnte es hilfreich sein, zu erwähnen, dass Sie dem Unternehmen seit Langem treu sind und seine Produkte gut kennen. Damit haben Sie Ihre „Autorität" als geschätzter Kunde gezeigt, sodass Ihr Anliegen womöglich ernster genommen wird.

Erinnern Sie sich noch an meine Kursteilnehmer, die fremde Menschen in der Shoppingmall in Las Vegas dazu brachten, persönliche Informationen preiszugeben? Im nächsten Kurs stellte ich den neuen Teilnehmern die Aufgabe, diesen Erfolg zu toppen. Und es gelang ihnen – dank des Autoritätsprinzips. Eine Gruppe ging in eine Bar und sprach den Sänger einer Band an, die an diesem Abend auftrat. Ein Teilnehmer erklärte ihm, dass sie für ihr Studium eine Umfrage durchführten und so viele Leute wie möglich dazu bringen mussten, ihren Fragebogen auszufüllen. Die meisten dieser Fragen waren frei erfunden, aber bei den letzten Fragen ging es um dieselben Informationen wie im ersten Kurs: Name, Wohnort, Geburtsdatum. Der Sänger willigte ein. Als die Band auftrat, sprang ein Teilnehmer mit Erlaubnis des Sängers während der Show auf die Bühne, schnappte sich das Mikrofon und sagte: „Joe, der Sänger dieser Band, hat mir gerade bei einer Umfrage für meinen Uniabschluss geholfen. Und er wollte euch alle bitten, mir ebenfalls zu helfen.“ Der Sänger stimmte ein: „Yeah, bitte helft dem Mann!“ Es dauerte nur wenige Augenblicke, bis sich Dutzende von Leuten an der Bar anstellten, um den Fragebogen auszufüllen, nur weil der Sänger – in diesem Zusammenhang eine Autoritätsfigur – sie darum bat.

7. Prinzip: Gefallen

Wenn Menschen Menschen mögen, die ihnen ähnlich sind – das Prinzip der Stammeszugehörigkeit aus dem letzten Kapitel –, dann mögen sie Menschen, die sie mögen, ganz besonders gern.[12] Wenn Sie jemand anderen mögen und ihm entsprechend der Tiefe der Beziehung zwischen Ihnen echtes Interesse, Fürsorge und Zuneigung entgegenbringen, dann wird auch der andere Sie mögen – und vieles dafür tun, damit Sie zufrieden sind. Natürlich genügt es nicht, wenn Sie die Person Ihres Interesses einfach nur mögen, um Ihrerseits von ihr gemocht zu werden. Wenn Sie ihr zeigen, wie gern Sie sie mögen, indem Sie ihr Komplimente machen, sie fragen, wie es ihr geht, ihr sagen, wie gern Sie sie mögen, und so weiter, dabei aber nach Schweiß stinken, in einem Kontext mit eleganter Garderobe schäbig gekleidet sind oder eine abstoßende Kriecherhaltung einnehmen, wird die Person Ihres Interesses Sie weiterhin nicht mögen. Ihre Körpersprache und Kleidung turnen sie ab. Sie müssen also zum einen jemanden mögen und zum anderen die genannten Elemente nutzen, um gleichsam eine „weiße Leinwand“ zu präsentieren, die Ihr Gegenüber nicht davon abhält, Sie ebenfalls zu mögen und positiv auf Ihre Wünsche zu reagieren.

Aber selbst wenn Sie toll riechen, passend gekleidet sind, eine abweisende Körpersprache vermeiden und noch andere Maßnahmen treffen, um sympathisch zu wirken, kann es Ihnen trotzdem passieren, dass die Person Ihres Interesses Ihre Zuneigung nicht erwidert. Ich musste einmal eine derbe Niederlage einstecken, als ich in ein Gebäude einzudringen versuchte. Ich ging auf die Empfangsdame zu und machte ihr ein Kompliment zu einem der vielen gerahmten Fotos auf ihrem Tresen. Darauf waren ihre beiden Töchter beim Strandurlaub im Bikini zu sehen. „Wow", sagte ich, „ein tolles Foto von Ihren Töchtern." Das war als harmloses Kompliment gemeint, um ihr meine Zuneigung zu zeigen. Ihre Antwort war ein feindseliger Blick, der mich als ekligen Fremden brandmarkte, der sich an einem Foto ihrer halbnackten Töchter ergötzt. Ich habe nicht einmal versucht, eingelassen zu werden, sondern ließ es lieber jemand anderen aus meinem Team versuchen. Bis heute ist diese Begegnung einer der hochnotpeinlichsten Momente in meinem Leben als professioneller Hacker.

Aber auch wenn Sie penibel alle Fettnäpfchen umgehen, kann es immer noch sein, dass die Person Ihres Interesses kein Interesse an Ihnen zeigt. Keine Sorge, meist hat das mehr mit dem anderen zu tun als mit Ihnen. Meine Frau hat eine Bekannte, die in einer Beziehung schweren Missbrauch erlebt hat. Der Mann sah mir offenbar ziemlich ähnlich – gleich groß, gleicher Körperbau, gleiche Haarfarbe. Ihre Bekannte war von dieser Beziehung so traumatisiert, dass sie sichtbar anfing zu zittern, sobald ich in ihre Nähe kam. Ich konnte noch so sehr lächeln, den Kopf nach hinten legen, um Offenheit zu suggerieren, gut riechen, sie mit Komplimenten überschütten, ihr geradeheraus sagen, dass ich sie mochte, es half alles nichts – sie konnte meine Zuneigung nicht erwidern. Wenn Sie alles versucht haben, aber der andere Sie immer noch nicht mag, dann liegt es offenbar nicht in Ihrer Hand. Und dann ist es wohl besser, sich nicht länger damit herumzuärgern, sondern die andere Person zu meiden und das, was Sie brauchen, bei jemand anderem zu suchen.

Aufbau Ihrer Beeinflussungsmuskeln

Jetzt, da Sie die wichtigsten Beeinflussungstechniken kennen, können wir ein wenig damit arbeiten. Probieren Sie doch einmal die folgende Übung aus:

> Suchen Sie sich einen Menschen aus, der Ihnen wichtig ist, Ihren Ehepartner, Ihr Kind oder eine Freundin. Jetzt versuchen Sie ihn davon zu überzeugen, etwas zu essen, wovon er dachte, er würde es nie und nimmer fertigbringen. Setzen Sie dazu eine oder mehrere Beeinflussungstechniken ein. Das Nahrungsmittel sollte ihm nicht zu unappetitlich erscheinen – er soll sich ja am Ende bereichert fühlen. Aber es sollte doch einigermaßen absonderlich sein, damit es auch eine Herausforderung ist, es zu essen. Was können Sie tun, um den kulinarischen Wagemut der Person Ihres Interesses anzustacheln?

Während ich dieses Buch schrieb, habe ich die Übung mit einem Freund gemacht – ich nenne ihn mal Joe. Ich wollte ihn eine japanische Spezialität kosten lassen, die ihn absolut anwiderte: roher Uni, die Eier von Seeigeln. Wir hatten uns zum Abendessen in einem Sushi-Restaurant verabredet, und in den ersten zehn Minuten, in denen wir uns setzten, bestellten und auf das Essen warteten, bombardierte ich ihn nur zum Spaß mit diversen Beeinflussungstechniken. Da wir uns schon einige Zeit kannten, hatte unsere Beziehung ein gewisses Niveau erreicht, das ich noch leicht anhob, indem ich beim Reingehen sagte, wie toll das Restaurant sei, weil ich wusste, dass Joe gutes Essen mag.

Sodann ließ ich mein Expertenwissen über Sushi im Allgemeinen und dieses Restaurant im Speziellen heraus (Autoritätsprinzip), warf mit Sushibegriffen um mich, erklärte ausführlich, weshalb dieses Restaurant die frischesten Sushis überhaupt hatte, und plauderte wie ein Stammgast mit der Bedienung – die mich im Übrigen erkannte, was meine Autorität weiter erhöhte. Als Sahnehäubchen gab ich obendrein noch einen sozialen Beweis, indem ich Joe erzählte, dass ich von vielen wisse, die hier schon einmal Uni gegessen und es ausnehmend köstlich gefunden hatten. Zögernd stimmte Joe zu, ihn einmal zu probieren, und so bestellten wir eine Portion. Damit war ich schon halb am Ziel.

Als das Essen kam, war es genauso frisch, wie ich gesagt hatte, was meine Glaubwürdigkeit untermauerte (Konsistenzprinzip). Da ich Joe das Versprechen abgenommen hatte, den Uni auch tatsächlich zu probieren, trieb ihn sein innerer Drang nach Konsistenz dazu an, sein Versprechen zu halten. Ich wies ihn darauf hin, dass unsere Tischnachbarn, die japanischer Abstammung waren, auch gerade Uni aßen (sozialer Beweis), also sollte er es doch auch versuchen, da ich ihn als experimentierfreudigen Esser kannte und schätzte (Gefallen). Nachdem er lange auf seinen Uni gestarrt hatte, steckte er ihn sich schließlich in den Mund, kaute langsam darauf herum und schluckte ihn herunter. Besonders gut gefiel ihm der Geschmack nicht. Er würde ihn von sich aus wohl nicht mehr bestellen. Trotzdem freute er sich, dass er etwas Neues ausprobiert hatte. Jetzt konnte er zumindest gegenüber seinen Freunden und seiner Familie damit angeben, Seeigeleier gegessen zu haben.

Probieren Sie diese Übung mit ein paar Menschen aus und testen Sie dabei die sieben Beeinflussungstechniken. Sie können bei einer Begegnung nur eine Technik anwenden oder auch mehrere miteinander kombinieren. Experimentieren Sie. Haben Sie Spaß. Halten Sie fest, was *nicht* funktioniert. Suchen Sie sich dann andere Gelegenheiten in Ihrem Leben, in denen Sie diese Prinzipien gewinnbringend nutzen können. Wenn ein wichtiges Gespräch bevorsteht oder Sie jemanden um etwas bitten möchten, planen Sie die Begegnung im Voraus. Beginnen Sie mit Ihrem Vorwand und notieren Sie sich dann Beeinflussungsstrategien, die dazu passen könnten. Wenn Ihr Vorwand zum Beispiel „neuer Arbeitskollege" ist, sollten Sie eher nicht das Autoritätsprinzip anwenden. Wenn es darum geht, den „strengen Vorgesetzten" zu spielen, ist „Gefallen" wahrscheinlich nicht die richtige Strategie. Achten Sie auch auf Ihre eigenen Gefühle. Wenn Sie vor einer Begegnung nervös sind, sollten Sie vermeiden, das Autoritätsprinzip anzuwenden, weil Sie möglicherweise nicht überzeugend rüberkommen. Sind Sie traurig oder deprimiert, ist das Prinzip Gefallen schwierig anzuwenden, da Sie vermutlich gerade ganz allgemein wenig Zuneigung empfinden.

Haben Sie Ihre Liste möglicher Beeinflussungstechniken ausreichend eingegrenzt, sollten Sie sich aber nicht allzu streng daran halten. Während Sie sie konkret anwenden, sollten Sie sie je nach Situation spontan wechseln oder abändern können. Ganz wichtig: Übertreiben Sie es nicht mit diesen Techniken. Sonst könnte die Person Ihres Interesses merken, dass Sie solche Methoden anwenden, und dann ploppt ihr kritisches Denken auf – sie wird misstrauisch und verspürt womöglich sogar Abneigung gegen Sie. Treiben Sie das Sympathieprinzip zu weit, riskieren Sie, als Schleimer wahrgenommen zu werden. Eine zu starke Zurschaustellung von Autorität wirkt arrogant und selbstgefällig. Gehen Sie mit dem Prinzip der Reziprozität zu weit, kann das unangemessen wirken. In jedem dieser Fälle wird die Person Ihres Interesses letztlich weniger geneigt sein, Ihnen zu helfen, und könnte sogar von sich aus das Gespräch beenden.

Es könnte auch sein, dass Sie im Laufe des Gesprächs bemerken, dass Sie gar keine Beeinflussungstechniken anwenden müssen, weil sich Ihr Beziehungsaufbau, den Sie während der ganzen Zeit betrieben haben, als ausreichend erweist. Dann müssen Sie sofort mit der Beeinflussung aufhören. Ansonsten könnte es fatale Folgen haben, wie einmal für mich und meinen Kollegen Ryan. Wir wollten in ein Gebäude eindringen und gaben uns dazu als Kammerjäger aus. Es war 23:30 Uhr, keine Menschenseele auf dem Gelände. Während wir um das Gebäude herumliefen, hatten wir das Glück, dass gerade eine einzelne Mitarbeiterin das Gebäude verließ und zum Parkplatz ging. Bevor sich die Tür hinter ihr schließen konnte, hatte ich schon den Fuß hineingesteckt, um sie aufzuhalten. Die

Frau hatte uns zwar nicht gesehen, aber gehört. Sie drehte sich erschrocken um und fragte, wer wir sind. Wir zeigten auf unsere Anzüge und ich sagte: „Schädlingsbekämpfung, Ma'am. Wir durchsuchen das Gebäude nach Spinnen und Skorpionen. Geht ganz flott und wir sprühen immer nachts, weil dann keiner im Gebäude ist."

„Oh, okay", sagte sie und ging weiter. Das war's, ich hatte gesiegt. In wenigen Sekunden hatte ich eine Beziehung aufgebaut. Sie glaubte mir und konnte beruhigt nach Hause fahren. Ich hätte also einfach die Klappe halten und ins Gebäude gehen können. Stattdessen geriet ich ins Plappern: „Ja, zu dieser Jahreszeit sind die Spinnen schlimm unterwegs. Deshalb kommen wir immer erst spätabends, weil es echt fies aussieht, wenn wir sie besprühen. Sie kommen raus und sterben einen furchtbar langsamen Tod." Ryan starrte mich an, als wollte er sagen: „Alter, was machst du da?" Ohne groß darüber nachzudenken, wandte ich das Konsistenzprinzip an, um der Frau zu zeigen, dass unser Handeln mit dem Vorwand übereinstimmte, den wir als Kammerjäger etabliert hatten. Und trotz Ryans Blick konnte ich nicht damit aufhören, sondern blies weiter in das Horn, faselte von Spinnen und sagte, welche Chemikalien wir verwenden, und ritt mich immer tiefer in die Sackgasse. Da drehte sich die Frau um und sagte: „Hören Sie, ich habe kein gutes Gefühl bei der Sache hier."

„Oh, nein, nein", sagte ich. „Wir gehen nur kurz rein und sind schon wieder weg. Machen Sie sich keine Sorgen, Sie können beruhigt nach Hause fahren."

Sie schüttelte den Kopf. „Nein, das gefällt mir nicht. Ich muss Sie bitten zu gehen, sonst rufe ich die Polizei." Sie drehte sich wieder um und ging schnell zu ihrem Auto. Wir waren *so* nah dran gewesen – ich hatte buchstäblich schon den Fuß in der Tür gehabt. Aber jetzt mussten wir unverrichteter Dinge wieder gehen, nur weil ich eine Beeinflussungstechnik angewandt hatte, wo sie nicht nötig gewesen wäre. Wenn Sie die Person Ihres Interesses einmal so weit haben, dass sie Ihnen hilft, belassen Sie es dabei! Denn beim Menschenhacken ist weniger meistens mehr.

Nehmen Sie sich nächste Woche jeden Tag eine andere Beeinflussungstechnik vor und probieren Sie sie in einfachen Alltagssituationen aus. Lassen Sie sich zum Tagesbeginn ein bisschen Zeit, um sich verschiedene Möglichkeiten zu überlegen, wie Sie die Taktik anwenden könnten. Wenn Sie zum Beispiel das Autoritätsprinzip nutzen wollen, machen Sie sich eine Liste, wie Sie in einem sozialen Kontext ein bescheidenes Maß an Autorität zeigen können, etwa durch ein bestimmtes Kleidungsstück, das Ihrer Ansicht nach Autorität ausstrahlt, oder indem Sie dieses oder jenes Fachwissen in das Gespräch einfließen lassen und so weiter. Wenn Sie das Sympathieprinzip anwenden möchten, können Sie sich zum Beispiel vornehmen, auf einen Arbeitskollegen zuzugehen, mit dem Sie häufig aneinandergeraten, und mit Komplimenten oder anderen Mitteln versuchen, mehr über ihn zu erfahren. Es gibt unendlich viele Möglichkeiten!

Der ultimative Wachmann

Je mehr Erfahrung Sie mit diesen Beeinflussungstechniken haben und je öfter Sie sie neben den anderen Strategien aus diesem Buch anwenden, umso deutlicher sehen Sie, wie leicht Sie andere Menschen dazu bringen können, Ihren Wünschen nachzukommen oder so zu denken wie Sie – nicht weil sie es müssen, sondern weil sie es möchten. Diese Methode ist Ihr Einfallstor, um kostenlos bestimmte Sachen und Dienstleistungen zu bekommen, eine Stelle zu kriegen, die Unterstützung Ihrer Kollegen für Ihre Entscheidung zu erhalten, Ihre Kinder zum Frühstücken zu animieren und vieles mehr. Es könnte sogar sein, dass Sie *zu* selbstbewusst mit Ihren neuen Superkräften umgehen und denken, Sie könnten alles bekommen, was Sie wollen. In dem Fall erwartet Sie ein böses Erwachen. Selbst die umsichtigste Anwendung dieser Prinzipien ist keine Erfolgsgarantie. Auch Meister in der Kunst des Menschenhackens können nur das Beste hoffen, wohl wissend, dass ihre Superkräfte Grenzen haben. Manche Menschen sind psychologisch so versiert und wissen so gut über die Funktionsweise dieser Techniken Bescheid, dass sie sich nicht von Ihnen beeinflussen lassen, egal, was Sie tun. Es gibt sicher nicht sehr viele dieser Menschen, aber es gibt sie.

Ich bin einmal während meiner Arbeit als Hacker dem ultimativen Wachmann begegnet. Bei diesem Auftrag mussten wir auf einem Firmengelände in drei verschiedene Gebäude eindringen. Dazu gaben wir uns als Techniker der Big Blue Repair Company aus, die in mehreren Serverräumen des Unternehmens Reparaturen durchführen mussten. Die ersten beiden Gebäude waren kein Problem und wir kamen an den Sicherheitsleuten vorbei, obwohl wir nicht auf der Besucherliste standen. Beim dritten Gebäude jedoch trafen wir auf einen jungen Wachmann, der angesichts seines steifen Auftretens, des Bürstenhaarschnitts und seines athletischen Körperbaus offenbar früher beim Militär gewesen war. „Sie stehen nicht auf der Liste", sagte er, als ich ihm meinen Namen sagte.

„Komisch", sagte ich. „Wir waren gerade schon in ein paar anderen Gebäuden, da haben uns die Sicherheitsleute problemlos reingelassen."

Er schüttelte den Kopf. „Damit habe ich nichts zu tun. Ich bin nur für die Sicherheit in diesem Gebäude zuständig. Tut mir leid, aber Sie müssen auf der Liste stehen."

Um eine bestimmte Information von ihm zu bekommen, fragte ich: „Wer hätte uns denn auf die Liste setzen müssen? John?"

„Nein", sagte er, „Fred Smith, der Leiter der IT-Abteilung."

„Ja, klar! Ich könnte schwören, dass unser Büro gesagt hat, dass er es getan hat. Okay, dann rufen wir ihn an und fragen nach."

Wir gaben dem Wachmann eine falsche Visitenkarte und gingen zurück zu unserem Wagen, um eine rasche Onlinerecherche über diesen Fred Smith zu machen. Wir fanden heraus, wer er war, und kamen auch an seine Kontaktdaten. Ich rief unter Vortäuschung seiner Nummer bei dem Sicherheitsschalter an, wo wir gerade abgewiesen worden waren. „Hi, hier ist Fred Smith“, sagte ich zu dem jungen Wachmann. „Haben Sie gerade zwei Techniker weggeschickt? Die sollten hier im 15. Stock einige Reparaturen erledigen. Ich rufe bei ihnen im Büro an und sage, dass sie wiederkommen sollen. Bitte setzen Sie ihre Namen auf die Liste.“

„Geht in Ordnung“, sagte der Wachmann.

Bingo, dachte ich, Problem gelöst. Wir sind drin.

40 Minuten später ging ich wieder zum Sicherheitsschalter hinüber. „Hey“, sagte ich. „Ich habe einen Anruf aus dem Büro gekriegt, dass wir jetzt auf der Liste stehen. Dann können wir jetzt also rein?“

„Ja, sicher“, sagte der Wachmann stirnrunzelnd. „Vorher nur noch eine Frage. Ich habe mir Ihre Visitenkarte angesehen und nach dem Namen Ihrer Firma gesucht. In diesem Staat gibt es aber offenbar keine Big Blue Repair Company. Woher kommen Sie?“

„Oh“, sagte ich. „Das liegt daran, dass wir neu hier in der Gegend sind. Wir sind gerade erst hergezogen.“

„Komisch“, sagt er. „Auf der Karte steht, Sie sind seit 20 Jahren ein Familienunternehmen.“

Das brachte mich in Verlegenheit, weshalb ich leicht stotternd antwortete: „Ja, das sind wir auch, aber in einem anderen Staat.“

„In welchem? Ich würde das gern nachsehen. Nur weil Sie auf der Liste stehen, heißt das nicht, dass ich Sie reinlassen kann.“

Das dritte und letzte Gebäude sollte uneingenommen bleiben. Der Mann war zu gut. Er widerstand jeder Beeinflussungstechnik, die wir an ihm ausprobierten. Wir hatten es mit Autorität versucht, indem wir uns für den Leiter der IT-Abteilung ausgaben. Wir hatten das Konsistenzprinzip angewandt, indem wir Visitenkarte und Outfit auf unseren Vorwand abstimmten. Wir probierten es mit dem sozialen Beweis, als wir dem Wachmann sagten, dass wir schon in zwei anderen Gebäuden gewesen waren und seine Kollegen uns hereingelassen hatten. Nichts davon funktionierte – der unsichtbare „Schutzschild“ des Wachmanns war zu stark. Er war der geborene Wächter. Deshalb empfahlen wir dem Unternehmen auch später, ihn die Ausbildung seiner Wachleute durchführen zu lassen.

Wären die Wachleute überall so gut wie dieser Mann und wüssten die Mitarbeiter aller Unternehmen so gut über die Beeinflussungstricks der Verbrecher Bescheid, stünden mein Team und ich auf der Straße und müssten uns eine neue Arbeit suchen. Bedauerlicherweise (für die Unternehmen) und glücklicherweise (für uns) haben die meisten Menschen keinen so starken Schutzschild wie dieser Wachmann. Sie sind – weit mehr, als sie denken – für Beeinflussungstechniken empfänglich. Das bietet anderen Menschen, die diese Prinzipien kennen und anwenden können, Gelegenheiten. Üben Sie die Methoden und bekommen Sie, was Sie wollen. Gewinnen Sie andere Menschen für Ihr Anliegen. Je besser Sie darin werden, umso größer wird Ihre Genugtuung sein, wenn Sie sehen, dass Sie anderen Menschen damit ebenfalls etwas Gutes tun und zugleich immer mehr von dem bekommen, was Sie wollen. Darüber hinaus erkennen Sie Beeinflussungstechniken, die andere Ihnen gegenüber anzuwenden versuchen. Je besser Sie sie kennen, umso seltener fallen Sie darauf herein und umso mehr bestimmen Sie Ihre eigenen Entscheidungen. Wollen Sie wirklich jedem Geld spenden, der Sie darum bittet? Wollen Sie wirklich einen Fremden in Ihre Wohnung lassen? Wollen Sie wirklich jemanden in Ihr Team holen, der einen scheinbar guten Eindruck macht? Vielleicht. Vielleicht aber auch nicht.

Es wird sicher manchmal vorkommen, dass Sie anderen Menschen Informationen geben, die Sie ihnen nicht geben müssten. Bei diesen Menschen könnte es sich um Hacker handeln und unter den Informationen könnten sensible Daten sein. Ist das der Fall, dann ist es sehr wahrscheinlich, dass diese Fremden irgendeine Beeinflussungstechnik angewandt haben, mit denen sie Ihnen Ihren Schutzschild heruntergerissen und Sie zum Reden gebracht haben. Wenn Sie diese Techniken Ihrerseits beherrschen, können Sie sie anwenden, nicht um anderen zu schaden, sondern um mehr Intimität in Ihren Beziehungen zu entwickeln und den Menschen in Ihrem

Leben zu Sicherheit, Gesundheit und Erfolg zu verhelfen. Wie können Sie aus Ihrem Arzt herausbekommen, was seine Diagnose genau bedeutet? Wie können Sie Ihre Vorgesetzte dazu bringen, Ihnen zu sagen, was sie wirklich über Ihre Leistungen denkt?

Blättern Sie um und finden Sie es heraus.

KAPITEL 5

DIE KUNST, ANDERE MENSCHEN DAZU ZU BRINGEN, DIR ETWAS ERZÄHLEN ZU *WOLLEN*

Bringen Sie andere dazu, sich zu öffnen und Ihnen zu sagen, was Sie wissen wollen, ohne überhaupt zu fragen.

Im vorigen Kapitel habe ich beschrieben, wie Sie andere Menschen dazu bringen, Ihr Ansinnen zu erfüllen. Jetzt wollen wir uns eine spezifische Form der Einflussnahme ansehen, bei der Sie anderen Informationen entlocken, die sie normalerweise nicht preisgeben würden. Sie werden erstaunt sein, welche Dinge Sie mithilfe dieser Technik erfahren, wie selbstbewusst Sie in sozialen Situationen auftreten und wie sehr sich Ihre Beziehungen verbessern werden. Wenn Sie jemals Probleme hatten, auf einer Cocktailparty Small Talk zu betreiben, dann lesen Sie unbedingt dieses Kapitel.

Hier ist eine kleine Aufgabe für Sie: Gehen Sie auf einen Fremden zu, fangen Sie ein Gespräch mit ihm an und bringen Sie ihn nach einer angemessenen Zeitspanne dazu, etwas Persönliches von sich zu erzählen, das er in seinem ganzen Leben noch keinem anderen erzählt hat. Meinen Sie, das kriegen Sie hin? Und wenn ja, wie? Wenn Sie sich jetzt von der Aufgabe eingeschüchtert fühlen, können Sie es auch erst einmal mit dem vollständigen Namen, dem Geburtsdatum oder dem Wohnort probieren.

Meine Kursteilnehmer bekommen dieses und ähnliche Beispiele als Hausaufgaben gestellt. Mit ein wenig Übung meistern sie sie brillant. Sie müssen dazu wissen, dass viele meiner Teilnehmer keine geselligen Menschen sind. Manche sind sogar sehr schüchtern und introvertiert. Für sie ist schon der Gedanke daran, auf einen Fremden zuzugehen und *irgendein* Gespräch anzufangen, eine Herausforderung. Aber nach einer Woche in meinem Kurs sind sie fast alle aufgeblüht, versiert darin, sich Informationen zu beschaffen und fühlen sich in den verschiedensten sozialen Situationen wohl – wohler, als sie es sich je hätten vorstellen können. Und mit ein wenig mehr Übung in den folgenden Wochen und Monaten werden sie zu grandiosen Gesprächspartnern, die jeden Menschen, dem sie begegnen, aus der Reserve locken können.

In den Medien werden Hacker oft als blässliche Nerds dargestellt, die den ganzen Tag auf ihren Computerbildschirm stieren und nicht wissen, wie man mit anderen Menschen kommuniziert.

Wenn Sie die amerikanische Fernsehserie *Mr. Robot* gesehen haben, wissen Sie, was ich meine. Bestimmt gibt es auch Hacker, die diesem Stereotyp entsprechen, aber im Allgemeinen gehören erfolgreiche Trickbetrüger, Hochstapler und Spione zu den freundlichsten, zugänglichsten und verbindlichsten Menschen, die Sie sich vorstellen können. Sie wissen nicht nur, wie sie mithilfe eines guten Vorwands und eines Beziehungsaufbaus ein Gespräch einleiten und andere so beeinflussen können, dass diese im Laufe des Gesprächs tun, was sie von ihnen möchten, sondern sie können das Gespräch auch derart lenken, dass ihr Gegenüber ihnen sensible Daten preisgibt. Ja, sie sind so gewandte Redner, dass die „Zielperson" oft gar nicht bemerkt, dass sie dabei einen Hintergedanken haben. Sie meint, einfach nur ein freundliches, interessantes, „ungefährliches" Gespräch mit einem Fremden geführt zu haben.

Als vor zehn Jahren die Funkerkennung in Mode kam, war ich auf einer Cocktailparty eines Unternehmens, das ich ausspionieren wollte. Mein Ziel bestand darin, etwas über die neue Sicherheitstechnologie zu erfahren, die vor Kurzem im Unternehmen installiert worden war. Ich stand an der überfüllten Bar, als ein Mitarbeiter auf mich zukam. Wir waren einander einmal vorgestellt worden, kannten uns aber nicht weiter. Ich begrüßte ihn mit einer klassischen „Hey, Kollege"-Geste und fragte ihn, was er trinken wolle. Wir plauderten ein bisschen und ich fragte ihn, ob er gern zu solchen Veranstaltungen gehe oder ob er nur hier sei, weil sein Chef darauf bestanden hatte. Er sagte, er mochte solche Partys. Nach ein paar Minuten weiterem Geplänkel erwähnte ich, dass das Unternehmen, bei dem ich damals arbeitete – ich glaube, Xerox –, gerade eine brandneue Technologie installiert hatte. „Keine Ahnung, wie die genau heißt", sagte ich, „aber es läuft jetzt alles nur noch über so merkwürdige Karten." Dann fuhr ich fort: „Ich darf eigentlich nicht darüber sprechen, aber ich finde es einfach so gewöhnungsbedürftig. Ja, vielleicht bin ich altmodisch, aber ich habe doch gern immer noch meinen guten alten Schlüssel in der Tasche."

Da fiel mir mein neuer Zechkumpan ins Wort: „Hey, ob du's glaubst oder nicht, bei uns ist das noch besser. Wir haben hier eine neue Anlage am Start, streng geheim das Ganze. Ein brandneues System, du gehst mit der Karte durch die Eingangstür und dann benutzt du sie noch mal an dieser Metallschleuse." Wir sprachen weiter darüber und nach wenigen Minuten wusste ich alles über das Schlüsselkartensystem mit den RFID-Karten, das das Unternehmen installiert hatte, wo es das System installiert hatte und wo die Hauptschwächen des Systems lagen. Bang!

Mein Zechkumpan dachte, wir würden ein nettes, „ungefährliches" Gespräch führen, dabei wandte ich hier ein Prinzip an, das sich „trusted confidence knowledge" nennt, „Wissen über vertrautes Vertrauen". Die menschliche Natur sagt uns, dass es in Ordnung ist, vertrauliche Informationen weiterzugeben, wenn die Person, mit der wir sprechen, ebenfalls vertrauliche Informationen preisgegeben hat. Psychologen haben dieses Phänomen unterschiedlich interpretiert. Manche glauben, dass wir dasselbe tun, wenn uns jemand etwas Vertrauliches erzählt hat, um eine Art Gleichgewicht in der Beziehung zu halten. Die sogenannte Hypothese vom sozialen Vertrauen besagt, dass wir uns revanchieren, wenn uns jemand besonders intime Informationen gegeben hat, weil wir Vertrauen aufbauen und eine Verbindung herstellen wollen.[1] Wie dem auch sei, mein Zechkumpan fühlte sich jedenfalls „sicher", als er mir die geheimen Informationen anvertraute, weil ich ebenfalls gewillt schien, ihm etwas über die Sicherheit in meinem Unternehmen zu erzählen. Ich konnte für ihn kein Hacker sein oder irgendjemand mit einem unlauteren Motiv.

War ich aber leider doch.

Wie Sie andere dazu bringen, Ihnen *alles* zu erzählen

Es gibt in meiner Branche einen Begriff dafür, wenn man Informationen erhält, ohne direkt danach zu fragen. Wir nennen es *Herauslocken*. Böse Jungs nutzen dieses Prinzip permanent. Die sozialen

Medien sind voll von Spionen fremder Länder, die falsche Profile anlegen, nichts ahnende Nutzer kontaktieren und sie in scheinbar harmlose Unterhaltungen verwickeln. Mit relativ geringem Aufwand und Risiko erhalten sie wertvolle Informationen, mit denen sie diese Nutzer anwerben, ihnen Geheimnisse entlocken oder sie auf andere Nutzer ansetzen.[2] Spione wenden das Prinzip auch im direkten Kontakt an, um an sensible Daten zu kommen, seien es Verschlusssachen von Regierungen oder Unternehmensgeheimnisse. Der freundliche Fremde am Flughafen, der sieht, dass Sie einen von der Regierung ausgegebenen Stift verwenden oder ein Unternehmenslogo tragen, und der Sie fragt, für welche Behörde oder in welcher Abteilung Sie arbeiten, macht vielleicht nur Small Talk. Vielleicht ist er aber auch ein Spion, der Ihnen Informationen entlocken will.[3] Terroristen wenden das Prinzip des Herauslockens an, um Angriffe zu planen. Sie führen scheinbar harmlose Gespräche mit Mitarbeitern eines Unternehmens, um zu erfahren, welche Türen an welchen Gebäuden verschlossen sind, wie das Sicherheitssystem funktioniert, an welchen Tagen im Jahr besonders viel los ist und so weiter. 2019 warnte die Michigan State Police die Öffentlichkeit, es gebe „Versuche, Informationen über Operationen, Kapazitäten oder Mitarbeiter beim Militär“ abzugreifen.[4] Andere Strafverfolgungsbehörden haben schon ähnliche Warnmeldungen herausgegeben.

Daher ist es wichtig, dass wir alle wachsam sind, auch wenn es nie vollkommene Sicherheit geben kann. In den Händen eines gewieften Profis ist das Prinzip des Herauslockens eine wirkmächtige Waffe, gegen die man sich nur schwer schützen kann. Wenn Sie einmal überlegen, welche Information Sie niemals preisgeben würden, fällt Ihnen auch vermutlich zuerst die PIN-Nummer Ihrer Bankkarte ein. Beim Festlegen eines solchen Zahlencodes wählen wir absichtlich Zahlen, die andere nicht kennen, die wir uns aber gut merken können. Am Bankautomaten gibt es dann noch eine extra Abschirmung, damit kein anderer Ihre PIN sehen kann, während Sie sie eingeben. Trotzdem habe ich zusammen mit einem

Freund uns vollkommen fremde Menschen in einem Restaurant dazu gebracht, dass sie uns freiwillig ihre PIN-Nummer sagten. Dazu waren keine Manipulation und kein Zwang nötig. Im Gegenteil, die anderen Gäste fühlten sich nach unserer Begegnung sogar bereichert.

Es ging uns nicht darum, ihr Geld zu stehlen – wir haben es einfach aus Spaß gemacht und um zu sehen, ob es uns wohl tatsächlich gelingt. Es war in einem idyllischen italienischen Restaurant in Washington, in dem die Tische eng beieinanderstanden. Zu unseren beiden Seiten genossen Pärchen ihr Abendessen. „Hey", sagte mein Freund zu mir, entsprechend dem Plan, den wir uns vorher überlegt hatten. „Hast du den Artikel in *USA Today* gelesen? Da heißt es in einer Umfrage, 68 Prozent aller Leute verwenden ihr Geburtsdatum als PIN-Nummer."[5]

„Das glaube ich gern", sagte ich und biss in meine Spaghetti Pomodoro. „Zum Beispiel, meine PIN ist Null-sieben-sieben-vier." Natürlich war das weder mein Geburtsdatum noch meine PIN-Nummer, aber das wussten die anderen Gäste ja nicht.

Mein Freund wischte sich die Tomatensauce vom Mund. „Mann, wie bescheuert kann man sein. So was kann man doch total leicht erraten. Ich mache das anders. Ich nehme eine Kombination vom Geburtstag meiner Frau und von meinem: Eins-zwei-null-vier."

Das hatte der Mann am Nebentisch mitbekommen. Er nickte seiner Frau zu und sagte: „Siehst du, sag ich doch, das Geburtsdatum zu nehmen ist einfach dumm."

„Ja", sagte sie. „Aber wo ich es mir doch so leicht merken kann: Eins-null-eins-acht."

Ich hätte mich fast an meinen Spaghetti verschluckt. Ich konnte es einfach nicht glauben. Die Frau hatte uns – und allen anderen Gästen – tatsächlich ihre PIN-Nummer gesagt. Aber es kam noch besser. Jetzt sagte sie zu ihrem Mann: „Deine Nummer dagegen kann sich doch kein Mensch merken: Zwei-vier-drei-sieben-eins-vier."

„Falsch, Julia", erwiderte der Mann. „Die Nummer ist Zwei-vier-drei-sieben-*neun*-vier."

Jetzt klinkte sich die Kellnerin ein, die gerade unsere Wassergläser nachfüllte. „Also ich bin ja bei der Bank of America, und da kann man auch ganze Wörter als Passwort benutzen. Deshalb habe ich den Namen vom Lieblingskuscheltier meiner Tochter genommen. Es heißt ‚Panda'."

Die Unterhaltung ging noch ein bisschen weiter und wir bekamen noch zwei, drei weitere PIN-Nummern zu hören. Hätte ich zu dem Pärchen neben uns gesagt: „Entschuldigung, könnten Sie mir bitte beide Ihre PIN-Nummern geben? Mich interessiert, wie sie lauten", dann hätten sie sie mir niemals gesagt. Die Frage hätte ihr kritisches Denken aktiviert und hätte ihren Verdacht erregt. Aber im Kontext unseres Gesprächs hatte sie keinerlei Bedenken, die Zahlen auszuplappern. Wir bekamen die Information, die wir haben wollten und die Begegnung ließ die anderen Gäste besser dastehen, weil sie uns getroffen hatten. Sie hatten ein bisschen Small Talk betrieben und einen Funfact erfahren, den sie interessant fanden.

Erinnern Sie sich noch an William Moulton Marston, den Psychologen, dessen Arbeit Grundlage der DISG-Bewertung aus Kapitel 1 ist? Zufällig ergab sich, dass er auch die Superheldin Wonder Woman erfunden hatte. Die konnte böse Jungs dazu bringen, Informationen preiszugeben, indem sie sie in ihr „Wahrheitslasso" wickelte. Wer die Technik des Herauslockens beherrscht, hat gleichsam immer sein Wahrheitslasso in der Hosentasche. Damit können Sie andere dazu bringen, dass sie Ihnen so gut wie alles enthüllen. Alles und mehr.

Als ich einmal mit meinen Kursteilnehmern in einer belebten Shoppingmall in Las Vegas war, sagte ich zum Spaß zu ihnen, sie könnten sich irgendeine „Zielperson" aussuchen, ganz gleich welche, und ich würde ihnen ihren vollständigen Namen, ihre Arbeitsstelle und ihren Heimatort sagen. Sie suchten sich eine hinreißend schöne Frau von Ende 20 aus, die gerade im Gastronomiebereich auf ihren Salat wartete. Sie war nur leicht bekleidet und trug eine kurze Hose, Cowboystiefel und ein Flanellhemd. Meine Kursteilnehmer vermuteten, eine attraktive junge Frau sei wahrscheinlich eine besonders schwierige Nuss, weil sie es gewohnt war, die Annäherungsversuche der Männer abzuwimmeln. Weil ich ein fremder Mann war, würde sie abwehrend reagieren, wenn ich auf sie zuging. „Ach, Leute, kommt“, sagte ich, „sucht euch bitte wen anders aus.“ Aber sie bestanden darauf.

Ich hatte keine Ahnung, wie ich auf die Frau zugehen sollte. Was konnte ich sagen, damit sie mich sympathisch fand und mir sagte, was ich von ihr wissen wollte? Als ich mir ihr äußeres Erscheinungsbild näher ansah, dachte ich mir, die Stiefel würden sich womöglich am besten eignen, um schnell mit ihr in Kontakt zu kommen.

Ich ging zur Salattheke, nahm mir ein Tablett und stellte mich in die Schlange hinter ihr. Nach einem kurzen Moment sagte ich: „Entschuldigung, darf ich Sie eine Minute mit einer kurzen Frage behelligen?“

Sie drehte sich zu mir um und sagte: „Klar, worum geht's?“ Aber ihre Körpersprache zeigte eine deutliche Abwehrhaltung. Sie rollte mit den Augen, als wollte sie fragen: „Welcher Anmachspruch kommt denn jetzt, bitte schön?“

Sie sollte eine hübsche Überraschung erleben. „Ich bin gerade auf Geschäftsreise“, sagte ich, „und meine Frau hat diese Woche Geburtstag. Sie steht auf Cowboystiefel, aber ich bin kein großer Fan davon. Ich wüsste nicht mal, wo ich welche kriegen könnte. Als ich Ihre gesehen habe, dachte ich, Mensch, die sind toll. Könnten Sie mir vielleicht sagen, wo Sie sie herhaben? Wenn sie hier aus der Mall sind, könnte ich mir da vielleicht auch welche kaufen.“

Plötzlich änderte sich ihre gesamte Haltung. Ihre Augen begannen zu leuchten und ein breites Lächeln zog sich über ihr Gesicht. „Na klar. Der Laden ist hier in der Mall, ich arbeite selber dort.“ Dann erzählte sie mir etwas über ihre Stiefel – offenbar war sie in dem Laden Verkäuferin – und erklärte mir sogar noch den Weg dorthin. „Woher sind Sie?“, fragte sie. Als ich ihr sagte, dass ich in Florida lebe, sagte sie: „Oh, ich bin aus der Gegend von Atlanta, nicht weit weg.“

„Wow, wie kommt es, dass Sie so weit weggezogen sind, nach Las Vegas?“

Sie erzählte mir ein wenig aus ihrem Leben, dann wiederholte ich ihre Erklärung, wie ich zu dem Laden kam, um sicherzugehen, dass ich es richtig verstanden hatte. Als ich versehentlich einen Fehler machte, sagte sie: „Nein, Sie Dummerchen. Passen Sie auf, ich zeig's Ihnen." Sie nahm mich an der Hand und führte mich vielleicht 50 Meter weiter. Dann zeigte sie in einen Gang und wiederholte, wie ich weitergehen musste. Ich bedankte mich herzlich bei ihr und sagte ihr, ich würde gleich rübergehen und für meine Frau ein Paar Stiefel kaufen. Ich stellte mein Tablett auf einem Tisch ab und tat so, als würde ich mich auf den Weg machen. Nach ein paar Schritten drehte ich mich um und sagte zu ihr: „Hey, vielleicht warte ich lieber, bis Sie wieder im Dienst sind."

„Nein, nein. Sagen Sie einfach, Samantha hat Sie geschickt. Dann bekommen Sie einen Rabatt."

„Oh, das ist nett, danke", sagte ich lächelnd. „Oh, Mann, Sie haben mir das Leben gerettet." Ich warf einen Blick zu meinen Kursteilnehmern, die mir die ganze Zeit zusahen. Dann schaute ich wieder sie an. „Hey, ich heiße Chris, Chris Hadnagy. Ich würde meiner Frau gern sagen, wer mir so toll geholfen hat. Sie sagten, Sie heißen Samantha. Und wie weiter?"

„Cooper" sagte sie (Name geändert).

„Großartig", sagte ich. „Nochmals vielen Dank für Ihre Hilfe, Samantha."

Ich drehte mich um und schwelgte in meinem Sieg. Um dem Ganzen die Krone aufzusetzen, rief sie mir hinterher: „Hey, falls Sie nicht wissen, was für Stiefel Sie kaufen sollten, können Sie gern ein Foto von meinen machen und es Ihrer Frau schicken. Dann hat sie sie zumindest mal gesehen und kann Ihnen sagen, ob sie ihr gefallen. Sie sind ja nicht von hier, da wäre es dann ein ziemlicher Aufwand, sie umzutauschen, falls sie ihr nicht gefallen."

Meine Kursteilnehmer konnten nicht mithören, aber jetzt sahen sie, wie sich diese wunderschöne Frau mit ihren Stiefeln in Pose stellte, damit ich, ein ihr vollkommen fremder Mann, sie fotografieren konnte. Vollständiger Name, Heimatort, Arbeitsplatz – ich hatte alles, was ich wollte, und noch dazu ein Foto von ihren Stiefeln. Mit Ausnahme des Nachnamens hatte ich nach keiner dieser Informationen gefragt. Ich hatte unser Gespräch nur auf eine Weise gestaltet, dass sie es ganz natürlich fand, mir all das preiszugeben.

Ein magisches Lasso kann jeder gebrauchen

Ein „magisches Lasso“ in der Tasche zu haben hilft vielleicht bei einem netten kleinen Partytrick – aber kann es Ihnen auch in Ihrem täglichen Leben von Nutzen sein? Ja, kann es. Wenn Sie zum ersten Mal mit jemandem ausgehen, können Sie natürlich das 20-Fragen-Spiel spielen und ihn ganz direkt fragen: „Willst du Kinder?“; „Bist du erwerbstätig?“; „Hast du ähnliche Hobbys oder Interessen wie ich?“; „Hast du irgendwelche seltsamen Angewohnheiten oder Macken, von denen ich wissen müsste?“ und so weiter. Vielleicht sagt Ihr Date die Wahrheit, vielleicht auch nicht. Mit ziemlicher Sicherheit aber wird das Gespräch unangenehm oder peinlich. Wenn Sie aber Techniken des Herauslockens anwenden, können Sie all das in einer netten, vergnüglichen Atmosphäre in Erfahrung bringen. Nehmen wir an, Sie suchen jemanden, den Sie heiraten könnten. Er soll aber maximal ein oder zwei Kinder haben wollen. Um die Haltung Ihres Dates in dieser Frage zu erfahren, könnten Sie zum Beispiel sagen: „Meine Geschwister haben alle richtig große Familien – vier, fünf Kinder. Ich glaube, ich könnte das nicht. Das klingt mir nach ziemlich viel Stress.“ Eine solche Aussage lädt den anderen zu einer offenen Antwort ein, ohne dass Sie ihn direkt danach gefragt hätten. Natürlich sollten Sie den Satz ein wenig abändern, wenn Sie nicht tatsächlich Geschwister mit großer Familie haben, um Ihr Date nicht anzulügen. Vielleicht sagen Sie: „Als ich klein war, hatten wir Nachbarn mit vier Kindern. Ich weiß nicht, wie die Eltern das hingekriegt haben. Ich glaube, mir wäre das zu viel.“ Das Prinzip des Herauslockens funktioniert auch in beruflichen Kontexten. Nehmen wir an, Sie vertreiben Software, mit der Unternehmen einen Teil ihres Personalwesens automatisieren können.

Jetzt treffen Sie auf einer Veranstaltung potenzielle Kunden. Sie haben aber kein Interesse an kleineren Unternehmen mit weniger als 2.000 Mitarbeitern. Das könnten Sie Ihren Gesprächspartnern natürlich einfach direkt sagen und sie fragen, wie groß ihr Unternehmen ist. Bei einem größeren Unternehmen können Sie dann weiterfragen, ob Ihr Gesprächspartner Interesse hätte, Ihre Software kennenzulernen. Eine solche Frage ist nun vielleicht nicht vollkommen daneben, aber eben auch nicht besonders höflich. Wenn die Antwort nicht Ihrer Vorstellung entspricht, kann Ihre Reaktion schlechte Stimmung verbreiten, weil Sie unbewusst die Stirn runzeln oder das Gespräch zu abrupt beenden.

Eine andere Möglichkeit wäre, einfach ein Gespräch anzufangen, indem Sie den anderen fragen, in was für einem Unternehmen er arbeitet, und versuchen, einen gemeinsamen Nenner zu finden. Wenn Sie erfahren, dass Ihr Gesprächspartner in einer Versicherung arbeitet, und Sie zufällig früher einmal selbst Versicherungen verkauft haben, könnten Sie sagen: „Oh, cool. Ich weiß zwar nicht viel über Versicherungen, aber im Studium habe ich ein halbes Jahr lang selber welche verkauft. Ein hartes Geschäft. Ich weiß nicht, wie Sie das hinkriegen." Vielleicht erklärt Ihnen Ihr Gegenüber, dass es gar keine Versicherungen verkauft, sondern die IT-Abteilung leitet. „Oh", könnten Sie dann sagen, „dann müssen Sie in einem ziemlich großen Unternehmen arbeiten, wenn es eine eigene IT-Abteilung hat." Womöglich erzählt Ihnen die Person, dass das Unternehmen gerade stark wächst und bald 5.000 Mitarbeiter hat. Perfekt! Jetzt wissen Sie, das ist ein potenzieller Kunde. Sie reden also weiter, um herauszufinden, ob Ihr Gesprächspartner Ihr Produkt gebrauchen kann. Sie könnten nachfragen, ob es die Probleme kennt, die Ihre Software beheben kann, indem Sie sagen: „Bei meinem letzten Job hatten wir echt Schwierigkeiten, die Mitarbeiter bei Laune zu halten. Ich habe gehört, bei Versicherungen ist das ähnlich?" Ob Sie nun einen neuen Kunden gewinnen oder nicht – Sie haben auf jeden Fall ein angenehmes Gespräch geführt und einen freundlichen, interessierten und verbindlichen Eindruck hinterlassen.

Mit der Technik des Herauslockens gehen Sie zielstrebig in Ihr Gespräch und interagieren lässiger und geduldiger als sonst. Sie tun das aus Eigeninteresse, weil Sie wissen, dass die meisten Menschen es nicht mögen, mit direkten Fragen überfallen zu werden. Aber Sie wirken dadurch auch freundlicher. Wir alle verfolgen irgendein Ziel, wenn wir mit jemand anderem in Kontakt treten, ob es uns bewusst ist oder nicht. Vielleicht möchten Sie erfahren, wie sich der andere fühlt, ob er Sie mag oder nicht, mit wem er gesprochen hat oder ob er ein guter Partner oder ein Klotz am Bein wäre. Indem Sie die Technik des Herauslockens anwenden, haben Sie einen klaren Plan, verfolgen ihn aber nicht einfach ohne Rücksicht auf Verluste. Sie nehmen sich Zeit, mit dem anderen zu reden, ihn kennenzulernen, sich mit ihm zu verbinden und sich anzuhören, was er zu sagen hat. Ihr Kontakt findet nicht nur unter Ihren Bedingungen statt, sondern auch unter denen Ihres Gegenübers. Sie überlegen, was Sie sagen, damit der andere sich Ihnen gegenüber öffnen mag.

Meiner Erfahrung nach wissen die meisten Menschen nicht, wie sie anderen Informationen entlocken können. Wenn sie nicht gerade aggressiv Fragen stellen, um an ihre Informationen zu kommen, führen sie ungeschickte Gespräche, in denen man sofort ihren Hintergedanken erkennt, sodass sich ihr Gesprächspartner abwendet. Ich vermute, das liegt daran, dass unsere Eltern uns meist ausgefragt haben, wenn sie etwas von uns wissen wollten. Sie setzten sich nicht besonders oft mit uns hin, um zugewandt und unvoreingenommen mit uns zu reden. Deshalb haben wir nie gelernt, wie man so etwas macht. Wir sind damit aufgewachsen zu glauben, dass Menschen von Natur aus abweisend sind und man nur etwas von ihnen erfährt, wenn man sie ausquetscht. In Wahrheit geben unsere Geschäftspartner, Vorgesetzten, Kinder, Eltern, Freundinnen und Nachbarn viel bereitwilliger Auskunft, als wir meinen – unter der Voraussetzung, dass sie sich wohlfühlen. Damit sie uns mögen, müssen wir für einen Augenblick unsere eigenen Wünsche und Bedürfnisse hintanstellen. Am besten atmen wir ein paarmal tief ein und aus und versuchen zu verstehen, woher der andere kommt. Wir versuchen unser eigenes Tempo zu drosseln, damit die

Begegnung für uns wertvoller und erfüllender wird. Im Gespräch soll es um den anderen gehen, nicht um uns.

Die sieben Schritte der Technik des Herauslockens

Wenn Sie ein Gespräch führen möchten, in dem es um den anderen geht, damit Sie Informationen von ihm bekommen und er sich am Ende bereichert fühlt, gibt es eine einfache Methode. Erstens: *Überlegen Sie sich Ihr Ziel.* Welche Informationen möchten Sie im Gespräch erhalten? Je klarer Sie das Ziel vor Augen haben, umso genauer können Sie die Begegnung lenken. Aber Vorsicht: Suchen Sie sich nicht irgendein beliebiges Ziel aus. Die Informationen, die Sie haben wollen, müssen ungefähr mit dem Vorwand und dem Niveau Ihrer Beziehung zur Person Ihres Interesses übereinstimmen. Wenn wir bei einem Mitarbeiter eines Unternehmens einen Vishing-Anruf tätigen (Phishing per Telefon) und sagen, wir sind aus der IT-Abteilung und brauchen seine Sozialversicherungsnummer, wird er wahrscheinlich misstrauisch und gibt sie uns nicht. Aber wenn wir behaupten, dass wir aus der Personalabteilung sind, wird er sicher offener reagieren, da er sich vorstellen kann, dass ein Personaler seine Sozialversicherungsnummer braucht – weil er sich eben um alle möglichen Steuerbelange kümmert. Aber jemand aus der IT-Abteilung? Schon möglich, nur brauchen wir dann einen sehr guten Vorwand, um den anderen zu überzeugen.

Zweitens: *Beobachten Sie die Person Ihres Interesses* und behalten Sie dabei Ihr Ziel im Hinterkopf. Dieser Schritt ist der wichtigste. Ganz gleich, ob es sich um einen Fremden oder um eine enge Freundin handelt, beobachten Sie den anderen wenn möglich 20 oder 30 Sekunden – lang genug, um zumindest die wichtigsten Aspekte zu erkennen, und kurz genug, um nicht aufzufallen. Das kann Ihnen dabei helfen, herauszufinden, ob Sie Ihr Gegenüber zu einem günstigen Zeitpunkt erwischen. Sieht der andere aus, als hätte er es eilig? Ist er gerade mitten im Gespräch mit jemandem? Hat er Kopfhörer auf und ist in seiner eigenen Welt? Wenn die Anzeichen nicht Erfolg versprechend sind, verschieben Sie das Gespräch. Wenn Sie meinen, ein Gespräch sei jetzt möglich, achten Sie auf die Körpersprache des anderen, um daraus Hinweise abzuleiten, wie Sie ihn ansprechen können. Sieht er verwirrt aus, können Sie ihm vielleicht Ihre Hilfe anbieten. Wirkt er frustriert, können Sie ihm Ihr Mitgefühl ausdrücken. Ist er in Gesellschaft, überlegen Sie, ob sein „Stamm" Ihnen nützlich sein kann oder ob er eher ein Hinderungsgrund ist.

Wenn Sie Ihre Zielperson nicht gut genug beobachtet haben, kann es passieren, dass Ihnen der nächste Schritt misslingt: *Überlegen Sie sich eine „einladende" Frage und eine Exitstrategie.* Gehen Sie auf einen Fremden zu, dann ist Ihre Eröffnungsfrage – die ihn hoffentlich zum Gespräch „einlädt" – die wichtigste. Denn wenn es Ihnen nicht gelingt, in den ersten drei Sekunden eine Verbindung herzustellen, wird das Gespräch nicht weitergehen. Ich habe das am eigenen Leib erfahren. Einmal haben mir meine Kursteilnehmer die Aufgabe gestellt, das Prinzip des Herauslockens in einer Hotelbar zu demonstrieren. Strotzend vor Selbstbewusstsein ging ich auf einen Mann zu, der in der anliegenden Lobby saß. Ohne ihn mir vorher genau anzusehen oder mir eine Frage zu überlegen, ging ich einfach entschlossen auf ihn zu, stellte mich viel zu nah vor ihn hin und fragte laut: „Hey. Kann ich Ihnen eine Frage stellen?" Erst jetzt sah ich, dass es ein älterer Herr war, der deutlich kleiner war als ich. Mein grobes Auftreten erschreckte ihn so sehr, dass er mit dem Stuhl nach hinten kippte und krachend auf dem Boden landete. Beschämt lief ich um ihn herum und versuchte, den Stuhl an der Rückenlehne wieder aufzurichten. Der Stuhl war aber viel leichter, als ich gedacht hatte, sodass ich ihn auf ein Sofa katapultierte, auf dem der Mann Gesicht voran landete. Jetzt kam das Hotelpersonal angerannt, weil es dachte, ich würde den Mann verprügeln. Gar nicht gut. Bekam ich seinen Namen, sein Geburtsdatum und seinen Wohnort heraus? Leider nein. Ein Tipp von einem Profi, der es wissen muss: Auf keinen Fall nachmachen!

Achten Sie bei der „einladenden Frage" darauf, erst zu fragen, ob Sie sich dem anderen nähern und seinen privaten Bereich betreten dürfen. „Hallo, guten Tag", könnten Sie zum Beispiel sagen. „Hätten

Sie eventuell eine Minute Zeit für mich?" Warten Sie, bis Ihr Gegenüber seinen Schutzschild gesenkt hat. Die nächste Frage sollte dann substanzieller und gesprächsanregend sein. Der größte Fehler, den Sie machen können, ist eine geschlossene Frage, die nicht weiterführt. Wenn Sie das Gespräch mit dem Satz eröffnen: „Hey, ich suche ein gutes Restaurant hier in der Gegend. Können Sie mir etwas empfehlen?", könnte die Person Ihres Interesses antworten: „Nein, tut mir leid, ich bin nicht von hier." Oder sie sagt: „Ja, es gibt ein großartiges peruanisches Restaurant etwa einen Kilometer von hier, einfach geradeaus die Straße runter." In beiden Fällen wird es Ihnen schwerfallen, das Gespräch fortzuführen, weil Ihr Gegenüber erwartet, dass Sie sich bedanken und weitergehen. Wenn Sie es aber stattdessen mit weiteren Fragen belästigen, wird es misstrauisch.

Wichtig ist auch, dass schon Ihre Eröffnungsfrage eine Exitstrategie beinhaltet. Wenn möglich, sollten Sie eine der vier Grundfragen beantworten, die sich jeder Mensch am Anfang eines Gespräches stellt: Wie lange wird das Gespräch dauern? Sie können zum Beispiel sagen: „Hey, könnten Sie mir vielleicht kurz helfen? Es dauert nur eine Minute." Oder: „Ich bin gerade auf dem Sprung, aber ich wollte Sie kurz fragen ..." Eine solche Eröffnung signalisiert Ihrem Gegenüber, dass das Gespräch wirklich ganz kurz sein wird. Und halten Sie es dann aber bitte auch kurz. Sollten Sie mehr Zeit vom anderen beanspruchen wollen, brauchen Sie von ihm eine Einladung dazu. Denn wenn Sie die von Ihnen veranschlagte Zeit überschreiten, kann es passieren, dass er sich verprellt fühlt und Sie nicht die gewünschte Information aus ihm herauslocken können.

Nachdem Sie Ihre einladende Frage gestellt haben, können Sie *das Gespräch vorantreiben* (4. Schritt), indem Sie weitere Fragen stellen. Die meisten Menschen meinen, ein Gespräch biete vor allem *ihnen* die Gelegenheit zu sprechen. In einer Unterhaltung, in der Sie die Technik des Herauslockens anwenden, stellen Sie dagegen Fragen, um das Gespräch zu lenken und vor allem den anderen reden lassen. Ganz entscheidend dabei ist, dass Sie immer offene Fragen stellen. Sie wollen ja, dass das Gespräch lang genug dauert, um an die gewünschten Informationen zu kommen. Natürlich heißt das, dass Sie die meiste Zeit *aktiv zuhören* (5. Schritt). Den meisten Menschen fällt genau das allerdings schwer. Während ihr Gesprächspartner redet, überlegen sie, was sie selbst als Nächstes sagen wollen. Hören Sie jedoch der Person Ihres Interesses aktiv zu, dann denken Sie nicht währenddessen über die nächste Frage nach.

Um Ihre Fähigkeit zu verbessern, aktiv zuzuhören, können Sie sich die Aufgabe stellen, im Gespräch rückbezügliche Fragen zu stellen. Dazu wiederholen Sie die letzten drei oder vier Wörter, die die Person Ihres Interesses gesagt hat, und formulieren sie als Frage. Wenn Sie sich zum Beispiel über Reisen unterhalten und die Person Ihres Interesses sagt: „Ja, Peru ist das coolste Land, in dem ich je gewesen bin", dann würde Ihre rückbezügliche Frage lauten: „Wirklich? Peru ist das coolste Land, in dem Sie je gewesen sind?" Mit einer solchen Frage erreichen Sie, dass die Person Ihres Interesses weiter über das Thema spricht. Wenn Sie sich angewöhnen, in Gesprächen rückbezügliche Fragen zu stellen, können Sie sich mehr auf die Unterhaltung einlassen und aktiver zuhören. Außerdem signalisieren Sie Ihrem Gegenüber, dass Sie ihm tatsächlich Ihre Aufmerksamkeit schenken.

Wenn Sie Ihrem Gegenüber nicht richtig zuhören, werden Sie möglicherweise beim 6. Schritt Probleme bekommen: *sich an Einzelheiten erinnern*. Sie können das Gespräch noch so gut lenken und versuchen, die Person Ihres Interesses unmerklich dazu zu bringen, Ihnen die gewünschten Informationen preiszugeben – wenn Sie aber nicht auf Einzelheiten achten und sich nicht daran erinnern, können Sie all Ihre Herauslockensversuche vergessen. Ich weiß nicht, wie viele meiner Kursteilnehmer die am Anfang dieses Kapitels beschriebene Hausaufgabe gemacht und die gewünschte Information erhalten haben, aber nachher im Kurs den Gesprächsablauf nicht rekapitulieren konnten. Jetzt könnten Sie sagen, dass Sie einfach kein so gutes Gedächtnis haben und sich deshalb nicht wie ein professioneller Hacker an alle Einzelheiten erinnern können. Damit machen Sie es sich aber zu einfach. Ich hatte früher ein ganz schlechtes Gedächtnis. Durch genügend Übung erinnere ich mich jetzt jedoch nicht nur an alle Einzelheiten, die mir andere erzählen, sondern auch an zahlreiche Details rund um das Gespräch, zum Beispiel ihre Körpersprache oder ihre Kleidung. Rückwirkende Fragen zu stellen kann Ihr Gedächtnis trainieren, da Sie sich selbst dazu zwingen, Informationen zu wiederholen. Natürlich sollten Sie es dabei auch nicht übertreiben, um den anderen nicht zu langweilen oder wie ein Trottel zu wirken. Hier ein kleines Spiel für Sie, das Sie spielen können, um Ihr Gedächtnis auf das Erinnern von Einzelheiten zu trainieren:

Wenn Sie in ein Café, eine Hotellobby oder an einen anderen öffentlichen Ort kommen, suchen Sie sich eine spezielle demografische Gruppe aus, auf die Sie sich konzentrieren wollen (hellhäutige Frauen, afroamerikanische Männer, Rentner, Asiatinnen und so weiter). Sehen Sie sich das Hemd oder die Bluse der ersten Person dieser Gruppe an und merken Sie sich die Farbe. Wenn die Person zum Beispiel ein graues Hemd trägt, sagen Sie sich mehrmals „graues Hemd". Nachdem Sie den Ort verlassen haben, überlegen Sie, ob Sie sich die Farbe merken konnten. Haben Sie diese Aufgabe genügend trainiert, dann suchen Sie sich mehrere demografische Gruppen aus und versuchen Sie, sich an mehrere Details zu erinnern. Wenn Sie zum Beispiel in ein Café gehen, könnten Sie versuchen, sich die Farbe des Pullovers der ersten hellhäutigen Frau zu merken, die Farbe des Hemdes des ersten afroamerikanischen Manns und den Namen mindestens einer Person hinter dem Tresen. Wenn Sie diese Übung einen oder zwei Monate lang gemacht haben, werden Sie überrascht sein, wie sehr sich Ihr Gedächtnis verbessert hat!

Der letzte Schritt bei der Technik des Herauslockens besteht darin, *das Gespräch auf eine Weise und in einem Zeitrahmen zu beenden, dass sich Ihr Gegenüber durch die Begegnung bereichert fühlt.* In den meisten Fällen sorgt schon Ihre Einleitung dafür, dass das Gespräch nach einer bestimmten Zeit zu Ende ist („Hätten Sie eventuell eine Minute Zeit? Ich würde Sie gern etwas fragen."). Aber Vorsicht: Wenn Ihre Technik gut ist, kann es sein, dass Ihnen die Person Ihres Interesses eine längere Geschichte erzählt. Brechen Sie das Gespräch zu früh ab, weil Sie schon die gewünschte Information bekommen haben, machen Sie einen unhöflichen Eindruck und wirken, als würden Sie sich nur für Ihre eigenen Belange interessieren. Ihr Gegenüber wird das Gefühl haben, dass Sie es nicht wertschätzen, und das Gespräch in schlechter Erinnerung behalten. Seien Sie also geduldig, antworten Sie höflich und hören Sie weiter aktiv zu, selbst wenn Sie schon bekommen haben, was Sie wollten. Denn in dem Gespräch geht es nicht nur um Sie.

Wie bei den anderen Strategien aus diesem Buch wird es Ihnen auch mit dieser so gehen, dass sie sich umso natürlicher anfühlt, je länger Sie sie geübt haben. Versuchen Sie, sie jeden Tag bei Menschen aus Ihrem Umfeld anzuwenden, seien es Fremde, Freunde, Familienmitglieder oder Kolleginnen. Fangen Sie mit relativ harmlosen Informationen an, zum Beispiel dem vollständigen Namen eines anderen Stammkunden in einem Café oder dem, was Ihr Sohn in der Schule erlebt hat. Wenn Sie sich sicherer fühlen, können Sie die Technik auch nutzen, um den Menschen in Ihrem Leben etwas bedeutungsvollere Informationen zu entlocken. Was denkt Ihre bessere Hälfte *wirklich* über Ihre Beziehung? Ist Ihr Chef mit Ihren Leistungen so zufrieden, wie er vorgibt? Plant Ihr bester Kunde, seine Bestellungen im nächsten Jahr zu erhöhen oder zu verringern? Was ist auf der Party passiert, auf der Ihr Sohn am Wochenende war? All das können Sie jetzt problemlos herausfinden!

Die nächste Stufe in der Technik des Herauslockens

Wenn Sie sich in der zielgerichteten Gesprächsführung sicher fühlen, können Sie sie noch weiterentwickeln, indem Sie einige zusätzliche Techniken anwenden. Eine Technik habe ich Ihnen schon am Anfang des Kapitels dargelegt: das sogenannte „vertraute Vertrauen". Zusammen mit Robin Dreeke, dem ehemaligen Leiter der Abteilung Verhaltensanalyse beim FBI, habe ich fünf zusätzliche Techniken des Herauslockens entwickelt.

1) Machen Sie offensichtlich falsche oder unlogische Aussagen

Wenn Sie sich eine einzige Technik aus diesem Buch aussuchen wollten, rate ich Ihnen zu dieser hier. Menschen neigen von Natur aus dazu, Aussagen zu korrigieren, die ihnen falsch erscheinen, vor allem wenn sie zu dem Thema eine starke Meinung haben.[6] Stellen Sie sich vor, Sie stehen im Supermarkt und hören, wie jemand völligen Unsinn über Ihren Lieblingsverein erzählt. Dann verspüren Sie sicher einen starken Impuls, ihn zu korrigieren. Auf jeden Fall wird sich etwas in Ihnen rühren und Sie werden denken: „Der Typ hat ja wirklich überhaupt keine Ahnung, wovon er redet!" Das können Sie nutzen, wenn Sie jemandem Informationen entlocken wollen. Um herauszufinden, ob er sich für ein Thema interessiert, sagen Sie absichtlich etwas Falsches. Meist wird er sich veranlasst fühlen, Sie zu berichtigen, und Ihnen dabei eine Information geben, die Ihnen noch gefehlt hat. Das tut er selbst dann, wenn Sie ihm völlig unsinnige Aussagen vor die Füße werfen. Ein Kursteilnehmer von mir hat seinen „Opfern" immer ihr Geburtsdatum entlockt, während sie beim Essen waren. „Hey", sagte er zum Beispiel, „Sie essen Erdbeeren. Dann haben Sie bestimmt im Februar Geburtstag."

Natürlich gab es keinerlei Verbindung zwischen dem Verzehr von Erdbeeren und dem Geburtsdatum, aber trotzdem korrigierte ihn sein Gesprächspartner.

„Nein, im Juli."

„Oh, am vierten?"

„Nein, am einundzwanzigsten."

„Oh, cool", sagte er und stapfte von dannen.

2) Dem Gesprächspartner eine Bandbreite anbieten

Wenn Sie von Ihrem Gesprächspartner eine genaue Zahl wissen wollen, geben Sie ihm gegenüber eine hohe und eine niedrige Schätzung ab. Höchstwahrscheinlich wird Ihnen die Person Ihres Interesses sagen, ob die gesuchte Zahl innerhalb dieses Bereichs liegt, oder Sie wird Ihnen womöglich sogar die genaue Zahl nennen.[7] Menschen, die von Berufs wegen Autos kaufen, wenden diese Technik an, um herauszufinden, wie viel Verhandlungsspielraum es gibt. Sie sagen zum Beispiel: „Wenn ich dieses Auto kaufen wollte, um wie viel könnten Sie da mit dem Preis runtergehen? Wäre ein Rabatt zwischen 5.000 und 10.000 Dollar vom Verkaufspreis möglich?" Lässt sich der Verkäufer darauf ein, sagt er vielleicht: „Ein Rabatt läge eher im Bereich um die 4.500 Dollar." Jetzt haben Sie schon eine bessere Vorstellung davon, wie weit Sie gehen können. Hätten Sie geradeheraus zum Verkäufer gesagt: „Wenn ich das Auto kaufe, hätte ich gern einen Rabatt von 4.000 Dollar", hätte er höchstwahrscheinlich, um Sie kleinzuhalten, geantwortet, dass er keinen Rabatt gewähren kann. Aber wenn Sie ihm eine bestimmte Bandbreite anbieten, die zugleich realistisch und für Sie vorteilhaft ist, dann haben Sie einen tragfähigen Ausgangspunkt, von dem aus Sie weiterverhandeln können, beziehungsweise wissen Sie, dass der Händler Ihnen nicht so weit entgegenkommen kann, wie Sie es sich gewünscht hätten.

3) Lassen Sie Ihr Gegenüber annehmen, dass Sie etwas wissen oder jemanden kennen

Wenn Sie behaupten, etwas Bestimmtes zu wissen oder jemanden zu kennen, der darüber Bescheid weiß, fühlt sich Ihr Gegenüber im Gespräch wohler. Als ich einmal in ein Gebäude eindringen wollte, änderte ich in meinem Telefon den Namen eines Kollegen in den Namen der Vizepräsidentin des betreffenden Unternehmens. Ich bat den Kollegen, im Auto auf mich zu warten und meine Begegnung mit dem Wachmann durch die Frontscheibe des Gebäudes zu beobachten. Wenn er sah, dass ich in Streit geriet, sollte er mir diese Textnachricht schicken: „Wo zum Teufel sind Sie? Wir warten seit einer Viertelstunde auf Sie."

Durch Recherchen über das Unternehmen auf der Internetplattform Glassdoor wusste ich, dass die Vizepräsidentin einen extrem schlechten Ruf hatte. Die Mitarbeiter ließen sich darüber aus, wie hart es war, für sie zu arbeiten. Mit diesem Wissen im Hinterkopf spazierte ich frech mit einem Stapel Papier unterm Arm in die Eingangshalle. Anstatt langsamer zu werden, als ich auf die Sicherheitsschranke zukam, beschleunigte ich noch den Schritt, dass man meinen konnte, ich würde sie einfach überrennen. „Wowowow", sagte der diensthabende Wachmann. „Stopp. Sie können hier nicht einfach durchgehen."

„Warum nicht?", fragte ich. „Ich bin doch gerade erst vor ein paar Minuten rausgegangen, um meine Unterlagen zu holen. Haben Sie mich nicht gesehen?"

„Ich habe keine Ahnung, wovon Sie reden", sagte der Wachmann.

„Passen Sie auf", sagte ich. „Ich habe keine Zeit. Ich kann nichts dafür, wenn Sie bei der Arbeit einschlafen, aber ich habe in ein paar Minuten ein Meeting und war gerade nur kurz draußen, um meine Unterlagen zu holen."

Der Wachmann schüttelte den Kopf. „Ich muss Ihren Firmenausweis sehen."

Gerade als er das sagte, kam die Nachricht von meinem Kollegen. Auf meinem Telefon sah es so aus, als wäre sie von der Vizepräsidentin.

„Im Ernst?", sagte ich und zeigte ihm mein Telefon, damit er sehen konnte, von wem die Nachricht war. „Soll ich sie anrufen und ihr sagen, warum ich noch nicht oben bin?"

Er winkte ab. „Nein, in Ordnung. Gehen Sie durch."

In diesem Fall habe ich dem Wachmann eine Lüge aufgetischt und so getan, als würde ich jemanden kennen, der mir in Wirklichkeit unbekannt war. Im Alltag sollten Sie sich aber immer an die

Wahrheit halten. Lügen ist unmoralisch. Mehr noch: Was, wenn Sie erwischt werden? Als ich einmal einem Physikprofessor eine Information entlocken wollte, ging ich unter dem Vorwand zu ihm, dass mir sein letzter Aufsatz über Quantenphysik sehr gefallen habe. Ich hatte keine Ahnung von Quantenphysik (und habe sie bis heute nicht). Als er mich fragte, welche Aspekte mir besonders gefallen hätten, geriet ich ins Straucheln. Da wusste er, dass ich gelogen hatte, was ihm natürlich ganz und gar nicht gefiel. „Kommen Sie wieder, wenn Sie den Artikel gelesen haben", sagte er und ließ mich stehen. Ein herber Schlag ins Kontor.

4) Ungläubigkeit vortäuschen

Wenn Sie der Person Ihres Interesses zeigen, dass Sie nicht glauben, was sie gerade gesagt hat, wird sie sich vermutlich verteidigen und Ihnen im Zuge dessen weitere Informationen mitteilen. Aber seien Sie vorsichtig, Sie wollen ja Ihren Gesprächspartner nicht verprellen, indem Sie seine Glaubwürdigkeit infrage stellen. Wenn Sie sich mit jemandem unterhalten und er Ihnen erzählt, dass er gerade einen Roman geschrieben hat, sollten Sie nicht mit dem Satz herausplatzen: „Das gibt's ja nicht, Sie schreiben Romane?" Mildern Sie Ihre Verwunderung ab, indem Sie zum Beispiel sagen: „Wow, Sie haben ein Buch geschrieben? Wirklich?" Diese Reaktion ist nicht gleichbedeutend mit „Ich glaube Ihnen nicht", sondern besagt: „Da bin ich aber überrascht. Erzählen Sie mir bitte mehr darüber." In den meisten Fällen wird Ihnen der andere dann gern mehr dazu sagen, nicht nur zum Inhalt oder darüber, wie er das Buch geschrieben hat, sondern auch über andere, für Sie möglicherweise interessante Aspekte seines Lebens.

5) Medienberichte zitieren

Als ich ein ganzes Restaurant voller Gäste dazu brachte, mir ihre PIN-Nummern zu sagen, habe ich zu diesem Zweck einen spannenden Artikel über menschliches Verhalten zitiert. Damit habe ich die anderen Gäste angestachelt, diese Tatsache an sich selbst zu überprüfen und diese Information offenzulegen. Die zitierte Statistik hatte ich tatsächlich in der Zeitung gesehen – sie war nicht erfunden. Wenn Sie diese Technik anwenden wollen, üben Sie sie vorher für sich und suchen Sie nach Fakten, die sich im Gespräch als nützlich erweisen könnten. Je relevanter die Information ist, umso besser. Gehen Sie zum Beispiel als Repräsentant Ihres Unternehmens auf eine Konferenz zu einem bestimmten Thema, dann sollten Sie sich vorab über das Thema informieren und sich einige interessante Aspekte notieren, mit denen Sie ein Gespräch einleiten könnten.

Sprechen Sie einen Kunden im Supermarkt an. Die Herausforderung in diesem Gespräch besteht darin, mithilfe einer oder mehrerer der oben genannten Techniken herauszufinden, in welchem Monat die Person geboren wurde. Sie erhalten einen Bonuspunkt, wenn Ihnen das mit dem ersten Satz gelingt, mit dem Sie die Person ansprechen. Wenn Sie nur eine Technik nutzen wollen, machen Sie eine absichtlich falsche Aussage. Sie werden überrascht sein, wie gut es funktioniert!

Wenn Sie diese Techniken ein bisschen geübt und auch schon erste kleine Erfolge geerntet haben, werden Sie als „Herauslocker" immer sicherer. Werden Sie aber bitte nicht übermütig. Meine Kursteilnehmer vergeigen ihre Aufgaben regelmäßig, weil sie ihrer Zielperson noch mehr Informationen entlocken wollen, als sie sich anfangs vorgenommen hatten, einfach weil sie das Gefühl haben, es zu können. Je gieriger Sie werden, umso leichter kann es passieren, dass Sie über das Ziel hinausschießen und die Person Ihres Interesses merkt, dass Sie Informationen aus ihr herausquetschen wollen. Dann fühlt sie sich ausgenutzt und macht dicht. Außerdem wird sie das Gespräch als unangenehm in Erinnerung behalten, und genau das wollen wir ja unter allen Umständen vermeiden. Der Gesichtsausdruck und die Körpersprache Ihres Gegenübers können

Ihnen helfen festzustellen, wenn eine Technik gerade nicht funktioniert. Falls nötig, rudern Sie dann zurück. Nicht alle Menschen werden Ihnen die Informationen geben, die Sie haben wollen, und diejenigen, die dazu bereit sind, sind nicht jederzeit dazu bereit. Die Person Ihres Interesses kann schlechte Laune haben oder in Eile sein oder die Frage, die Sie ihr gestellt haben, zündet bei ihr nicht.

Achten Sie vor allem darauf, dass Ihre Aufmerksamkeit bei Ihrem Gegenüber bleibt und Sie ihm auf seiner Ebene begegnen. Das betrifft nicht nur, was Sie sagen, sondern auch, wie Sie es sagen. Ich weiß nicht mehr, wie ich auf diesen Rat gestoßen bin, aber ich sage meinen Kursteilnehmern immer, dass sie auf Rhythmus, Tempo, Lautstärke und Tonhöhe achten sollen, mit denen ihr Gesprächspartner redet. Wenn sich eines dieser Elemente ändert, wissen Sie, dass es Ihnen gerade nicht gelingt, sich mit ihm zu verbinden, und sein Misstrauen wächst. Außerdem können Sie sich seiner Sprechweise anhand dieser vier Aspekte angleichen, um besser miteinander auf eine Wellenlänge zu kommen. Wenn Sie jemandem begegnen und versuchen, seinen Akzent nachzuahmen, wirkt das gekünstelt oder als wollten Sie sich über ihn lustig machen. Aber Sie können sich seiner Sprechweise annähern – vor allem in Lautstärke und Tempo –, ohne Anstoß zu erregen. Wenn Sie zum Beispiel ein Gespräch mit einem Großstadtbewohner führen und nur etwas schneller und lauter sprechen, fühlt sich die Unterhaltung für ihn gleich natürlicher an. Ohne es zu bemerken, ist er ein klein wenig geneigter, sich Ihnen gegenüber zu öffnen.

Hacken Sie sich den Weg zu einer engeren Verbindung

Alkohol, heißt es, ist ein „soziales Schmiermittel". Das stimmt. Aber auch die Techniken, die ich in diesem Kapitel beschrieben habe, sind ein solches Schmiermittel. Manche Menschen haben ein „Quassel-Gen" in die Wiege gelegt bekommen. Andere müssen sich diese Gabe erst erarbeiten. Ob Lehrling oder Meister, auch Sie können die Kunst der Konversation zur Perfektion bringen und zu

Ihrem Vorteil nutzen. Dadurch können Sie nicht nur Gespräche erfolgreicher lenken, an mehr Informationen gelangen und mehr Menschen dazu bringen, sich in Ihrer Gesellschaft wohl zu fühlen, sondern auch eine engere Verbindung zu anderen herstellen – manchmal ganz unerwartet und sogar mit völlig fremden Menschen.

Erinnern Sie sich noch an die Übung, die ich Ihnen am Anfang des Kapitels erklärt habe, wo Sie einen Fremden bitten sollen, Ihnen ein Geheimnis zu erzählen, das er noch niemandem erzählt hat? Zwei junge Kursteilnehmer – ein Mann und eine Frau – haben sie in einem Hotel in Las Vegas ausprobiert, als wir mal wieder in der Stadt ein Training absolviert haben. Sie schlenderten an Wetttischen und Glücksspielautomaten vorbei, als sie einem Ehepaar um die 60 begegneten und ein Gespräch mit ihm anfingen. Schnell gelang es ihnen, eine Beziehung herzustellen, und bald plauderten die vier über ihr Leben, ihre Familie und sogar über einige Dinge, die ihnen persönlich am Herzen lagen. Nach etwa 20 Minuten angenehmer, aber wenig bemerkenswerter Unterhaltung beschloss der männliche Kursteilnehmer, dass sich die Beziehung jetzt genug gefestigt hatte, um eine beliebige Frage zu stellen und eine Antwort darauf zu bekommen. Deshalb ließ er die Katze aus dem Sack: „Ich war heute in der Stadt unterwegs, um Leute kennenzulernen und näher mit ihnen in Kontakt zu kommen", sagte er, „und ich habe festgestellt, dass man am ehesten eine Verbindung aufbauen kann, wenn man wirklich tiefgründige Fragen stellt, zum Beispiel: ‚Erzählen Sie mir etwas, was Sie noch niemandem zuvor erzählt haben.' Und? Was sagen Sie dazu?"

Das ältere Ehepaar sah sich an und den beiden stiegen Tränen in die Augen. Die Frau begann zu schluchzen.

Mein Kursteilnehmer fühlte sich schrecklich – was hatte er getan?

Der Mann sah ihn an und sagte: „Vor einem Jahr hat unser Sohn Selbstmord begangen. Es war ein ganz, ganz schlimmes Jahr für uns. Vor zwei Wochen haben wir einen Pakt geschlossen: Ich erschieße meine Frau und richte dann die Waffe auf mich selbst."

Meine Kursteilnehmer waren sprachlos.

Der Mann wischte sich mit dem Ärmel die Tränen aus den Augen, während seine Frau sich mühte, die Fassung wiederzuerlangen. „Wir hatten schon alles vorbereitet, aber im letzten Moment haben wir gemerkt, wir können das nicht. Wozu wäre das gut gewesen? Da haben wir beschlossen, unser Leben jungen Menschen zu widmen, die mit Depressionen und Selbstmordgedanken zu kämpfen haben. Wir sind nach Las Vegas gefahren, um uns noch ein letztes Mal ein bisschen Spaß zu gönnen, danach nehmen wir unsere gesamten Ersparnisse und machen uns an unsere neue Lebensaufgabe."

Meine Kursteilnehmer umarmten die beiden und plauderten, lachten und weinten noch eine halbe Stunde mit ihnen. Dann aßen sie zusammen zu Abend und tauschten ihre Nummern aus. Nachdem unser Training zu Ende war und die Teilnehmer wieder heimgefahren waren, blieben sie mit dem Ehepaar in Kontakt. Ich weiß nicht, wie die Geschichte weiterging, sicher ist jedenfalls, dass sie dank der Technik des Herauslockens einen intimen Moment geschaffen hatten und eine rührende Beziehung daraus hervorgegangen war.

Meine beiden Kursteilnehmer waren nicht einfach zu dem Ehepaar gegangen und hatten es rundheraus gebeten, ihnen etwas zu erzählen, was es noch niemandem erzählt hatte. Sie „verdienten" sich die Gelegenheit zu dieser Frage, indem sie zuvor eine Beziehung zu dem Ehepaar aufbauten. Sie gingen freundlich auf die beiden zu, zeigten ehrliches Interesse an ihrem Leben, hörten ihnen zu, stellten wohlüberlegte Anschlussfragen, achteten genau darauf, wie sie im Gesprächsverlauf reagierten, und passten ihr Verhalten daran an. Die Kursteilnehmer hatten einen klaren Plan im Hinterkopf, den sie ausführten, indem sie sorgsam überlegten, was sie sagten und wie sie es sagten. Die Technik des Herauslockens gehört eindeutig zu den Superkräften, mit denen Sie – wenn Sie sie verantwortungsbewusst anwenden – andere Menschen nicht dominieren oder herumkommandieren, um Informationen aus ihnen herauszupressen, sondern eine vielleicht oft kurze, aber doch echte Beziehung zu ihnen eingehen können, sodass sie sich Ihnen gegenüber unbefangen öffnen. Je öfter Sie diese Technik und die anderen Strategien aus diesem Buch üben, umso besser werden Sie sie beherrschen. Und alle Ihre Beziehungen werden sich ebenfalls verbessern.

Die Themen, die wir bis jetzt besprochen haben – Vorwand, Beziehung, Einflussnahme, Herauslocken –, gehören allesamt zur positiven, sozialen Seite des Social Engineering. Auch wenn böse Jungs mit ihnen viel Schaden anrichten, können wir anderen sie nutzen, um unseren Mitmenschen etwas Gutes zu tun und dabei unsere eigenen Ziele zu verfolgen. Es gibt aber auch Dinge in des Hackers Werkzeugkasten, von denen wir uns im alltäglichen Leben fernhalten sollten. Diese Werkzeuge sind extrem wirkmächtig. Man kann sie jedoch nicht anwenden, ohne dabei teilweise schwerwiegenden Schaden anzurichten. Die Rede ist von den dunklen Mächten der Manipulation. Wenn Sie selbst schon einmal so sehr unter Druck gesetzt wurden, dass Sie Ihr Geld oder einen Wertgegenstand hergaben, wissen Sie, wie schlimm Manipulation sein kann. Im nächsten Kapitel zeige ich Ihnen, wie diese Technik funktioniert – nicht, damit Sie sie anwenden, sondern um gegen Trickbetrüger, Schwindler, Spione und andere Bösewichte gewappnet zu sein. Ja, es gibt Gauner in dieser Welt. Und der beste Schutz gegen sie besteht darin, zu wissen, welche Tricks und Kniffe sie anwenden.

KAPITEL 6

BÖSEWICHTEN EINEN RIEGEL VORSCHIEBEN

Schützen Sie sich gegen vermeintliche Manipulierer, indem Sie ihre Tricks verstehen und erkennen.

Viele denken, Menschen zu hacken sei gleichbedeutend damit, sie zu „manipulieren". Dem möchte ich entschieden widersprechen. Wenn Sie die in den bisherigen Kapiteln beschriebenen Techniken nutzen, um Ihr Gegenüber zu beeinflussen, dann wird es Ihren Wünschen gern und freiwillig nachkommen – es wird sich glücklich schätzen, Ihnen zu helfen. Manipulation ist etwas anderes. Manipulation ist hinterhältig. Wenn Sie jemanden manipulieren, wenden Sie Tricks oder sogar Zwang an, damit er Ihrem Ansinnen entspricht, und fügen ihm dabei oft erheblichen Schaden zu. Mein Team wendet nur höchst selten Manipulationstechniken an und ich möchte Sie inständig bitten, sie in gar keinem Fall einzusetzen. Trotzdem ist es wichtig, sie zu kennen, damit Sie sich gegen ruchlose Manipulierer schützen können.

Vor vielen Jahren, es war nach meinem Rausschmiss vom College und noch vor meiner Zeit als Chefkoch, habe ich meine Künste als Menschenhacker eingesetzt, um einen Job zu bekommen, bei dem ich einem hauptsächlich aus Landwirten bestehenden Kundenstamm Berufsunfähigkeitsversicherungen verkaufte. Ich wusste so viel über Landwirtschaft und Landleben, wie man als 20-jähriger Surfer von der Westküste Floridas eben weiß. Über Versicherungen wusste ich sogar noch weniger. Ich bekam den Job trotzdem und wurde vom besten Verkäufer unserer Regionalfiliale in die Kunst und Wissenschaft eingewiesen, armen kleinen Bauern Berufsunfähigkeitsversicherungen anzudrehen.

Was für eine lehrreiche Zeit! Der Verkäufer – ich nenne ihn einmal Gregg – log die Landwirte schamlos an, um ihnen überteuerte Versicherungen zu verkaufen, die sie überhaupt nicht brauchten. Ein typisches Verkaufsgespräch verlief folgendermaßen: Gregg drehte einem Landwirt, der anhand des Werts seines Gehöfts und der Höhe des daraus erwirtschafteten Einkommens eine Versicherung in Höhe von 175.000 Dollar gebraucht hätte, eine Versicherung in Höhe von 1 Million Dollar an, bei der der monatliche Beitrag natürlich deutlich höher lag. Um das zu erreichen, zeichnete er ein Bild des Grauens, was passieren würde, wenn der Landwirt ohne eine solche Abdeckung bei der Arbeit verletzt würde. „Dann verlieren Sie Ihren Hof", sagte Gregg und ratterte mühelos diverse Zahlen herunter, die er sich spontan ausgedacht hatte. „Sie würden im Elend versinken. Ihre Kinder könnten nicht aufs College gehen. Ihr Leben wäre ruiniert."

Um diesem Szenario Glaubwürdigkeit zu verleihen, erfand Gregg eine angeblich wahre Geschichte über einen Landwirt in einem benachbarten County, dessen Familie mittellos geworden war, nachdem ihm ein Gerät beide Beine abgetrennt hatte. Seine Frau arbeitete jetzt für sechs Dollar die Stunde bei Walmart. Seine Kinder hatte er aus der Schule nehmen müssen; sie knechteten entweder in entwürdigenden Jobs oder waren auf Crystal Meth. Der Landwirt musste sich von seinen betagten Eltern Geld leihen, um seine monatlichen Ausgaben zu decken. Die Familie konnte sich keine Krankenversicherung leisten. Und alles nur, weil der Landwirt keine Versicherung über eine Million Dollar abgeschlossen hatte, sondern nur in einer Höhe von ein paar Zehntausend oder vielleicht maximal hunderttausend Dollar. Wenn ein Kunde einen Nachweis haben wollte, dass die Geschichte tatsächlich stimmte, verwies Gregg auf seine Schweigepflicht. „Sie haben das sicher in der Zeitung gelesen, das war vor acht oder neun Monaten", sagte er, worauf die meisten Kunden einsichtig nickten.

Wie wir gesehen haben, geht es bei der Einflussnahme darum, andere dazu zu bringen, ähnlich zu denken wie Sie, sodass die Befolgung Ihrer Wünsche zu deren Idee wird und in deren bestem Interesse liegt. Zur Manipulation dagegen gehört immer, dass Sie die Gefühle des anderen ausnutzen, um ihm gleichsam Ihren Willen aufzuzwingen, ohne Rücksicht darauf zu nehmen, wie es ihm damit geht. Wie Gregg mir beibrachte und ich unzählige Male selbst erlebt habe, ist Manipulation ebenso einfach wie effektiv – erschreckend effektiv, auch wenn sie nicht immer wie in Greggs Fall einem Betrug gleichkommt. Wenn wir Angst, Schmerz, Lust oder andere starke Gefühle empfinden, schaltet sich unser Verstand aus und jene winzige, walnussgroße graue Masse namens Amygdala übernimmt die Regie. Daniel Goleman hat dieses Vorgehen einmal „emotionale Erpressung" genannt.[1] Gregg beherrschte es perfekt und wandte es schamlos an. Er konnte seine Zielpersonen nach Belieben emotional erpressen, sodass sie in den Modus „Flucht oder Kampf" umschalteten und unbedachte, unvernünftige Entscheidungen trafen. Auch wenn es einigen wenigen Kunden gelang, sich aus der Falle zu befreien, indem sie kritisch nachfragten und Gregg am Ende hinausschmissen, machten die meisten genau das, was Gregg ihnen riet. Er verkaufte ihnen seine überteuerte Versicherung und sie bekamen eine saftige monatliche Rechnung.

Manipulierer wie Gregg sind allgegenwärtig. Wie gern würde ich glauben, dass die meisten Verkäufer, Politikerinnen, Anwälte, Journalistinnen und Kirchenvertreter ethisch handeln. Aber leider findet man überall Leute, die unsere Ängste, unseren Hass und unsere Lust schüren, um an ihr eigenes Ziel zu gelangen. Auch in Unternehmen ist Manipulation gang und gäbe, von den Casinos in Las Vegas, in denen es keine Uhren und kein natürliches Licht gibt, damit wir am Blackjack-Tisch die Zeit vergessen,[2] über Geschäfte, die verführerische Düfte verströmen, damit wir länger bleiben und mehr kaufen,[3] bis hin zu milliardenschweren Werbekampagnen, die auf die Gefühlsdrüse drücken, um uns einzuflüstern, Produkte und Dienstleistungen zu erwerben, die wir nicht brauchen. Damit ist aber noch nichts über kriminelle Manipulationen gesagt – die unzähligen Telefonanrufe, E-Mails und Textnachrichten, die uns mit gerichtlichen Schritten, dem Verlust des Arbeitsplatzes oder irgendeinem anderen Höllenszenario drohen, wenn wir nicht sofort bestimmte Informationen herausrücken, eine Strafe zahlen oder irgendetwas anderes tun. Manipulative Trickbetrüger streichen nicht nur Jahr für Jahr auf illegale Weise Milliarden Dollar ein, sondern richten bei ihren Opfern auch schweren emotionalen Schaden an. In einem besonders schlimmen Fall fiel ein Mann einer Erpressungssoftware zum Opfer, die ihn wissen ließ, er sei beim Herunterladen von Pornos erwischt worden und solle eine Strafe von 20.000 Dollar zahlen. Dass er eine so große Summe nicht zusammenbekam, brachte ihn in eine derartige Notlage, dass er erst seinen vierjährigen Sohn und dann sich selbst tötete.[4]

Als Social Engineer setze ich permanent Manipulationstechniken ein, um mich in IT-Systeme und Gebäude zu hacken, aber nur, wenn es der Kunde von mir verlangt, und nur innerhalb des von ihm vorgegebenen Rahmens. Natürlich führt das bei meinen Zielpersonen dazu, dass sie die Begegnung mit mir nicht in guter Erinnerung behalten, aber der leichte emotionale Stress dient einem guten Zweck: Das Unternehmen lernt dadurch, sich besser gegen kriminelle Hacker zu schützen. In diesem Kapitel zeige ich Ihnen, wie Sie sich selbst schützen können. Ich erläutere Ihnen die wichtigsten Arten psychischer Manipulation durch Hacker und andere Personen, die in oft krimineller Art und Weise und auf Ihre Kosten versuchen, zu bekommen, was sie wollen.

Manipulation beenden

Es gibt noch einen Grund, weshalb es gut ist, Manipulationstechniken zu kennen: damit Sie selbst vermeiden können, sie unabsichtlich anzuwenden. Nicht nur skrupellose Menschen und Unternehmen wenden diese teuflische Kunst an, um zu bekommen, was sie wollen – jeder und jede von uns nutzt sie ab und zu, oft in kleinen Alltagssituationen, oft unbemerkt und ohne groß darüber nachzudenken. Ich bin ein ziemlicher Hüne. Im Flugzeug sitze ich nur ungern am Fenster, wenn der mittlere Platz neben mir besetzt ist, weil ich mich dann eingequetscht fühle. Wenn ich früh an Bord gehe und es keine reservierten Plätze gibt, stiere ich immer bangen Blicks auf die anderen Passagiere und bete, dass sich niemand neben mich setzt. Ja, ich gebe zu, manchmal habe ich nicht nur gebetet, sondern auch meine Jacke oder eine Tasche auf den Nebensitz gelegt, damit es so aussah, als wäre er besetzt. Oder ich habe mich breitgemacht, Beine und Ellbogen ausgefahren, um allen Passagieren zu signalisieren, dass es kein Vergnügen wäre, sich neben mich in den Sitz zu quetschen. Oder ich habe mir Kopfhörer aufgesetzt und getan, als würde ich Musik hören, damit andere Fluggäste nicht auf die Idee kamen, mich zu fragen, ob der Platz neben mir noch frei sei.

Hätte ich stattdessen eine Beeinflussungstechnik anwenden wollen, damit sich meine Mitflieger woanders hinsetzen, dann hätte ich sie zum Beispiel freundlich ansprechen und bitten können, sich einen anderen Platz zu suchen. Aber nein, ich zwang sie dazu, eine auf falschen Tatsachen beruhende Entscheidung zu treffen, indem ich unangenehme Gefühle in ihnen auslöste: die Angst, „die Regeln zu brechen" oder unhöflich zu erscheinen, wo doch offenbar schon jemand anders den Platz eingenommen hatte, oder der Abscheu, neben einem großen, schwitzenden Kerl zu sitzen, der verschlossen wirkt und einem keinen Platz zum Atmen lässt. Meine Art der Manipulation war egoistisch, rücksichtslos und respektlos. Sie mag niemandem haltlosen Schaden zugefügt haben, aber ich habe damit den anderen Fluggästen das Leben ein bisschen schwerer gemacht.

Ein solches Verhalten kommt oft in Situationen vor, in denen fremde Menschen um einen Platz oder ein anderes rares Gut konkurrieren. Aber wir greifen auch immer wieder im Kleinen auf das Mittel der Manipulation zurück, gegenüber Freunden, Verwandten und anderen wichtigen Menschen in unserem Leben. Wenn Sie wollen, dass Ihr Partner dieses oder jenes tut, sagen Sie ihm das immer direkt ins Gesicht? Oder drängen Sie ihn manchmal dazu, indem Sie seine Gefühle ansprechen und ihm sagen, wie unangenehm es wäre, wenn er es nicht tut, und wie schön, wenn doch?

Einmal merkte ich schon am Nachmittag, dass ich abends gern ein Steak essen würde, aber meine Frau war damals auf einem „Fleischlos"-Trip. Wir fuhren gerade zusammen irgendwohin und ich malte ihr aus, was für köstliche Fleischgerichte es doch gab. „Weißt du noch gestern, wie lecker das am Grill gerochen hat? Oh, da läuft mir das Wasser im Mund zusammen!" Ich redete immer weiter übers Grillen und zählte einige leckere gegrillte Gerichte auf, die sie selbst gern aß. Später fragte ich sie beiläufig, was wir abends essen sollten. „Ich weiß nicht", sagte sie, „ich hätte jedenfalls Lust auf ein Steak." Und so aßen wir am Abend tatsächlich Steak – ich hatte sie so manipuliert, dass sie ihr Vorhaben, sich vegetarisch zu ernähren, über den Haufen warf. Es hatte für sie keine negativen Folgen, aber in einer anderen Situation, wenn sie zum Beispiel Herzprobleme gehabt und der Arzt ihr tierisches Eiweiß verboten hätte, wäre das durchaus möglich gewesen. Wie dem auch sei, jedenfalls habe ich mich egoistisch verhalten und ihre emotionale Verwundbarkeit ausgenutzt, damit sie meinem Ansinnen nachgab, ohne dabei an ihre Wünsche oder Bedürfnisse zu denken.

Wenn Sie ein Elternteil sind, greifen Sie vermutlich auch auf Manipulationstechniken zurück, um Ihre Kinder in den Griff zu kriegen. Wollen unsere Kinder nicht ins Bett gehen, ihre Hausaufgaben nicht machen oder die Spülmaschine nicht einräumen, könnten wir mit ihnen darüber reden und sie ermutigen, sich aus freien Stücken und bereitwillig an die Regeln zu halten. Aber das ist schwer, wenn man müde oder gestresst ist. Deshalb erinnern wir sie an alles, was wir für sie getan haben, damit sie sich dafür schuldig fühlen, dass sie uns nicht einmal einen so einfachen Wunsch erfüllen. Wir drohen ihnen mit Strafen und wecken in ihnen Angst. Wir locken sie damit, dass sie einen leckeren Nachtisch bekommen, wenn sie machen, was wir sagen. Alle diese elterlichen Standardhacks sind Formen von Manipulation, so trivial sie uns erscheinen mögen. Anstatt unsere Kinder mitfühlend zu lenken, setzen wir sie unter Druck, um uns durchzusetzen.

Auf Manipulation zu verzichten kann Ihnen helfen, Ihre Beziehungen zu verbessern. Sie müssen sich dann zwar mehr Gedanken machen und mehr Mühen auf sich nehmen, aber wenn Sie sich dafür entscheiden, die Menschen in Ihrem Leben durch Einflussnahme auf Ihre Seite zu bringen, anstatt sie zu zwingen, werden Sie selbst ein freundlicherer und einfühlsamerer Zeitgenosse. Sie hören aktiver zu, verstehen Ihre Mitmenschen besser, geben ihnen mehr von dem, was sie wollen und brauchen, und sorgen für eine engere Beziehung und Vertrauen. Wie eng ist Ihre Beziehung und wie tief Ihr Vertrauen, wenn Sie bei anstehenden gemeinsamen Entscheidungen unterschwellig den freien Willen des anderen aushöhlen? Was für eine Beziehung bauen Sie sich auf, wenn Sie Ihren Kindern Süßigkeiten versprechen, damit sie ihre Hausaufgaben machen? Ich habe jedenfalls nichts dazu beigetragen, dass eine Beziehung zu meinen Mitfliegenden entsteht, als ich mir meine

Kopfhörer aufsetzte und die Ellenbogen ausfuhr. Hätte ich ihnen stattdessen meine Situation erklärt und sie freundlich gebeten, sich woanders hinzusetzen, dann hätte ich ihnen die Möglichkeit gegeben, sich nett zu verhalten, und mir die Möglichkeit, Dankbarkeit zu empfinden und auszusprechen.

In seinem Buch *Changeable* („Veränderbar") beschreibt der Psychologe J. Stuart Ablon einen Ansatz zum Beziehungsaufbau, den er „gemeinsame Problemlösung" nennt (Collaborative Problem Solving, kurz CPS). Eltern, Lehrer und andere Menschen in Machtpositionen sollten ihr Gegenüber nicht zum Gehorsam zwingen, nur weil sie es können, sondern sie sollten versuchen, „netter" zu sein und ein empathisches Gespräch mit ihm zu führen, um zu einer gemeinsamen Lösung zu kommen. Schulen, psychiatrische Kliniken und Jugendgefängnisse hätten deutliche Verbesserungen im Verhalten der Schüler und Insassen verzeichnet, als sie ihre traditionellen Disziplinarmaßnahmen abschafften und Ablons Methode anwandten. In einer psychiatrischen Anstalt für Kinder sah sich das Personal oftmals gezwungen, die Kinder mit Körpereinsatz zu bändigen – in einem Jahr ganze 263 Mal. Ein Jahr nach Einführung der CPS-Methode waren es nur noch sieben Fälle. CPS ist nicht identisch mit den in diesem Buch beschriebenen Beeinflussungstechniken, sondern ein spezieller, strukturierter Ansatz. Aber der Erfolg dieser Methode zeigt, dass wir andere Menschen, die über weniger Macht verfügen, nicht zwingen müssen, zu tun, was wir wollen, sei es mithilfe von Manipulationstechniken oder von Disziplinarmaßnahmen. Es gibt andere Möglichkeiten, unserem Gegenüber respektvoll zu begegnen und eine starke, vertrauensvolle, empathische Beziehung zu ihm aufzubauen.[5]

Manipulationstechniken mögen im Bereich des Social Engineering sehr wirkungsvoll sein. Aber Beeinflussungstechniken sind es auch. In vielen Situationen sind sie sogar effektiver als unverhohlene Manipulation. Erinnern Sie sich noch an Gregg, den lügenden Versicherungsvertreter, bei dem ich das Metier erlernt habe? Als ich bei ihm anfing, war er der weltweit beste Verkäufer des gesamten Unternehmens. Während meines Jahres im Unternehmen stieß ich ihn vom Thron und blieb ganze sechs Monate lang an der Spitze. Obwohl ich von Gregg sehr viel gelernt hatte, entschied ich mich gleich zu Beginn für einen moralisch lauteren Ansatz. Ich war ehrlich zu den Kunden und erklärte ihnen, welche Versicherung sie tatsächlich brauchten, erzählte ihnen wahre, überprüfbare Geschichten über andere Landwirte, die bei uns eine Versicherung gekauft und uns verklagt hatten. Die Policen, die ich verkaufte, waren meist unbedeutender als Greggs, aber dafür verkaufte ich sehr viel mehr Versicherungen. Und das Beste daran: Ich konnte nachts gut schlafen, weil ich wusste, dass ich den Leuten etwas gab, was sie wirklich brauchten, und damit ihr Leben ein wenig besser machte.

Ich kann mir durchaus vorstellen, dass es in einer Extremsituation, in der es um Leben oder Tod geht, möglicherweise notwendig ist, andere zu manipulieren, damit sie schnell genau das tun, was wir von ihnen wollen. Sagen wir, ich bin entführt worden und will, dass der Geiselnehmer seine Waffe niederlegt, dann hätte ich wenig Skrupel, ihm hochgradig Angst einzuflößen, indem ich ihm von der tödlichen Präzision der Scharfschützen erzähle, die gerade mit dem Sonderkommando der Polizei anrücken. Aber abgesehen davon haben Sie viel mehr davon, wenn Sie nicht nur Ihre eigenen Ziele verfolgen, sondern dabei auch immer das Wohlergehen der anderen im Kopf haben. Nur denken Sie bitte daran, wachsam zu bleiben, wenn andere versuchen, Ihnen gegenüber Manipulationstechniken anzuwenden.

Das Empfänglichkeitsprinzip

Vielleicht glauben Sie, dass Sie eventuelle Manipulierer leicht erkennen. Jeden Tag haben Sie irgendwelche Spammails oder Betrugsversuche auf dem Handy und wissen sofort Bescheid. Auch Werbung oder durchtriebene Verkäufer können Sie nicht beeindrucken. Nichts und niemand kann Ihnen was! Nichts und niemand? Allein die Tatsache, dass Manipulation weit verbreitet ist, kann uns schon wieder unachtsam machen. Natürlich würden wir keiner Computerstimme Glauben schenken, die uns in stockendem Deutsch erklärt, dass wir ins Gefängnis kommen, wenn wir nicht diese oder jene Nummer anrufen und eine horrende Strafe zahlen. Aber Betrüger verfeinern permanent ihre Tricks und überraschen uns mit Angriffen, die immer besser durchdacht und immer glaubwürdiger sind.

2019 warnte die britische Bank Barclays vor einer Betrugsmasche, bei der die Verbrecher im Internet behaupteten, eine wunderschöne Villa zu besitzen, die sie als Urlaubsdomizil vermieteten. Sie lockten ahnungslose Kunden damit, dass sie große Rabatte auf die Vermietung gewährten. Dazu verwendeten sie Fotos, die sie von anderen Websites gestohlen hatten, sowie ein Logo des britischen Verbands der Reisebüros. Geblendet von der Vorstellung, ein unglaubliches Schnäppchen zu machen, gingen die Opfer darauf ein und überwiesen bedenkenlos Geld, um die Villa für ihren Urlaub zu reservieren. Sie verloren Tausende Pfund. Daraufhin führte Barclays unter 2.000 Kunden eine Umfrage durch und stellte fest, dass sie schockierend leicht zu täuschen waren. Die meisten gaben zu, sie würden eine solche Villa mieten, selbst wenn sie meinten, das Angebot sei „zu schön, um wahr zu sein".[6]

Bei einer anderen Betrugsmasche, die immer häufiger angewandt wird, rufen die Verbrecher irgendwelche Leute an und behaupten, sie hätten ein Familienmitglied entführt. Sie verlangen die sofortige Zahlung eines Lösegelds. Dank der Spoofing-Technologie sieht es aus, als käme der Anruf vom Handy der betreffenden Person.[7] „Im Unterschied zu einer gewöhnlichen Entführung", so das FBI, „haben virtuelle Kidnapper niemanden entführt. Sie bringen ihre Opfer durch Täuschung und Drohungen dazu, das Lösegeld zu bezahlen, bevor der Betrug auffliegt."[8] Wenn Sie nicht wüssten, dass solche Betrugsversuche existieren, und jemand Sie vom Handy Ihrer Tochter aus anruft und sagt, er werde sie töten, wenn Sie nicht innerhalb von einer Stunde 2.000 Dollar bezahlen, dann würden Sie vermutlich einen Heidenschreck bekommen und ganz schnell das Lösegeld zahlen.

Wer nicht gerade in der Sicherheitsbranche oder bei einer Strafverfolgungsbehörde arbeitet, kann natürlich nicht von jeder neuen Betrugsmasche wissen, die gerade aufgekommen ist. Aber Sie können zumindest die Wahrscheinlichkeit reduzieren, Opfer zu werden, indem Sie verstehen lernen, wie Betrüger – unabhängig von der konkreten Masche – Menschen manipulieren.

Verbrecher setzen Manipulationstechniken ein, um bei ihrem Opfer Stress, Angst oder Unbehagen auszulösen, damit es Entscheidungen trifft, die seinen eigenen Interessen zuwiderlaufen. In meinen Kursen nenne ich es das *Empfänglichkeitsprinzip*. Der Hack mit der Erpressungssoftware, der den Tod eines Mannes und seines Kindes zur Folge hatte, wandte dieses Prinzip an. Ebenso viele andere Betrugsversuche, bei denen mit schlimmen Konsequenzen gedroht wird, wenn man dem Ansinnen des Betrügers nicht Folge leistet. Bei einer besonders häufig vorkommenden Betrugsmasche, die sich gegen ältere Menschen richtet, behaupten die Hacker, sie seien von der Steuerbehörde und die Sozialversicherungsnummer des Opfers sei gesperrt worden, weshalb sie erst wieder aktiviert werden müsse, bevor weitere Zahlungen vorgenommen werden könnten. Natürlich war dafür eine Gebühr fällig. Diese Betrüger gehen sehr clever vor. Sie sprechen ihr Opfer mit Namen an und bestätigen seine Adresse und andere persönliche Informationen mithilfe von Profilen, die sie im Darknet gekauft haben. Das Opfer hört irgendwelche Hintergrundgeräusche, die klingen, als befände sich der Betrüger in einem umtriebigen Büro, und der Anruf kommt von einer per Spoofing gehackten Nummer aus Washington. Wenn ein älterer Mensch einen solchen Anruf erhält, ist er womöglich so erschrocken, dass er die Gebühr bezahlt, weil er von den monatlichen Zahlungen abhängig ist.

Sehen Sie sich eine halbe Stunde lang Werbespots an. Analysieren Sie, wie darin manipulative Techniken eingesetzt werden, um den Kunden zum Kauf zu bewegen.

Das Empfänglichkeitsprinzip kann auch über positive Gefühle funktionieren, wie wir schon bei dem Beispiel mit dem Urlaubsdomizil gesehen haben, oder wenn Eltern ihre Kinder mit Belohnungen dazu bringen, ihre Hausaufgaben zu machen, oder in all den E-Mails, Briefen und Telefonanrufen, in denen Ihnen gesagt wird, dass Sie den Hauptpreis gewonnen haben und nur auf einen Link klicken müssen, um den Gewinn zu bestätigen. Ein anderes Beispiel ist die klassische „Honigtopf-Technik", bei der ein Manipulierer bei seiner Zielperson Lust weckt, um seine eigenen Ziele zu erreichen. Fernsehwerbung benutzt diese Methode oft. Sie bringt die Zuschauer dazu, etwas zu kaufen, indem sie sie mithilfe attraktiver, freizügig gekleideter Sprecherinnen manipuliert. Wir alle kennen den Spruch „Sex sells" – Unternehmen, die Fast Food, Wellnessprodukte, Alkohol oder anspruchslose Unterhaltung feilbieten, greifen standardmäßig auf aufreizende Bilder zurück, um den Zuschauer damit zu packen.[9] Eine derartige Präsentation funktioniert offenbar sehr gut bei Produkten, die man eher impulsiv kauft und bei denen man nicht viel Geld riskiert. Bei teureren, komplexeren Produkten hat die Forschung gezeigt, dass sexuell konnotierte Werbung weniger gut funktioniert. In der Ära von „#MeToo" verliert diese Werbung aber womöglich auch ihre Wirkung bei bestimmten Produkten wie zum Beispiel Fast Food, wo sie bisher immer sehr effektiv eingesetzt werden konnte.[10]

Es gibt auch Werbung, die im Laufe eines einzigen Werbespots sowohl positive als auch negative Gefühle auslöst. Sie schauen fern, und es kommt eine Werbung, bei der ein verhungernder Hund in der Gosse liegt. Es läuft traurige Musik und eine Stimme aus dem Off sagt: „Mit nur ein paar Cent pro Tag können Sie Tieren wie diesem

Hund helfen." Dann kommt plötzlich fröhliche Musik und Sie sehen Bilder von gesunden, herumtollenden Hunden, die die Organisation dank der großzügigen Spenden von Menschen wie Ihnen retten konnte. Sie verspüren das dringende Bedürfnis, dem sterbenden Hund zu helfen, damit er ebenso gesund herumtollt, rufen die eingeblendete Nummer an und spenden. Aber genau wie Sex ist diese Taktik mittlerweile nicht mehr sehr effektiv, weil die Zuschauer inzwischen gut informiert sind und eine authentische, realitätsnahe Darstellung sehen wollen.[11] Experten zufolge können Wohltätigkeitskampagnen den Zuschauer heute besser mit Kreativität, Humor und der Betonung auf Resultate lenken – das heißt mithilfe von Beeinflussungstechniken statt emotionaler Manipulation.[12]

Vier Techniken des Empfänglichkeitsprinzips

Gewiefte Manipulierer erhöhen ihre Erfolgschancen, indem sie verschiedene Aspekte der menschlichen Psyche ansprechen. Hier zeige ich Ihnen vier Techniken des Empfänglichkeitsprinzips, die mir immer wieder begegnen und die Sie im Alltag beachten sollten:

1. Technik: Die Umgebung lenken

Wie Forscher gezeigt haben, übt unsere physische Umgebung eine starke Wirkung auf uns aus. Die Harvard-Psychologin Ellen Langer, auch die „Mutter der positiven Psychologie" genannt, gehörte zu den Ersten, die dieses Phänomen wissenschaftlich untersucht haben.[13] Sie führte 1981 ein bahnbrechendes Experiment durch, in dem sie untersuchte, ob nur Gene und Keime für den Alterungsprozess verantwortlich sind oder ob auch psychische Faktoren eine Rolle spielen. Als noch junge Wissenschaftlerin ging Langer mit acht 70-jährigen Männern in ein umgebautes Kloster in New Hampshire. Dadurch wurden diese Männer, die die üblichen Zipperlein ihrer Altersgruppe hatten, ins Jahr 1959 zurückkatapultiert, also über 20 Jahre in die Vergangenheit, als sie noch bedeutend jünger und fitter waren. Ihre Kleidung und Unterhaltungsmedien, die Gespräche über aktuelle Ereignisse und die Möbel weckten allesamt Erinnerungen an die 50er-Jahre. Die Männer sprachen im Präsens über historische Ereignisse und wurden wie Jungspunde behandelt. Sogar ihr Gepäck mussten sie selbst die Treppe hinauftragen.

Nach nur fünf Tagen verbesserten sich ihre Biomarker derart stark, dass es einer Wunderheilung glich – von der Körperhaltung über die Sehkraft bis hin zu der spontanen Idee, die Gehstöcke beiseitezulegen und eine Runde Fußball zu spielen! Nur leider war dieses heute als Klassiker geltende Experiment, das auch die „Gegen-den-Uhrzeigersinn-Studie" genannt wird, zu teuer, schwer zu wiederholen und seiner Zeit zu weit voraus, um in Akademikerkreisen oder im öffentlichen Bewusstsein Wirkung zu entfalten. Erst lange Zeit danach bekam Langer, die mittlerweile zahlreiche Studien geleitet hatte, durch eine Sendung auf *BBC* aus dem Jahr 2010 breitere Anerkennung für ihren außergewöhnlichen Beitrag zum Verständnis der Beziehung zwischen Körper und Geist.[14]

Während Langers Studie nahelegt, dass wir uns unsere Umgebung so einrichten sollten, dass sie uns und anderen etwas Gutes tut, verändern Hacker und Trickbetrüger die Umgebung, um ihre Zielperson dazu zu bringen, ihrem Ansinnen nachzukommen – oft zu deren eigenen Nachteil. Ins Extrem treiben dieses Prinzip Nachrichtendienste, deren Methoden teils an Folter grenzen, um Informationen aus Terroristen zu pressen. Nach den Terrorangriffen auf die USA vom 11. September 2001 rief die Regierung unter George W. Bush das Programm der „erweiterten Verhörtechniken" ins Leben, in dessen Rahmen Terrorverdächtige Umweltveränderungen ausgesetzt wurden: Dauergeräuschen, Waterboarding, Unterbringung in kleinen, dunklen „Haftboxen" oder Schlafentzug (durch mit Fesseln erzwungene Körperverrenkungen in schmerzhafte Positionen).[15] Derartige Misshandlungen sind umstritten – manche sagen, Folter sei barbarisch und wirkungslos, weil sie die Zielpersonen nicht dazu bringe, sensible Informationen preiszugeben, während andere darauf bestehen, dass „Folter funktioniert" und die Behörden sogar noch härtere Methoden reaktivieren sollten, um den Terrorismus zu bekämpfen.[16] Am anderen Ende des Gefühlsspektrums haben wir die Methoden, mit denen in den Casinos von Las Vegas die Umgebung beeinflusst wird. Dort werden die Gäste nicht nur ihres Zeitgefühls beraubt, sondern die lauten Geräusche und grellen Lichter der Spielautomaten bestürmen auch ihre Sinne und simulieren die Erregung, die sich beim Gewinnen einstellen soll. Der Alkohol fließt in Strömen und knapp bekleidete Hostessen tragen noch zur sinnlichen Überdosis bei, die das kritische Denken der Kunden kaltstellt, sodass sie länger und ungehemmter spielen, als es für sie sinnvoll wäre.

Einige hinterhältige Techniken, mit denen die Casinos und die Vergnügungsindustrie Sie manipulieren, um an Ihr Geld zu kommen …

- Die lauten Dauergeräusche der Spielautomaten erwecken den Eindruck, dass alle um Sie herum dicke Gewinne einfahren.
- Rotes Licht soll dazu führen, dass Sie noch mehr Geld ausgeben.
- Schummriges Licht soll Sie animieren, sich mehr auf das Spielen anstatt auf soziale Kontakte konzentrieren.
- Angenehme Gerüche, die Sie zum Spielen bringen sollen.
- Bei der Beschilderung wird das Wort „Glücksspiel" vermieden, weil es ein Stigma darstellt. Stattdessen werden „Schuldgefühle mindernde Aussagen über Freizeitvergnügen" eingesetzt, zum Beispiel „Testen Sie Ihre Fähigkeiten!"
- Die im Casino aufgestellten Geldautomaten tragen dazu bei, dass Sie länger spielen, ebenso bequeme Sitzmöglichkeiten, kostenloser Alkohol, hübsche Hostessen und nahe gelegene Toiletten.
- Die Casinos platzieren ihre Restaurants mitten in den Spielbereich, damit hungrige Gäste hindurchgehen müssen.

Quelle: Mark Griffiths und Jonathan Parke, „The Environmental Psychology of Gambling" („Die Umweltpsychologie des Glücksspiels"), in: *Gambling: Who Wins? Who Loses?* (2003), S. 277–292.

Manipulierer setzen oft die sozialen Aspekte unserer Umgebung ein, um uns zu einer Handlung zu nötigen. Warum unterwerfen sich Füxe obszönen, schmerzhaften Einführungsritualen, um einer Studentenverbindung beizutreten? Ja, sie sind oft voll wie eine Haubitze, aber sie befinden sich auch in einer Umgebung, in der ein enormer sozialer Druck herrscht. Stellen Sie sich einen Raum vor, in dem sich Dutzende Kerle ungehemmt benehmen. Laute Musik, der Alkohol fließt in Strömen, es ist keinerlei Autoritätsperson zugegen. Andere Füxe lassen das Ritual ebenfalls über sich ergehen, lassen sich schlagen und auf eine Weise körperlich missbrauchen, die ich hier nicht wiedergeben kann. Die Botschaft ist klar: Wenn du nicht mitmachst, bist du nicht nur ein Loser, sondern fliegst auch noch aus der Verbindung raus. Unter solchen Umständen ist die Vernunft ausgeschaltet und der Fux kann im Grunde gar nicht anders, als „mit dem Strom zu schwimmen“. Wenn er am nächsten Tag aufwacht und allmählich seine Übelkeit und seine Schmerzen nachlassen, denkt er vielleicht: „Wie konnte ich das tun?“ Die Antwort ist einfach. Seine Bundesbrüder haben ihn empfänglich gemacht für ihre Manipulation, indem sie sein soziales Umfeld gegen ihn einsetzten.

2. Technik: Erzwungene Neubewertung

Eine andere Technik der Empfänglichkeit heißt „erzwungene Neubewertung“. Im Gegenüber werden Zweifel über sein Wissen und seine Überzeugungen geweckt, indem es mit ihnen widersprechenden Fakten konfrontiert wird. Vielleicht haben Sie schon einmal von Gaslighting gehört. Dabei bringt man die Person seines Interesses dazu, nicht nur eine bestimmte Tatsache oder Vorstellung zu bezweifeln, sondern ihre eigene geistige Gesundheit. Das ist erzwungene Neubewertung im Extrem. Der Widerspruch führt zu einer unerträglichen Unsicherheit: Sie dachten, die Welt wäre so und so, und plötzlich stellen Sie fest, dass Ihre Grundüberzeugungen falsch sind. Diese Unsicherheit wiederum führt zu Angst oder gar Panik, wodurch Sie sich auf eine Weise verhalten, die Ihren eigenen Interessen zuwiderläuft.

Forschungen haben gezeigt, dass uns die Vorstellung einer unsicheren Zukunft mehr stresst als das Wissen, dass uns etwas Schlimmes bevorsteht. 1994 entwickelte eine Gruppe kanadischer Wissenschaftler die Unsicherheitsintoleranz-Skala (UIS). Ihnen zufolge stellt die Unfähigkeit, mit Angst umzugehen, eine „kognitive Verwundbarkeit" dar, die negative Folgen wie Angst oder Essstörungen haben kann.[17] Aber 2016 veröffentlichten Wissenschaftler die Ergebnisse eines „der intelligentesten Experimente, die es je zur Beziehung zwischen Unsicherheit und Stress gab", wie ein Journalist sagte.[18] Viele Gamer fänden es gut, wenn Videospiele mehr mit dem Leben und ihren eigenen Erfahrungen zu tun hätten. Das Experiment hatte nun sehr viel mit ihrem Leben zu tun: Die Forscher ließen die Teilnehmer ihrer Studie ein Videospiel spielen, in dem sie über Felsen springen mussten. Unter einigen Felsen lauerte eine Schlange – und immer wenn das der Fall war, verpassten die Forscher dem Teilnehmer einen starken Stromschlag.

Anschließend verglichen die Forscher das Auftreten eines Risikos (oder wie es in der Studie heißt: „einer nicht reduzierbaren Unsicherheit") mit der Selbstbeurteilung der Teilnehmer bezüglich Stress sowie physiologischen Indikatoren wie Pupillenerweiterung oder Schweißbildung.[19] Sie haben es vermutlich schon geahnt: Stress und Unsicherheit standen miteinander in Beziehung. Den Höchststand erreichte das Stresslevel, wenn die Unsicherheit über einen möglichen Stromschlag bei 50 Prozent lag, das heißt, wenn größtmögliche Unsicherheit bestand.[20] Der Teil des Gehirns, der für die Ausschüttung von Dopamin zuständig ist, geht somit in höchste Alarmbereitschaft, wenn wir den Ausgang eines Ereignisses nicht vorhersagen können.[21]

Wir brauchen keine Statistiker oder Hirnforscher, um zu wissen, dass Unsicherheit Stress verursacht – wir alle haben es schon selbst erlebt. Haben Sie schon einmal in der Schule eine Arbeit geschrieben, ohne gut vorbereitet zu sein? Wenn Sie wissen, dass Sie mit Sicherheit ein „ausreichend" bekommen werden, machen Sie sich sicher keine Sorgen mehr – oder zumindest weniger Sorgen – und konzentrieren sich stattdessen darauf, mit der Situation umzugehen, indem Sie sich zum Beispiel Hilfe holen oder sich überlegen, wie Sie es Ihren Eltern beibringen könnten. Aber bevor Sie wissen, welche Note Sie bekommen, haben Sie Angst und spielen im Kopf die Szene durch, wie Sie triumphierend am Esstisch sitzen und Ihren Eltern sagen, dass Sie eine 2+ geschrieben haben, oder wie Sie in Ihrem Sitz versinken und Ihren enttäuschten Eltern sagen müssen, dass Sie durchgefallen sind.[22]

Wenn Sie ein gewiefter Manipulierer auffordert, Ihre eigenen Überzeugungen infrage zu stellen (erzwungene Neubewertung), kann die daraus resultierende Unsicherheit so stark sein, dass Sie seinem Ansinnen entsprechen, obwohl sie es normalerweise niemals tun würden – einfach nur, um Ihre Angst zu beruhigen. Nehmen wir an, es ist ein Dienstagabend im Oktober und Sie denken, Ihre Tochter befindet sich sicher in ihrem Studentenwohnheim. Dann kriegen Sie einen Anruf, dass sie gekidnappt worden sei und die Verbrecher sie vergewaltigen und töten werden, wenn Sie nicht in den nächsten zehn Minuten 2.000 Dollar in Form von Geschenkgutscheinen bei Apple zahlen. Das Bild von Ihrer gemarterten Tochter kann schreckliche Angst in Ihnen auslösen, ebenso der Schock, dass sie nicht in Sicherheit in ihrem Studentenwohnheim ist, sondern an irgendeinem unbekannten, unsicheren Ort. Diese Enthüllung zwingt Sie dazu, alles, was Sie über Ihre Tochter, ihre Lebensumstände, ja vielleicht sogar das Leben selbst zu wissen dachten, neu bewerten müssen. Vielleicht vermuten Sie, dass der Anrufer Sie nur täuschen will, aber in diesem Augenblick ist die Unsicherheit so groß, dass Sie gar nicht mehr wissen, was Sie glauben sollen. Und um kein Risiko einzugehen, zahlen Sie.

Auch gegenüber Unternehmen wird die Methode der erzwungenen Neubewertung angewandt. Stellen Sie sich vor, Sie arbeiten in der IT-Abteilung eines Unternehmens, das strenge Regeln zur Informationsweitergabe hat. Wenn Sie nun jemand anruft und sagt, dass der Geschäftsführer von Ihnen verlangt, Informationen preiszugeben, weil es in den letzten zwei Tagen 200 Sicherheitsverletzungen gegeben hat und Köpfe rollen werden, dann geben Sie die Informationen womöglich heraus, weil Sie denken, niemand werde von Ihnen verlangen, sich in einer so kritischen Situation an die Unternehmenspolitik zur Herausgabe von Informationen zu halten. Aber der Widerspruch beunruhigt Sie – wieder wissen Sie nicht, was Sie glauben sollen. Also geben Sie Ihrer Angst nach und machen eine Ausnahme, um nicht den Zorn des Geschäftsführers auf sich zu ziehen.

Manchmal wenden auch die Unternehmen selbst die Methode an, um ihre Mitarbeiter anzustacheln, härter zur arbeiten. Anstatt einfach Leute zu entlassen, kündigen Unternehmen Monate im Voraus an, dass eine bestimmte Zahl von Mitarbeitern entlassen wird, allerdings ohne Namen zu nennen. Sie können sich ausmalen, welche Auswirkungen eine solche Ankündigung auf die Mitarbeiter hat. Bevor die Hiobsbotschaft kam, dachten sie vielleicht, es gehe dem Unternehmen gut und ihre Stelle sei sicher. Dann hören sie, dass es dem Unternehmen gar nicht gut geht und es Entlassungen geben wird. Selbst wenn sie gute Leistungen erbracht haben, ist in ihrem Kopf damit ein Zweifel gesät. Eine Annahme über das Unternehmen, die für sie wichtig war, stellt sich als falsch heraus. Was könnte sich ebenfalls als falsch herausstellen? Die eigene Angst wird größer und die Mitarbeiter strengen sich mehr an, um später nicht zu den Entlassenen zu gehören – was womöglich genau das Ziel des Unternehmens war.

3. Technik: Entmachtung

Eine dritte, extrem effektive Technik der Empfänglichkeit besteht darin, jemand anderem seine Macht zu nehmen. Wir alle wollen das Gefühl haben, unser Leben unter Kontrolle zu haben. Auf einer ganz tiefen und grundlegenden Ebene setzen wir Menschen Kontrolle mit Macht und Macht mit Überleben gleich.[23] Und Kontrolle heißt vor allem, die Wahl zu haben. Menschen und Tiere finden es wichtig, die Wahl zu haben, selbst wenn sich das Ergebnis dadurch nicht unbedingt verbessert.[24] In einer Forschungsstudie mit dem passenden Titel „Geboren, um die Wahl zu haben“ heißt es dazu: „An die eigene Fähigkeit zu glauben, die Kontrolle über die Umgebung zu haben und die gewünschten Ergebnisse zu erzielen, ist zentral für das eigene Wohlbefinden.”[25] Erfolgreiche Unternehmen wissen das. Sie gestatten ihren Mitarbeitern weitgehende Autonomie, wodurch sich deren Produktivität, Zufriedenheit und Leistung erhöht.[26] Professor Ranjay Gulati von der Harvard Business School sagt dazu: „Führungspersönlichkeiten wissen, dass sie ihren Mitarbeitern Raum lassen müssen, damit sie ihr Bestes geben, unkonventionelle Ideen entwickeln und spontan kluge Entscheidungen treffen können. Das wurde schon so oft wiederholt, dass es fast zum Klischee geworden ist.“ Insbesondere haben jahrzehntelange Forschungen gezeigt, dass Mitarbeiter „bei dem, was sie bei der Arbeit tun, eine Wahl und eine Stimme haben wollen. Das kann zu größerem Engagement und besseren Leistungen führen.“[27]

Wenn Ihnen jemand das nicht selten illusorische Gefühl der Wahl und damit der Kontrolle nimmt, können Angst und Not Sie übermannen, sodass Sie Entscheidungen treffen, die Sie sonst nicht treffen würden. Bleibt Ihr Kontrollverlust dauerhaft bestehen, dann geben Sie womöglich einfach aus Gewohnheit nach. Das Ergebnis nennen Martin Seligman und sein Kollege Steven F. Maier „erlernte Hilflosigkeit“.[28] Mitte der 1960er-Jahre untersuchte Seligman als Doktorand an der Universität Pennsylvania, wie Hunde lernen. Seligman und sein Team versetzten den Tieren Stromschläge. Die Hunde reagierten entweder, indem sie den Schmerz aushielten, oder indem sie flohen, wozu sie über ein Hindernis springen mussten. Nach mehrmaligen Stromschlägen hörten manche Hunde auf zu fliehen und ergaben sich entmutigt der Tortur. Dann änderten die Forscher das Experiment, indem sie den Hunden andere Fluchtwege anboten, aber das Ergebnis blieb dasselbe. Ein großer Teil der Tiere versuchte nicht mehr zu fliehen. Seligman war kein Monster: Er wollte Menschen und Hunden helfen, ihre erlernte Hilflosigkeit durch erlernten Optimismus wieder abzulegen, und widmete seine weitere beachtliche Karriere diesem Ziel.

4. Technik: Bestrafung

Manchmal bestrafen Manipulierer andere oder drohen ihnen Strafe an, um starke Gefühle in ihnen zu wecken, vor allem Angst oder gar Panik, und sich die Zielpersonen dadurch gefügig zu machen. Das einfachste Beispiel dafür ist Folter. Studien haben gezeigt, dass Folter erstaunlich effektiv ist, um Geständnisse zu erzwingen, allerdings kein geeignetes Mittel, um an wahre Informationen zu kommen. „Wir wissen seit 400 Jahren, dass Folter nicht funktioniert", heißt es in einem Artikel in *Scientific American.* Er zitiert Inquisitoren aus der Zeit des europäischen Hexenwahns und zeigt, was wir alle intuitiv wissen: Menschen geben unter Folter so ziemlich alles zu, damit die Schmerzen aufhören.[29] Trotzdem ist der Glaube an die magische Wirkung geschickt angewandter Folter nicht auszurotten. In der erfolgreichen Fernsehserie *24* spielt Kiefer Sutherland den knallharten Vernehmungsbeamten Jack Bauer, dem jedes Mittel recht ist, um Terroristen Informationen zu entlocken und damit große Städte vor Elend und Vernichtung zu bewahren. „Das ist eine Hollywood-Fantasie", schließt der Artikel in *Scientific American.* „In Wirklichkeit kann der oder die Gefangene ein Terrorist sein oder auch nicht, kann konkrete Angaben zu einem Terrorangriff machen oder auch nicht, nützliche Informationen preisgeben oder auch nicht, vor allem wenn seine Motivation darin liegt, die Folter zu beenden."[30]

Verbrecher wenden die Bestrafungstechnik weniger extrem, aber dennoch wirkungsvoll an, sei es durch Erpressungssoftware, mit der sie Ihren Computer sperren, um Geld zu erpressen, oder einen jener unzähligen Tricks, bei denen sie behaupten, Sie hätten ein Verbrechen begangen, und mit Gefängnis drohen, sollten Sie sich weigern, eine Strafe zu zahlen. Genau eine solche Drohung brachte den schon erwähnten Rumänen dazu, sich und sein Kind zu töten.

Die angedrohte Strafe muss nicht besonders hoch oder schlimm sein, um eine Antwort zu provozieren. Erinnern Sie sich an die Bank, die uns bat, ihren Mitarbeitern mithilfe von Manipulationstechniken sensible Kontodaten zu entlocken? Es gelang uns, indem eine Frau aus unserem Team den für Kontodaten verantwortlichen Spezialisten in der Bank anrief und sich als Assistentin eines Kunden ausgab. Sie erklärte ihm, dass bei ihrer Chefin gerade die Wehen eingesetzt hätten, sie aber ganz dringend die Kontodaten bräuchte, um eine wichtige Angelegenheit abzuschließen. Der Spezialist stellte die üblichen Verifizierungsfragen, um die Identität ihrer Chefin festzustellen, aber nach jeder Frage kam eine neue Wehe, sodass er nur ihr Stöhnen und Klagen hörte.

Der Mann hatte zwar Verständnis für ihre Lage, sagte aber, er könne die Daten nicht einfach so herausgeben. Am Ende, nach etwa 25 Minuten Beziehungsaufbau, ließen wir die „Chefin" erst vorgeben, extreme Wehen zu haben, und dann ihre Assistentin anschreien: „Sie legen auf keinen Fall auf, bevor Sie nicht die Kontodaten haben. Sonst können keine Gehälter ausgezahlt werden!" Die Assistentin verfiel in Panik und flehte den Banker ein letztes Mal an, ihr doch bitte die Kontodaten zu sagen, die sie wirklich dringend brauche. Endlich gab der Mann nach. Er hatte offenbar Mitgefühl mit der Chefin und ihrer überforderten Assistentin. Die „Strafe", die wir ihm implizit androhten, war das Schuldgefühl, das er haben würde, wenn er auflegte, ohne den beiden zu helfen, wo sie doch so offensichtlich in Not waren. Indem wir seine Angst befeuerten, sich schuldig zu fühlen und der seelischen Belastung nicht standzuhalten, bekamen wir, was wir wollten.

Die vier oben beschriebenen Techniken gehen oft Hand in Hand. Nicht selten sieht man sogar Manipulationsversuche, bei denen alle vier in unterschiedlichem Maße angewandt werden. Stellen Sie sich vor, ein Unternehmen kündigt bevorstehende Entlassungen an. Die Mitarbeiter werden nicht nur, wie oben gesagt, durch erzwungene Neubewertung angestachelt, sich mehr anzustrengen, sondern die implizit angedrohte „Strafe" – Jobverlust und Arbeitslosigkeit – manipuliert sie ebenfalls in diese Richtung. Auch spielt die Machtlosigkeit eine Rolle, die durch die Unsicherheit über die eigene berufliche Zukunft entsteht: Irgendein hoher Vorgesetzter ganz oben in der Vorstandsetage hat eine Entscheidung getroffen, die ihr Leben komplett auf den Kopf stellen kann. Zudem können sich Aspekte der Arbeitsumgebung ändern, die in ihnen Ängste auslösen und sie dazu bringen, noch härter zu arbeiten. Oder ihr Unternehmen könnte im Zuge der bevorstehenden Kündigungen auch Abstand von luxuriösen Büroausstattungen und Reisen nehmen. Plötzlich haben alle ihre eigenen Butterbrote zum Mittagessen dabei und bleiben bis spät abends im Büro, um nicht zu denen zu gehören, die ihre Stelle verlieren. Wenn Sie nun jeden Tag an Ihrem Schreibtisch sitzen und all das sehen, können Sie sich leicht vorstellen, dass Sie der herrschenden Angst nachgeben und selbst bis in den späten Abend arbeiten.

Überlegen Sie sich ein Anliegen, das Sie in den nächsten Tagen oder Wochen gegenüber jemandem vorbringen müssen. Nehmen Sie sich ein Blatt Papier und ziehen Sie in der Mitte von oben nach unten eine Linie. Auf der einen Seite schreiben Sie sich einige Ideen auf, wie Sie Beeinflussungstechniken einsetzen können, um Ihre Ziele zu erreichen. Auf der anderen Seite notieren Sie sich die oben beschriebenen Techniken der Empfänglichkeit und überlegen, wie Sie sie anwenden könnten. Verpflichten Sie sich selbst, den lauteren Weg der Einflussnahme zu gehen. Wenn Sie Kinder haben, die ihre Hausaufgaben nicht machen wollen: Welche Manipulationstechniken wenden Sie üblicherweise an und wie können Sie sie vermeiden und trotzdem erreichen, was Sie wollen?

Mein Transformationsmoment

Vor vielen Jahren, ich hatte gerade als professioneller Menschenhacker angefangen, heuerte mich ein großes Unternehmen an, um mit allen Mitteln, die uns zur Verfügung standen, auf seine Sicherheitssysteme zu feuern – Phishing, Vishing, physisches Eindringen in die Gebäude und so weiter. Gesagt, getan. Das Unternehmen erwies sich als so gut gesichert, dass wir es nicht knacken konnten. Ich war mit meinem Latein am Ende. An dieser Stelle hätte ich aufhören und die Segel streichen müssen. Doch stattdessen ließ ich mich von meinem Stolz übermannen und heckte einen Plan aus, um durch Manipulation ans Ziel zu gelangen.

Ich saß mit einer Kollegin im Atrium der Cafeteria des Unternehmens, einem ungesicherten, leicht zugänglichen Außenbereich. Wir gaben uns als Mitarbeiter der Personalabteilung aus. Unser Vorwand bestand darin, dass wir die anderen Mitarbeiter baten, Formulare mit Fragen zu ihrer Krankenversicherung auszufüllen. Darin ging es um Informationen, die wir insgeheim abgreifen wollten – den vollständigen Namen, Geburtsdatum und Nummer des Unternehmensausweises. Damit konnten wir das Computersystem des Unternehmens überlisten.

Entsprechend unserem vorher ausgeklügelten Plan erklärte mir meine Kollegin, sie habe eine Deadline verpasst, die ich ihr gestellt hatte. Ich stand auf, stieß ihren Stapel mit den Formularen vom Tisch und herrschte sie an, wie sie unser Projekt hatte vergeigen können. „Wie kann man nur so dämlich sein!“, rief ich. „Kein Wunder, dass dich keiner lange haben will. Wenn du das nicht bis heute Abend in Ordnung bringst, bist du gefeuert.“ Ich stürmte hinaus und zwei Männer, die nahebei gesessen und alles mitgehört hatten, liefen mir hinterher, um mich, wie ich vermutete, zu verprügeln.

Ich tat, als würde ich sie nicht sehen, und meine Kollegin hielt sie zurück, um mich zu verteidigen. „Nein, nein“, sagte sie, „bitte, Leute, lasst es gut sein. Er ist gerade wahnsinnig unter Druck, weil es mit seiner Frau nicht gut läuft. Ich hätte das Projekt abschließen müssen, es ist mein Fehler. Er hat völlig recht, wenn er mich anschreit.“ Ihre Stimme brach und ihr kamen die Tränen. Mit hängenden Schultern mimte sie das Stockholm-Syndrom.

„Keiner hat das Recht, Sie anzuschreien“, sagte einer der Männer. „Keiner darf Sie so behandeln.“

Ein offenbar leitender Angestellter, der in der Nähe gestanden hatte, kam hinzu und fragte, was passiert sei.

„Ihr Chef hat sie angeschrien“, sagte einer der barmherzigen Samariter. „Er will sie rausschmeißen.“

„Hier wird keiner rausgeschmissen“, sagte der andere. Er nahm die Formulare und forderte von der gesamten Belegschaft, die sich in der Cafeteria befand, sie auszufüllen. Binnen zehn Minuten hatten wir 70 ausgefüllte Formulare und genügend Informationen, um das Computersystem zu knacken.

Sieg auf ganzer Linie – oder etwa nicht? Nein, ganz und gar nicht. Wir hatten uns unseren Weg mittels Manipulation gebahnt. Die Mitarbeiter halfen uns nicht, weil sie es wollten, sondern weil wir negative Gefühle in ihnen geweckt hatten. Durch die Technik der Strafe hatten wir unsere Zielpersonen mit der psychisch belastenden Aussicht bedroht, dass jemand anders erniedrigt und gefeuert wird. In gewissem Maße setzten wir auch die Technik der erzwungenen Neubewertung ein sowie eine Interaktion zwischen Chef und Mitarbeiterin, die den Normen professionellen Verhaltens widersprach. Was wir taten, widerte die Menschen an, die es miterlebten. Sie hatten Mitleid mit meiner Kollegin und waren wütend auf mich. Uns zu begegnen war für sie keine Bereicherung. Im Gegenteil. Insofern war es auch kein Zufall, dass uns das Unternehmen kein zweites Mal engagierte.

Was wir hätten tun sollen, nachdem wir festgestellt hatten, dass wir mit unseren üblichen Methoden nicht weiterkamen? Wir hätten die Arbeit abbrechen und dem Unternehmen zu seinem effektiven Sicherheitssystem gratulieren müssen. Anschließend hätten wir vorschlagen können, manipulative Techniken einzusetzen, damit es auch vor den skrupellosesten Intriganten geschützt war, und um dessen Einwilligung bitten müssen. Dann – und erst dann – hätte ich reinen Gewissens diese Techniken einsetzen dürfen.

Dieser Einsatz, den ich ganz am Anfang meiner Karriere gemacht habe, stellte ein moralisches Vergehen dar, das ich bis heute zutiefst bedauere. Ich muss aber auch sagen, dass es zum Glück ein Wendepunkt für mich war. Bis dahin hatte ich immer versucht, den Schaden für andere so gering wie möglich zu halten und möglichst das Richtige zu tun, mir aber wenig Gedanken über ethische Standards gemacht. Ich hatte mich nicht gefragt, welche Art von Hacking ich betreiben wollte, was genau mein Ziel war. Ging es mir nur ums Geld? Oder wollte ich mit meiner Arbeit auch etwas Gutes tun und anderen Menschen helfen? Wenn ich mich nur für das Geld interessierte, waren Attacken wie diese wohl okay. Denn so schlimm war der Schaden, den ich angerichtet hatte, auch wieder nicht. Wenn ich aber etwas Gutes tun wollte, musste ich bis auf wenige Ausnahmen auf solche Methoden verzichten, selbst wenn ich wusste, dass sie funktionierten.

Nach dieser Geschichte dachte ich viel über meine Grundüberzeugungen und auch über meine Kinder nach. Ich stellte mir vor, sie würden eines Tages in meinem Unternehmen arbeiten. Dann würde ich auf keinen Fall wollen, dass ihre tägliche Arbeit darin bestand, andere Menschen zu manipulieren, und schon gar nicht, dass sie ein solches Verhalten für sich normal fanden. Aber selbst wenn sie nicht für mich arbeiten würden, war ich mir nicht sicher, was für ein Vorbild ich für sie wäre, wenn ich andere Menschen so schäbig behandelte. Diese Überlegungen brachten mir endlich die gewünschte Klarheit. Jetzt wusste ich, ich wollte Gutes tun. Ich begriff, wie schlecht es sich anfühlte, durch Manipulation an sein Ziel zu kommen, und wollte es fortan so gut ich konnte vermeiden.

Infolgedessen krempelte ich das gesamte Unternehmen um – die Art und Weise, wie wir unsere Arbeit machten, unser Team ausbildeten, mit den Kunden umgingen. Robin Dreekes Mantra „Dein Gegenüber muss die Begegnung mit dir als Bereicherung empfinden“ wurde zum Leitbild unseres Unternehmens. Auch privat legte ich mein Augenmerk auf ethisches Verhalten, achtete auf Momente, wo ich unabsichtlich Manipulation einsetzte, und versuchte es fortan anders zu machen. Ich bin sicher nicht perfekt, aber ich würde doch sagen, dass ich ein besserer Mensch geworden bin.

Meine Beziehungen haben sich verbessert und ich bin glücklicher als früher. Sie können auf der richtigen Seite stehen und sich gleichzeitig gegen Manipulation wappnen. Sie werden sehen, es fühlt sich gut an, Sie fühlen sich sicherer – und Sie bekommen noch dazu eher von anderen, was Sie wollen.

Um diesen Aspekt auszuweiten – ohne Manipulation zu bekommen, was Sie wollen –, möchte ich Ihnen gern einige weitere Techniken vorstellen, durch die Ihre Beeinflussungstechniken noch effektiver werden. Ich werde später ausführlicher erläutern, wie Sie Ihre sozialen Interaktionen im Detail gestalten können, um authentisch und natürlich zu wirken. Zuvor möchte ich aber gern mit Ihnen erörtern, wie Sie Ihre Interaktionen durch grundlegendes Wissen über Körpersprache erheblich verbessern können. Verbrecher und professionelle Hacker können Ihre Körpersprache schnell und präzise interpretieren, um auf Ihren seelischen Zustand zu schließen. Und sie können ihre eigene Körpersprache einsetzen, um bestimmte Gefühle in Ihnen zu wecken. Wenn Sie Ihr Sensorium für Körpersprache erweitern, erkennen Sie somit besser, wie es Ihrem Gegenüber gerade geht, und sind sich Ihrer eigenen Ausstrahlung bewusst – Fähigkeiten, die Ihnen helfen können, Beziehungen aufzubauen und andere Menschen dazu zu bringen, Ihren Anliegen und Wünschen nachzukommen.

KAPITEL 7

LASS DEINEN KÖRPER FÜR DICH SPRECHEN

Verbessern Sie Ihre Beziehungen, indem Sie mehr als nur Worte einsetzen.

Professionelle Menschenhacker sind Meister in nonverbaler Kommunikation. Sie können Handbewegungen, Gesichtsausdrücke und vieles mehr deuten. Das sollten Sie auch können, denn wie Psychologen herausgefunden haben, kommunizieren wir *hauptsächlich* nonverbal. In diesem Kapitel stelle ich Ihnen grundlegendes Wissen über nonverbale Kommunikation vor, das auf den Forschungen von Paul Ekman, einem bekannten Experten für Körpersprache, und meiner eigenen Arbeit in diesem Bereich beruht.

Vor einigen Jahren wurde ich beauftragt, in ein hoch gesichertes Bürogebäude einzudringen, das einem für die Regierung arbeitenden Unternehmen gehörte. Um sich vor Malware zu schützen, hatte es seinen Mitarbeitern streng verboten, fremde USB-Sticks in die firmeneigenen Computer zu stecken. Auf jedem Computer klebte ein kleiner Sticker mit der Aufschrift „Keine fremden USBs!“. Ich sollte nun versuchen, die Person am Empfangstresen dazu zu bringen, einen USB-Stick mit einem schädlichen Code an ihren Computer anzuschließen, worauf dieser mit einem unserer Computer kommunizieren würde (eine sogenannte „Reverse-Shell“).

Ich bog auf den Parkplatz ein, stieg aus dem Wagen und nahm einen Ordner mit Kopien gefälschter Lebensläufe heraus, über den ich absichtlich meinen Kaffeebecher ausgeschüttet hatte. Mit dem besudelten Ordner in der Hand betrat ich das Gebäude. „Hi, wie kann ich Ihnen helfen?“, fragte die Empfangsdame lächelnd. Ich lächelte nicht. Auf meinem Gesicht lag ein Ausdruck von Niedergeschlagenheit, Stress und Gereiztheit. „Oh, nein!“, sagte sie, als sie meine Miene sah. „Was ist passiert?“

Ich überflog die Fotos auf ihrem Schreibtisch, ihre Kinder, ihr Mann, ein Labrador. „Tja“, sagte ich, „ich bin hier, weil ich in zehn Minuten ein Bewerbungsgespräch habe. Ich würde die Stelle wirklich sehr gern haben. Aber dann läuft mir ein Hund vors Auto und weil ich Hunde mag, wollte ich ihn auf keinen Fall überfahren. Ich trete auf die Bremse und der Kaffeebecher fällt aus dem Halter und ergießt sich über meine ganzen Bewerbungsunterlagen. Und in zehn Minuten ist mein Termin."

„Oh, wie ärgerlich", sagte sie. „Kann ich vielleicht irgendetwas für Sie tun?"

„Keine Ahnung", sagte ich. „Ich bin seit einem halben Jahr arbeitslos, ich brauche dringend diesen Job. Ich jage von einem Bewerbungsgespräch zum nächsten, aber irgendwie habe ich momentan kein Glück. Die Welt ist irgendwie gegen mich."

„Ein paar Häuser weiter ist ein Copyshop. Vielleicht können Sie dort Ihren Lebenslauf schnell noch mal ausdrucken."

Ich schüttelte den Kopf. „Das schaffe ich nicht. Es hieß, ich soll unbedingt pünktlich sein und alle Unterlagen dabeihaben. Da waren sie sehr strikt. Ich will auf keinen Fall einen schlechten Eindruck machen, indem ich zu spät komme."

Sie nickte. „Ja, da haben Sie recht."

Ich nahm den USB-Stick aus meiner Tasche. „Vielleicht könnten Sie mir helfen und mir meinen Lebenslauf ausdrucken? Ich habe ihn hier auf dem USB-Stick. Das wäre meine Rettung."

Ich gab ihr den Stick, und an der Art, wie sie ihn entgegennahm, sah ich, dass sie überlegte, ob sie wirklich die Unternehmensregeln brechen sollte. Da zog ich, noch bevor eine peinliche Pause entstehen konnte, die Augenbrauen zusammen und die Mundwinkel nach unten – ein Gesichtsausdruck, der Niedergeschlagenheit signalisiert. Ich hoffte, damit den entscheidenden Funken Mitgefühl in ihr zu entzünden. Tatsächlich beugte sie sich vor, um den USB-Stick anzuschließen. Sie sah den Aufkleber „Keine fremden USBs!", zögerte eine volle Sekunde … und steckte dann den Stick in den Computer. „Oh, hier sind zwei Dateien drauf", sagte sie.

Allerdings. Die erste war die Malware, die zweite mein Lebenslauf.

„Die erste ist wahrscheinlich die neueste, bitte klicken Sie doch darauf", sagte ich. Eine Sekunde später klingelte mein Telefon und ich bekam eine Nachricht von meinem Team, dass es Zugriff auf den Computer hatte.

Ich sah auf mein Handy. „Oh, das ist meine Erinnerung, dass ich gleich dran bin."

„Na, dann wollen wir uns mal beeilen", sagte sie. „Die Datei öffnet sich aber leider nicht."

„Dann probieren Sie es doch bitte mit der anderen", sagte ich. Gesagt, getan. Sie druckte meinen Lebenslauf aus, steckte ihn in einen schönen, neuen Aktenordner und bot mir an, mich in die Personalabteilung zu Mrs. Henry zu begleiten.

„Moment mal", sagte ich. „Ist das hier das Unternehmen ABC?"

„Nein", sagte sie. „Das ist nebenan. Wir sind XYZ."

„Im Ernst?", sagte ich. „O Gott, wie peinlich."

„Scheint wirklich nicht Ihr Tag zu sein."

Ich stürzte aus der Empfangshalle und lief in Richtung Nachbargebäude. Auftrag erfüllt.

Ich habe in dieser Geschichte verschiedene Techniken angewandt. Das Entscheidende aber war mein entnervter Gesichtsausdruck beim Betreten der Halle. Dieser Blick sagte mehr als tausend Worte und war die Grundlage für die gesamte weitere Entwicklung des Gesprächs. Als die Empfangsdame meine Miene sah, wollte sie mir gleich helfen, und die Story, die ich ihr auftischte, schien ihren ersten Eindruck nur zu bestätigen.

Wenn Sie die Kunst der nonverbalen Kommunikation beherrschen, können Sie andere viel leichter dazu bringen, Ihren Wünschen nachzukommen, als wenn Sie sie allein mit Worten zu überzeugen versuchen. Und Sie können den Gemütszustand Ihres Gegenübers anhand seines Gesichtsausdrucks, kleiner Zuckungen, der Schulterhaltung und anderer körperlicher Merkmale erkennen. FBI-Agenten, Spione und andere Personen aus der Sicherheitsbranche werden ausgiebig im Lesen von Körpersprache geschult. Die Besten von ihnen, zu denen auch mein Freund Joe Navarro gehört, wissen nach wenigen Sekunden, wie sich der andere fühlt, auch wenn sie ihm noch nie begegnet sind, und nehmen im Verlauf des Gesprächs selbst kleinste Veränderungen wahr, die von großer Bedeutung sein können.

Allzu gern würde ich Ihnen in diesem Buch ein ähnlich großes Repertoire an die Hand geben, aber das ist leider nicht möglich. Dafür ist nonverbale Kommunikation ein zu weites Feld – das übrigens schon von einem gewissen Charles Darwin beackert wurde.[1] Gefühle oder Gedanken lassen sich an vielen verschiedenen Körperteilen ablesen, am Kopf, am Gesicht, den Händen, den Gliedmaßen, dem Oberkörper, und mit jedem dieser Körperteile lässt sich auf unzählige Arten und Weisen kommunizieren. Zudem vermitteln einige weitere Elemente auf nonverbale Weise Gefühle, zum Beispiel die Kleidung oder der Schmuck, den Sie tragen, ob und wie Sie Blickkontakt suchen, der Klang Ihrer Stimme, auf welche Weise Sie Körperkontakt suchen oder vermeiden, der Geruch Ihres Körpers und so weiter. Nehmen Sie dann noch kulturelle Unterschiede in der Bedeutung von Körpersprache und Körpersignalen hinzu, ergibt sich in der Tat ein hochkomplexes Bild. Um ein Niveau zu erreichen, wie es die besten Profis in der Sicherheitsbranche besitzen, bedarf es jahrelanger Übung.

Sollte das Ihr Ziel sein, empfehle ich Ihnen, erst einmal einige Bücher zum Thema und zu verwandten Themen zu lesen, allen voran die Werke von Joe Navarro und Dr. Paul Ekman.[2] Gleichzeitig sollten Sie damit anfangen, nonverbale Kommunikation zu üben und Menschen in verschiedenen sozialen Kontexten zu beobachten. Aber Sie müssen kein Profi im Deuten von Gesichtsausdrücken, Handbewegungen und Körperhaltungen werden, um Ihre Fähigkeiten als Menschenhacker zu erweitern. Schon wenn Sie einfach etwas aufmerksamer beobachten, wie unser Körper kommuniziert, können Sie deutlich leichter Einfluss auf andere nehmen. Sehen wir uns dazu einige grundlegende Techniken an, die Sie sofort anwenden können, um Gefühle zu erkennen und auszulösen. Wir konzentrieren uns dabei hauptsächlich auf den Gesichtsausdruck. Wenn Sie diese Techniken ein paar Stunden lang geübt haben, werden Sie sehen, dass Sie die Gefühlswelt anderer aufmerksamer wahrnehmen und sich in Ihrem Tun besser darauf einstellen können. Damit verbessert sich dann auch Ihre Fähigkeit, die in den anderen Kapiteln dieses Buches beschriebenen Strategien anzuwenden.

Ein kleiner, hilfreicher Trick

Für den Anfang würde ich Ihnen gern eine wirkungsvolle Technik zeigen, die Sie ohne große Übung anwenden können, um Ihre sozialen Interaktionen für sich vorteilhafter zu gestalten. Wenn Sie sich mit jemandem unterhalten, ist es hilfreich zu wissen, ob sich der andere gerade wohl oder unwohl fühlt. Das können Sie an kleinen körperlichen Eigenheiten erkennen. Wenn der andere zum Beispiel Hüfte und Unterleib zu Ihnen neigt, was Joe Navarro „Ventralangriff" nennt,[3] kann das bedeuten, dass er sich wohlfühlt. Mit „ventral" ist der Unterleib einer Person oder eines Tieres gemeint. Wenn sich ein Hund auf den Rücken rollt und Ihnen seinen weichen Bauch zeigt, damit Sie ihn streicheln, ist auch das eine Art Ventralangriff. Es zeigt deutlich, dass der andere offen und verletzlich ist, sich für Sie interessiert und gern mit Ihnen in Kontakt treten möchte. Bei Menschen gibt es auch noch andere Arten des Ventralangriffs, zum Beispiel wenn wir die Hände öffnen und die Handflächen zeigen. Wenn ich Sie frage, ob Sie mit mir zu Mittag essen wollen, und Ihnen dabei die offenen Handflächen zeige, wirkt meine Einladung sanfter und zurückhaltender und zeigt Ihnen, dass ich Sie gern kennenlernen möchte. Halte ich die Handflächen nach unten, wirke ich damit stärker, herrischer und förmlicher. Andere klare Anzeichen, die für Wohlbehagen sprechen, sind Kopfdrehungen, bei denen der Hals zu sehen ist, und Lächeln.

Wenn ich anderen Menschen begegne, achte ich immer zu Beginn des Gesprächs auf ihre nonverbale Kommunikation. Bei einem deutlichen Ventralangriff weiß ich sofort, dass der andere mir entweder sehr offen begegnet und mich kennenlernen möchte oder dass er sich bei mir einschmeicheln will. Dann öffne ich mich meinerseits und versuche seinem Wunsch zu entsprechen. Seien Sie aber bitte vorsichtig damit, dieses Mittel allzu bewusst einzusetzen. Einige der größten Trickbetrüger und Verbrecher in der Geschichte waren ruchlose Charmeure, die freundlich taten, um ihre ahnungslosen Opfer um den Finger zu wickeln. In den meisten

Fällen zeigt ein Ventralangriff, dass sich jemand wirklich wohlfühlt und sein Gegenüber gern kennenlernen will. Wenn er Ihnen dann noch die Hüfte zuwendet, können Sie im Beziehungsaufbau richtig Gas geben. Sehen Sie umgekehrt, dass der andere im Verlauf des Gesprächs seine Positur auflöst und eine defensivere Haltung einnimmt, wissen Sie, dass die Unterhaltung wahrscheinlich in die falsche Richtung geht. Versuchen Sie es dann mit einem anderen Ansatz oder beenden Sie das Gespräch.

Der Mehrwert der „Großen Sieben"

Sehen wir uns nun vor diesem groben schematischen Hintergrund an, auf welche Weise Menschen bestimmte Gefühle ausdrücken. Dabei wollen wir uns auf den Gesichtsausdruck konzentrieren. Wissenschaftler unterscheiden zwei Arten von Gesichtsausdruck: die *Makroexpressionen*, Gesten, die wir bewusst machen, um zu zeigen, wie wir uns fühlen, und die *Mikroexpressionen*, unwillkürliche Muskelbewegungen, die wir bei bestimmten Gefühlen machen, aber meist selbst gar nicht bemerken. Eine Makroexpression bleibt mehrere Sekunden oder länger bestehen, während eine Mikroexpression extrem kurz ist und nur den Bruchteil einer Sekunde dauert. Stellen Sie sich vor, Sie laufen den Gang Ihres Bürogebäudes entlang und ein Kollege, der Sie abgrundtief verabscheut, kommt um die Ecke. Als er Sie sieht, blitzt kurz ein Ausdruck von Abneigung in seinem Gesicht auf. Seine Wange oder der Mundwinkel hebt sich kurz und kaum wahrnehmbar – ein ganz leichtes, angedeutetes Grinsen. Das ist die Mikroexpression. Kurz darauf setzt er ein falsches Lächeln auf, nickt Ihnen zu und sagt: „Hi. Schön, Sie zu sehen." Lächeln und Nicken sind Makroexpressionen.[4]

Mikroexpressionen sind für Sicherheitsleute wie für Menschenhacker von enormer Bedeutung. Wer sie zu lesen weiß, kennt den Gefühlszustand seines Gegenübers, bevor es sich selbst dessen bewusst wird. Für das ungeübte Auge sind sie allerdings schwer zu erkennen. Wenn Sie noch keine Erfahrung im Lesen von Gesichtsausdrücken haben, ist es besser, Sie üben zunächst, Makroexpressionen zu erkennen und anzuwenden. Selbst sie können durchaus eine Herausforderung sein. Es gibt so viele verschiedene Gefühle, Lust, Liebe, Hass, Zufriedenheit, Traurigkeit, Frust, Aufregung, Bestürzung, Wohlwollen, Heiterkeit, Abneigung, Enttäuschung, Angst, Ekstase, Bedauern ... man könnte die Liste beliebig verlängern. Aber wie können Sie nun Gefühle besser erkennen, ohne sich eine ellenlange Liste all dieser verschiedenen Facetten machen zu müssen, um sie aus den Mienen anderer Menschen herauszulesen?

Ganz einfach: Konzentrieren Sie sich auf die „Großen Sieben". Wissenschaftler haben herausgefunden, dass sich die unzähligen menschlichen Gefühle in eine kleine Gruppe von „Basis-Emotionen" zusammenfassen lassen, ähnlich wie sich die vielen verschiedenen Farbtöne auf einem Gemälde auf die drei Grundfarben Gelb, Rot und Blau zurückführen lassen. Was die genaue Zahl dieser Basis-Emotionen betrifft, streitet sich die Wissenschaft, aber viele – darunter auch Dr. Ekman – sind der Ansicht, es seien nicht mehr als sieben: Wut, Furcht, Überraschung, Ekel, Verachtung, Trauer und Freude. Stellen Sie sich vor, wie viel besser Sie kommunizieren können, wenn Sie diese grundlegenden Gefühle unmittelbar vom Gesicht Ihres Gegenübers ablesen können. Sie würden vielerlei Mutmaßungen vermeiden und könnten effektiver eine Beziehung zum anderen aufbauen, da Sie ihm nicht mit einem bestimmten Anliegen kommen, wenn er gerade wütend ist, und keine Witze reißen, wenn er traurig ist.

Wenn Sie lernen, diese Basis-Emotionen mit Ihrem Mienenspiel auszudrücken, können Sie diese Gefühle auch leichter bei anderen Menschen hervorrufen, während Sie eine Beeinflussungstechnik anwenden. Das wiederum kann für Sie von großem Vorteil sein. Nehmen wir an, ich will in ein Gebäude eindringen und wende mich gerade an die Empfangsdame. In dem Moment, wo ich sie um etwas bitte, wäre es vielleicht gut, wenn ich eine leichte Traurigkeit in ihr wecken kann, die eng mit einem Gefühl von Empathie verbunden ist. Wenn sie mit mir mitfühlt, steigt die Wahrscheinlichkeit, dass sie meinem Wunsch nachkommt. Aber wie kriege ich sie dazu?

Ganz einfach: Ich drücke Trauer aus, indem ich beim Sprechen die Mundwinkel herunterziehe. Will ich noch einen Schritt weitergehen, stecke ich die Hände in die Taschen, lasse die Schultern fallen und senke die Stimme.

Wissenschaftler haben herausgefunden, dass wir bewusst bei anderen Menschen Gefühle auslösen können, indem wir ihnen diese Gefühle durch unseren Gesichtsausdruck zeigen. Dieses Phänomen nennt sich „Spiegeln".[5] Wir besitzen diese Fähigkeit aufgrund der sogenannten Spiegelneuronen in unserem Gehirn, spezielle Zellen, die „auf Handlungen reagieren, die wir bei anderen beobachten" und die „auf dieselbe Weise feuern, als würden wir die Handlung selbst ausführen", wie ein Forscherpaar es einmal ausdrückte."[6] Überraschenderweise können wir sogar Gefühle in uns selbst auslösen, indem wir sie durch unseren Gesichtsausdruck zeigen. In einer faszinierenden Studie fanden Wissenschaftler heraus, dass Menschen, die bei sonnigem Wetter ohne Sonnenbrille spazieren gehen, häufiger Wut empfinden, weil sie so angestrengt die Augen zukneifen müssen. Wer wütend ist, kneift die Augen zusammen. Und wenn wir das aus irgendeinem anderen Grund tun, reagiert unser Gehirn und löst ein subjektives Gefühl von Wut aus.[7] Ist Ihnen aufgefallen, dass Sie aggressiver Auto fahren, wenn Sie Ihre Sonnenbrille zu Hause gelassen haben? Jetzt wissen Sie, warum. Wenn Sie also das nächste Mal jemand anderen um etwas bitten, kneifen Sie nicht die Augen zu und versuchen Sie stattdessen, mithilfe Ihres Gesichtsausdrucks im anderen Trauer hervorzurufen. Sie werden sehen, es funktioniert!

Ein dritter Grund, weshalb es vorteilhaft ist, die großen sieben Gefühle zu kennen: Sie werden sich Ihrer eigenen Gewohnheiten bewusst, vor allem derer, die Ihnen womöglich im Wege stehen. Das sogenannte „resting bitch face", ein ungewollt verächtlicher Gesichtsausdruck, auch kurz „RBF" genannt, ist in der Populärkultur weit verbreitet und wird von einigen Kritikern als sexistisch angesehen.[8] Wissenschaftlern zufolge ist RBF tatsächlich gerade groß in Mode, allerdings nicht, wie man vermuten könnte, auf Frauen beschränkt. In einer Studie setzten Forscher eine Gesichtserkennungstechnik ein, um zwischen einem neutralen Gesichtsausdruck und RBF zu unterscheiden. Sie fanden heraus, dass im RBF Verachtung mitschwingt, eine sehr negative Emotion, „das Gefühl, dass jemand oder etwas keinerlei Respekt oder Anerkennung verdient".[9] RBF ist im Grunde kaum wahrnehmbar, und doch können andere es durchaus mitbekommen.[10] Und dann kann es sehr unangenehme Folgen für die soziale Interaktion haben.

Verachtung ist nicht das einzige negative Gefühl, das wir manchmal unbewusst zeigen. Ramona, eine Kursteilnehmerin von mir, war eine freundliche, sehr attraktive junge Deutsche, die als Zumba-Lehrerin arbeitete. Als ich ihr zum ersten Mal begegnete, dachte ich, sie hätte kein Problem damit, dass ich dem Kurs Hausaufgaben gab. Damit lag ich allerdings falsch: Bei jedem Gespräch, das sie anfing, um ein bestimmtes Ziel zu erreichen, scheiterte sie. Ramona hatte keine Ahnung, warum das so war, und bat mich, sie dabei zu beobachten, wenn sie an einem öffentlichen Ort fremde Menschen ansprach. Schon nach wenigen Minuten wusste ich, wo das Problem lag. Ohne es zu merken, zeigte Ramona mit ihrem Gesichtsausdruck ein Gefühl der Wut, wodurch sich ihr Gegenüber abgestoßen fühlte und dann negativ reagierte.

Bei der Nachbesprechung stellte sich heraus, dass die Aufgaben sie nervös machten, weil sie ihre Sache unbedingt gut machen wollte, und diese Anstrengung drückte sich auf ihrem Gesicht in Form von Wut aus. Sobald Ramona begann, mit ihrem Gesichtsausdruck absichtlich Freude statt Wut zu zeigen, erwärmte sich ihr Gegenüber für sie, sodass sie die Aufgabe erfolgreich abschließen konnte. Nach dem Kurs machte sie sich den Gesichtsausdruck zur Angewohnheit, was ihr große Vorteile brachte. Noch Jahre später schrieb sie mir, wie sehr sich ihre Beziehungen verbessert hätten. Wie lange hatte sie einen Ausdruck der Wut und auch der Abscheu auf ihrem Gesicht getragen, ohne es zu wissen und ohne diese Gefühle bewusst zu haben! Jetzt, da sie versuchte, Freude auszustrahlen, nahmen sie die anderen plötzlich als eine warmherzige, freundliche und zugängliche Person wahr.

Die „Großen Sieben" erkennen und ausdrücken

Damit Sie sich besser mit den sieben Basis-Emotionen vertraut machen können, wollen wir sie uns nun der Reihe nach ansehen. Ich werde Ihnen jeweils erklären, auf welche Weise sich das Gefühl in unserem Gesicht zeigt, und zuweilen auch zusätzliche Körpersprache hinzuziehen, die den Ausdruck dieses Gefühls noch verstärkt. Ich beziehe mich dabei vor allem auf die Arbeiten von Dr. Ekman, mit dem ich für mein Buch über nonverbale Kommunikation – *Social Engineering enttarnt: Sicherheitsrisiko Mensch* – zusammengearbeitet habe. Anhand eigener Erfahrungen werde ich Ihnen zudem einige Tipps geben wie Sie diese Gefühle in Alltagssituationen anwenden können.

1. Emotion: Wut

Wenn jemand wütend ist, spannen sich seine Gesichtsmuskeln an. Er runzelt die Augenbrauen, presst die Lippen aufeinander und starrt das Objekt seiner Wut an. Auch andere Körperteile ziehen sich zusammen, er ballt die Hände zur Faust und spannt den Kiefer an. Der Oberkörper bläht sich auf, Kopf und Kinn gehen nach vorn. Ist jemand ganz besonders wütend und aggressiv, zieht er das Kinn ein. Die Stimme wird schroffer und oft auch lauter.

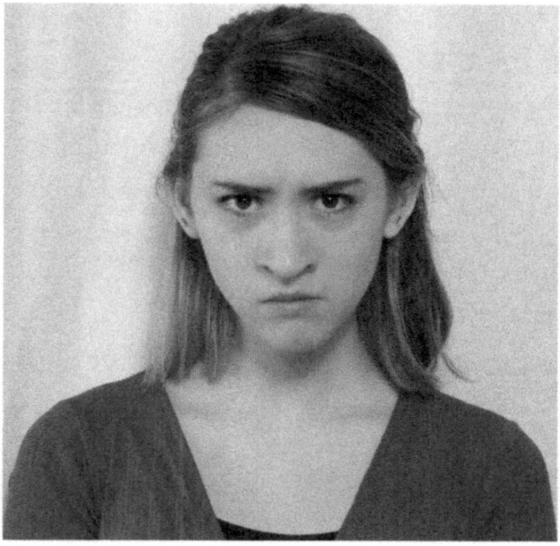

Mark Twain hat einmal Wut mit Säure verglichen: „Sie kann mehr Schaden an dem Gefäß anrichten, in dem sie aufbewahrt wird, als an irgendeinem Gegenstand, über den sie gegossen wird."[11] Ralph Waldo Emerson sagte: „In jeder Minute, in der Sie wütend sind, verschenken Sie 60 Sekunden Seelenfrieden."[12] Zum Glück haben Menschenhacker kein großes Bedürfnis danach, wütend zu erscheinen – oder es tatsächlich zu sein. Mag es auch manchmal strategisch günstig sein, bei seinem Gegenüber bestimmte Gefühle zu wecken, sollten Sie Wut vermeiden, weil sie oft das Einfallstor zu Gewalt oder schroffer Wortwahl sein kann. Sehen Sie, dass Ihr Gegenüber wütend ist, sollten Sie versuchen, es zu besänftigen, und bereit sein, jederzeit aus der Situation zu flüchten, falls es Ihnen nicht gelingt, sie zu deeskalieren. Sie können zum Beispiel sagen: „Wow, Sie sind offenbar echt sauer." Dabei treten Sie einen Schritt zurück und senken Schultern und Hände. „Was ist denn los?" Zeigen Sie sich besorgt, aber weisen Sie den anderen nicht auf feindliche oder aggressive Art und Weise auf seine Wut hin, weil ihn das womöglich in Verlegenheit bringt und noch wütender macht. Überprüfen Sie an sich selbst, dass Sie nicht unabsichtlich oder unbewusst wütend wirken, da selbst kleine nonverbale Signale dazu führen können, dass sich die Situation zuspitzt. Wenn der andere das Kinn einzieht, ist es zur Flucht vielleicht schon zu spät. Diese Geste ist nicht nur ein Zeichen von Wut, sondern sie bedeutet, dass der andere unmittelbar davorsteht, gewalttätig zu werden, dass er Sie schlagen will oder gar Schlimmeres. Wenn Sie nicht ungehindert weggehen können, schlagen Sie am besten als Erster zu und machen sich dann schnellstmöglich aus dem Staub.

2. Emotion: Furcht

Wenn wir einem Reiz ausgesetzt sind, den wir als bedrohlich wahrnehmen, ist die typische Reaktion, dass unser Körper erstarrt. Die Augenbrauen gehen nach oben und wir öffnen die Augen weit, um die Situation zu erfassen. Der Mund öffnet sich und wir ziehen die Lippen nach hinten in Richtung Ohren, als wollten wir „Aaaargh!"

sagen. Oft atmen wir lautstark ein, um Sauerstoff aufzunehmen. Die Muskeln im Nacken, in der oberen Gesichtshälfte und den Händen ziehen sich zusammen, sodass mehr Blut in sie fließt. Adrenalin rauscht durch unsere Adern. Das alles ist unsere biologische Reaktion auf Furcht. Sie veranlasst uns, entweder zu fliehen oder zu kämpfen.

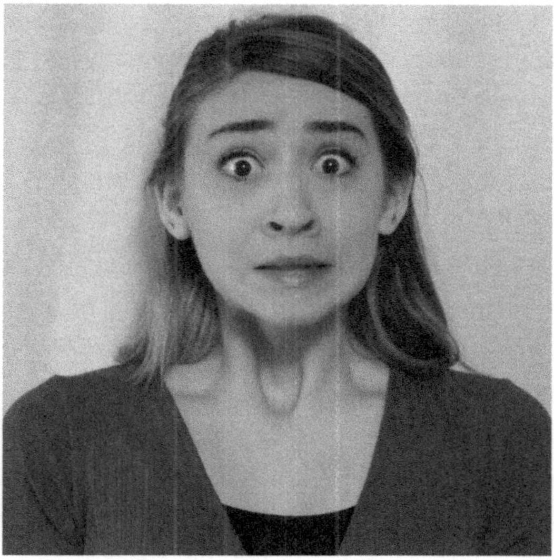

Für Menschenhacker ist es oftmals ganz hilfreich, im anderen eine milde Furcht zu wecken. Wenn Sie Ihre Schwester davon überzeugen wollen, dass sie sich die Arztrechnungen Ihrer Mutter mit Ihnen teilt, ist vielleicht Trauer das geeignetere Gefühl, da es im anderen Empathie hervorruft, aber Sie können auch ein wenig Sorge über den Gesundheitszustand Ihrer Mutter mit einfließen lassen, indem Sie zum Beispiel sagen: „Ich will für unsere Mutter das Beste und mache mir Sorgen, dass er ihr vielleicht nicht gut geht, wenn wir nicht die beste Pflege für sie bekommen.“ Lösen Sie beim anderen aber zu große Furcht aus, indem Sie etwa sagen: „Wenn du mir keinen Scheck über 10.000 Dollar ausstellst, ist Mom in spätestens drei Monaten tot“, grenzt das an Manipulation. Denn Sie bringen

Ihre Schwester in eine höchst unangenehme Situation, in der Sie wissen, dass sie alles unternehmen wird – sogar Dinge, die ihren eigenen Interessen zuwiderlaufen –, um so schnell wie möglich wieder aus ihr herauszukommen.

In vielen anderen Situationen fahren Sie besser, wenn Sie bei Ihrem Gegenüber *keine* Furcht hervorrufen. Gehen Sie zu Ihrem Chef, um ihn um drei Wochen Urlaub zu bitten, kann er die Nervosität in Ihrem Gesicht möglicherweise als Furcht missdeuten, was wiederum in ihm Furcht auslöst. Das führt dazu, dass er eher über die Konsequenzen für ihn selbst nachdenkt, etwa welche Folgen Ihr Urlaub für seine Kunden und Ihre Kollegen hat. Die Furcht wird seine Entscheidung prägen und wahrscheinlich eine Absage zur Folge haben.

Wenn Sie aber tatsächlich gerade Angst haben, ist es meist am besten, sie nicht zu verbergen, obgleich es normalerweise nicht ratsam ist, bei jemand anderem Furcht hervorzurufen. Es gibt eine faszinierende Studie, in der Wissenschaftler herausgefunden haben, dass die Menschen in unserem Umfeld spüren, wenn wir gerade Angst oder „emotionalen Stress" haben, unabhängig davon, ob wir es zugeben oder nicht. Unser Körper gibt mit dem Schweiß chemische Marker ab, auf die bestimmte Teile unseres Gehirns ansprechen, die für das Erkennen möglicher Bedrohungen zuständig sind.[13] Wenn Sie gerade versuchen, auf jemand anderen Einfluss zu nehmen, dabei aber Angst haben, ohne es zuzugeben, zerstören Sie Ihre eigene Glaubwürdigkeit, weil er auf einer unbewussten Ebene weiß, dass Sie Angst haben.

Deshalb ist es besser, Sie geben zu, wie Sie sich fühlen. Achten Sie dabei aber darauf, Ihren Vorwand aufrechtzuerhalten, damit Sie keine abwehrende Reaktion erhalten. Wenn Sie Ihre Schwester bitten, sich die Arztrechnungen Ihrer Mutter mit Ihnen zu teilen, und dabei den Vorwand des besorgten, mitfühlenden Familienmitglieds verwenden, sagen Sie nicht: „Ich möchte gern mit dir über Mom sprechen, aber um ehrlich zu sein, bin ich gerade sehr nervös, weil du immer so schnell ausrastet und ich nicht weiß, wie du reagierst.“ Sagen Sie stattdessen zum Beispiel: „Ich möchte gern mit dir über Mom sprechen, bin aber etwas nervös, weil das Thema für mich schwierig ist und ich gerade extrem emotional bin.“

Wenn Sie mit einem Ansinnen auf jemanden zugehen und sehen, dass er Angst hat, überdenken Sie Ihren Ansatz oder versuchen Sie, ihm die Angst zu nehmen. Vor ein paar Jahren stand ich auf einem Supermarktparkplatz und sah, wie einer älteren Frau ein Bündel Geldscheine aus der Tasche fiel, während sie zu ihrem Auto ging. Ich lief hin, nahm das Geld und ging zu der Frau, um es ihr zurückzugeben. Sie stand mit dem Rücken zu mir und lud gerade ihre Einkäufe in den Kofferraum. Ohne Vorwarnung tippte ich ihr auf die Schulter und platzte heraus: „Entschuldigung, Ma'am.“ Als sie sich umdrehte, sah sie einen stämmigen Mann, der fast ihr Gesicht berührte, und erschrak entsetzlich. Ich sah die Furcht in ihrem Gesicht und sie fing an zu schreien: „Hilfe! Ein Räuber! Ein Räuber!“

Drei Muskelprotze in Jagdjacken hörten sie und kamen angerannt, um mich festzuhalten. Jetzt war ich meinerseits erschrocken, auch weil ich nicht wusste, ob die drei nicht vielleicht bewaffnet waren. Jemand anderes in meiner Lage hätte vermutlich versucht, sich zu wehren, wäre auf die drei losgegangen und hätte sie angeschnauzt: „Hey, macht euch vom Acker, Jungs.“ Ich entschied mich stattdessen dafür, die Situation zu deeskalieren. Anstatt auf die Jungs zuzugehen, konzentrierte ich mich auf die Frau, um sie verbal und nonverbal zu besänftigen. Ich trat einen großen Schritt zurück, ließ leicht die Schultern sinken, um Unterwürfigkeit zu signalisieren, und sagte: „Okay, bitte beruhigen Sie sich.“ Ich hielt ihr das Geldbündel auf Augenhöhe hin und legte die andere Hand auf den Rücken. Dann senkte ich die Stimme und sagte: „Ma'am, es tut mir leid, dass ich Sie so erschreckt habe. Ihnen ist das hier aus der Tasche gefallen, als Sie aus dem Laden kamen. Ich wollte es Ihnen nur zurückgeben.“ Sie sah in ihre Tasche und stellte fest, dass sie tatsächlich das Geld verloren hatte. Sie nahm es entgegen und dankte mir überschwänglich. Erst dann wandte ich mich zu den drei Männern um und sagte: „Alles klar? Ich bin kein Dieb. Und jetzt gehe ich ganz langsam zurück zu meinem Auto." Die Sache war denkbar knapp gewesen, aber dank meiner Kenntnisse über nonverbale Kommunikation konnte ich ein potenziell gefährliches Missverständnis klären.

3. Emotion: Überraschung

Wenn wir überrascht sind, heben wir die Augenbrauen, öffnen die Augen weit und atmen tief ein, wie wir es auch tun, wenn wir Angst haben. Doch anstatt die Lippen nach hinten zu ziehen, zeigen wir unsere Überraschung, indem wir mit dem Mund ein O bilden. Im ersten Moment lehnen wir uns oft zurück. Ist es eine angenehme Überraschung, etwa wenn unsere Freunde auf uns zustürmen und „Herzlichen Glückwunsch zum Geburtstag!" rufen, lächeln wir noch dabei. Sonst lehnen wir uns meist nach vorn. Wir heben die Hände oder legen sie uns auf die Brust oder greifen uns an den Hals, genauer gesagt an die Drosselgrube zwischen den beiden Schlüsselbeinen.

Menschenhacker können eine Überraschung oft zu ihrem Vorteil einsetzen. Als ich einmal versuchte, in ein Gebäude einzudringen, traf ich auf eine Empfangsdame, die offenbar gerade geweint hatte, da ihre Augen ganz rot und verquollen waren. Als sie mich fragte, ob sie mir helfen könne, fragte ich sie, ob alles in Ordnung sei, worauf sie laut aufseufzte. Das nahm ich zum Anlass, den Hackermodus zu verlassen und sie zu fragen, was denn los sei. Da erzählte sie mir, sie habe gerade ihren 20. Hochzeitstag gefeiert und ihr Mann habe ihr teure Ohrringe mit Diamanten geschenkt. „Er hat zwei Jahre dafür gespart", sagte ich, „und ich habe sie angesteckt, um sie bei der Arbeit zu tragen. Und dann habe ich einen davon verloren." Nach diesen Worten brach sie wieder in Tränen aus.

„Na, dann wollen wir sie mal suchen", sagte ich, kniete nieder und begann, den Boden rund um den Empfangstresen abzusuchen.

„Da habe ich schon geschaut", sagte sie.

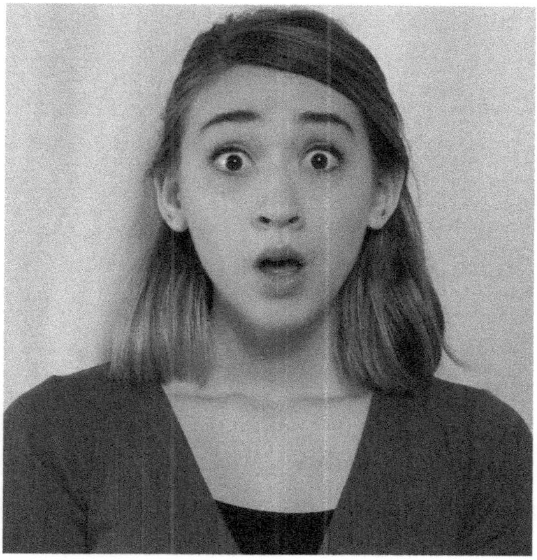

„Ja“, erwiderte ich, „aber vier Augen sehen mehr als zwei.“

Da kniete sie sich ebenfalls nieder und suchte noch einmal mit mir den Boden ab. Nach einigen Minuten fiel plötzlich ein Lichtstrahl auf sie und ich sah etwas an ihr glitzern. „Hey“, sagte ich, „ich will nicht aufdringlich erscheinen und Sie begrabschen, aber haben Sie mal Ihren Pullover abgesucht? Ich habe da gerade hinten auf Ihrer Schulter etwas glitzern sehen.“ Sie erlaubte mir, die Stelle anzufassen, und tatsächlich, da war der Ohrring, der sich in einer Stofffalte verfangen hatte. Ich nahm ihn und gab ihn ihr. Ihr Mund formte das klassische O großer Überraschung, in das sich Erleichterung und schließlich pure Freude mischten.

Sie umarmte mich fest, dann standen wir beide wieder auf. „Wow“, sagte sie und betrachtete den Ohrring. „Jetzt haben wir eine ganze Viertelstunde danach gesucht.“ Ich konnte nicht anders und kehrte in meinen Hackermodus zurück. An ihrem überraschten Gesichtsausdruck konnte ich sehen, dass ich ihr gerade ein riesiges Geschenk gemacht hatte. Jetzt konnte ich sie um so ziemlich alles bitten und hätte vermutlich eine positive Antwort erhalten. „O Gott“, sagte ich und schaute auf die Uhr. „Jetzt komme ich zu spät zu meinem Vorstellungsgespräch." Ich schnappte mir meine Tasche und ging auf die Tür zu in der Hoffnung, dass sie einfach auf den Türöffner drücken würde, ohne nach meinem Ausweis zu fragen und mir eine Besuchermarke auszustellen, was sie normalerweise hätte tun müssen. Und natürlich ließ sie mich ohne Weiteres passieren.

Wenn Sie sehen, dass Ihr Gegenüber überrascht ist, kann das für Sie von großem Vorteil sein, vorausgesetzt, es handelt sich um eine angenehme Überraschung. Ist es dagegen eine unangenehme Überraschung, die Sie auch noch selbst verursacht haben, müssen Sie Ihren Ansatz ändern, um herauszufinden, ob Sie im anderen Furcht auslösen. Sie können auch Ihre eigene Überraschung gewinnbringend einsetzen. Wenn Ihnen jemand etwas Interessantes erzählt und Sie möchten, dass er sich wertgeschätzt fühlt, wollen Sie möglicherweise die Story noch toppen. Das ist ganz normal und geht vielen Menschen so. Aber versuchen Sie stattdessen eher, den Drang zu unterdrücken, und zeigen Sie Ihre Überraschung. Sie können dann zum Beispiel sagen: „Oh, wow, das wusste ich gar nicht. Echt cool!" Dann fühlt sich der andere wertgeschätzt, sodass Sie leichter eine Beziehung aufbauen können und womöglich am Ende bekommen, was Sie wollen.

4. Emotion: Ekel

Wenn wir Ekel empfinden, rümpfen wir die Nase, indem wir die Muskeln zu beiden Seiten zusammenziehen. Im Extremfall senken wir noch die Augenbrauen und öffnen den Mund, indem wir die Oberlippe hochziehen. Manchmal kneifen Menschen die Augen zu, um zu zeigen, dass sie etwas eklig finden, aber die entscheidende Bewegung ist das Rümpfen der Nase. Denn wenn Sie diese Muskeln zusammenziehen, ist es schwer, durch die Nase zu atmen. Das liegt daran, dass der Körper versucht zu verhindern, dass unangenehme Gerüche mit Ihren Geruchsrezeptoren in Berührung kommen. Wer Ekel empfindet, dreht auch den Kopf weg, schließt die Augen und hält sich die Hände vor Mund oder Nase.

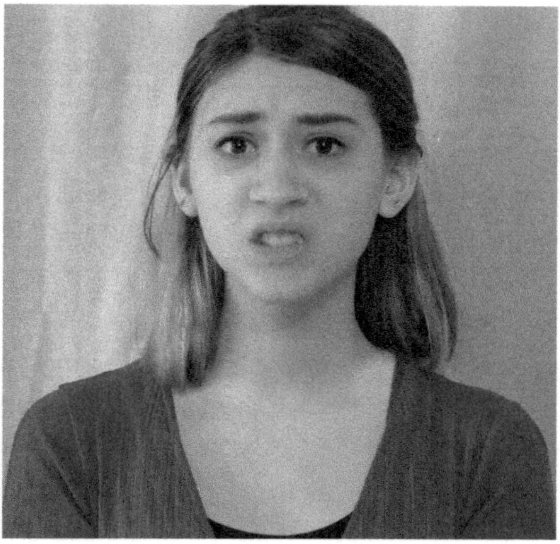

Sie sollten sehr vorsichtig damit sein, bei anderen Ekel zu erregen, denn Ekel ist ein extrem starkes Gefühl, das uns noch jahrelang in Erinnerung bleiben kann. Normalerweise ist es auch nicht hilfreich, Ekel hervorzurufen – manchmal aber eben doch. Wenn Sie zum Beispiel möchten, dass Ihre Mutter Ihrem Baby die Windel wechselt, weil Sie gerade Ihr größeres Kind anziehen, dann könnten Sie sagen, wie unangenehm es für das Baby ist, in einer vollen Windel dazusitzen, und dabei mit Ihrem Gesichtsausdruck Ekel darstellen. Dann gehen Sie über zu einem Lächeln und sagen, wie wohlriechend und knuddelig das Baby sein wird, wenn es eine frische Windel anhat. Damit haben Sie Ihrer Mutter auf eine emotional wirkungsvolle Weise gezeigt, wie sie Ihrem Baby Gutes tun kann, sodass sie eher dazu bereit ist, Ihnen zu helfen und ihm die Windel zu wechseln.

5. Emotion: Verachtung

Viele Menschen verwechseln Ekel mit Verachtung. Aber Ekel bezieht sich normalerweise auf einen Gegenstand oder eine Handlung, während Verachtung immer eine Person betrifft. Im Gegensatz zu Ekel beinhaltet Verachtung ein moralisches Urteil und ein Gefühl der Überlegenheit gegenüber der verachtenswerten Person. Der

Beziehungsexperte Dr. John Gottman fand heraus, dass Verachtung der wichtigste Faktor ist, um vorherzusagen, ob sich ein verheiratetes Paar scheiden lassen wird. Sind die Partner wütend aufeinander, frustriert oder verärgert, ist das schlimm genug. Aber wenn sie Abscheu empfinden und sich dem anderen moralisch überlegen fühlen, dann ist die Ehe kaputt. Das klingt einleuchtend. Denn wie wollen Sie glücklich mit jemandem zusammenleben, der sich Ihnen moralisch überlegen fühlt (oder umgekehrt) und der Sie vermutlich auch dementsprechend behandelt? In einem Beitrag auf der Website des Gottman Institute heißt es: „Verachtung ist der größte Beziehungskiller überhaupt. Das können wir nicht genug betonen. Verachtung zerstört Sie psychisch, emotional und gesundheitlich."[14]

Verachtung ist das einzige der sieben großen Gefühle, bei dem sich der Gesichtsausdruck nur auf einer Gesichtshälfte ändert. Empfinden wir gegenüber jemandem Verachtung, dann ist das in unserem Gesicht kaum wahrnehmbar: Wir heben fast unmerklich auf einer Seite die Wange. Auch das Kinn hebt sich, sodass es aussieht, als würden wir „auf den anderen herabsehen". Zugleich plustern wir uns auf und nehmen eine aufrechtere, dominantere Haltung ein.

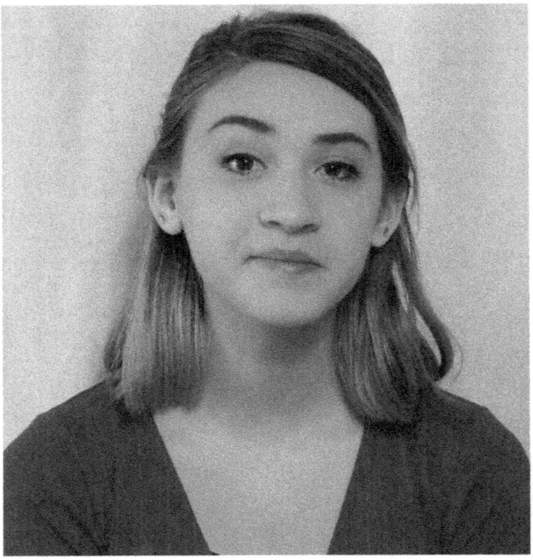

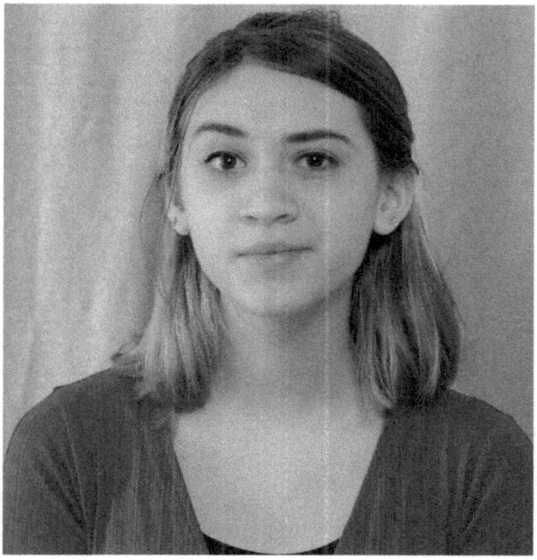

Verachtung ist ein derart negatives Gefühl, dass ich mir keine Situation vorstellen kann, in der ein Menschenhacker darauf würde zurückgreifen wollen. Es ist im Grunde unmöglich, dass Sie bei Ihrem Gegenüber Verachtung wecken und ihm gleichzeitig das Gefühl geben, von der Begegnung zu profitieren. Und Vorsicht, wenn jemand Sie verächtlich ansieht: Wie Wut ist Verachtung oftmals ein Einfallstor für Gewalt. Denken Sie nur an Fremdenfeindlichkeit, Rassismus oder Antisemitismus.

6. Emotion: Trauer

Im Gegensatz zu Gefühlen wie Wut oder Furcht, bei denen sich die Gesichtsmuskeln zusammenziehen, lösen sich diese, wenn jemand traurig ist. In der milden Form der Trauer – wie auch bei Unbehagen oder Sorge – senken wir die Augenlider und die Mundwinkel fallen herab. Zugleich ziehen wir die Innenseite der Augenbrauen nach innen und oben. Unser Körper fällt in sich zusammen, wenn wir Trauer empfinden. Wir senken den Kopf, lassen die Schultern hängen und verschränken die Arme, manchmal so fest, dass es aussieht, als würden wir uns selbst

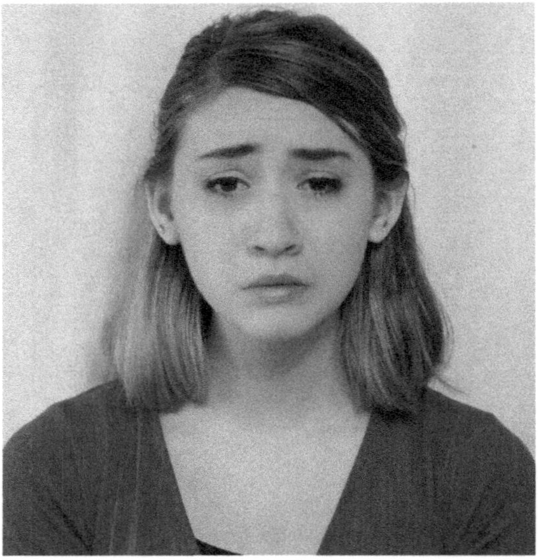

umarmen. Dadurch wirkt unsere Haltung insgesamt weicher und ruhiger.

Wie schon gesagt, können wir dieses Gefühl beim Hacken anderer Menschen für unsere Zwecke nutzen. Dabei ist es aber ganz wichtig, dass wir nur ein leichtes Bedauern oder Sorge hervorrufen, um beim anderen Empathie auszulösen. Drücken wir stärkere Gefühle aus, indem wir die Stirn runzeln, die Augen zusammenkneifen oder gar schluchzen, wird sich unser Gegenüber unwohl fühlen, sodass es die Begegnung wahrscheinlich nicht als Bereicherung empfinden wird. Wenn Sie sehen, dass Ihr Gesprächspartner traurig ist, dann spiegeln Sie das Gefühl, indem Sie die Stimme senken, die Schultern hängen lassen und langsamer reden. Das alles sind Signale der Fürsorge und der Besorgnis. Sie können auch nichts falsch machen, wenn Sie den anderen fragen, was der Grund ist und ob Sie ihm helfen können. Das ist menschenfreundlich und Ihrem Ansinnen als Menschenhacker nicht abträglich. Denn auch auf diese Weise können Sie eine Beziehung zum anderen aufbauen und ihm zeigen, dass Sie sich für ihn interessieren. Womöglich können Sie sogar dazu beitragen, ihm das Leben ein wenig zu erleichtern, woraus Sie wiederum – wenn Sie im Hackermodus sind – Kapital schlagen können, um von ihm etwas zu bekommen.

7. Emotion: Freude

Zum krönenden Abschluss der „Großen Sieben" hier die positivste Emotion, die Freude. Wir drücken Freude aus, indem wir lächeln und dabei die Mundwinkel nach oben ziehen. Unsere Wangen schieben sich nach oben und um unsere Augen bilden sich die sogenannten Krähenfüße. Außerdem sieht es aus, als würden wir uns aufblasen oder größer machen. Wir stehen aufrechter, heben das Kinn an, drücken die Brust nach vorn und erhöhen Rhythmus, Tempo, Lautstärke und Tonhöhe unserer Stimme. Alles an unserem äußeren Erscheinungsbild wirkt, als würde es sich in die Luft erheben. Die Welt ist toll! Wir sind toll!

In vielen Situationen, in denen Sie ein Ziel erreichen wollen und zugleich möchten, dass auch Ihr Gegenüber von der Begegnung profitiert, ist es ein probates Mittel, bei ihm Freude zu hervorzurufen. Wenn Sie aber jemandem, der gerade traurig ist, kumpelhaft und gut gelaunt gegenübertreten, wirken Sie schnell unsensibel.

Wer gerade einen geliebten Menschen verloren hat und um ihn trauert, wird sich unwohl fühlen, wenn ihm jemand „Immer das Positive sehen!“ zuruft und dann vielleicht noch ein gut gemeintes „Ich weiß, wie Sie sich fühlen“ hinterherschiebt. Wissen Sie wirklich, wie sich diese Person fühlt? Woher wollen Sie wissen, dass sie gerade in der Lage ist, das Positive zu sehen?

Statt Freude auszustrahlen, können Sie besser Fragen stellen, die dem Trauernden womöglich freudige Ereignisse in Erinnerung rufen, zum Beispiel: „Was war das Lieblingshobby Ihres Vaters?“ oder „Welche Filme hat Ihre Mutter gemocht?“ Aber manchmal ist die Trauer so groß, dass auch diese Strategie nicht hilft. In diesem Fall sollten Sie darauf verzichten, Ihrem Gegenüber Freude aufzuzwängen. Seien Sie einfach für den anderen da. Falls es Ihnen entsprechend der Tiefe Ihrer Beziehung angemessen erscheint, legen Sie den Arm um ihn, um ihn zu trösten, wenn er schluchzt oder weint. Erklären Sie ihm mit sanfter Stimme, was Sie machen: „Ich setze mich einfach zu Ihnen, um für Sie da zu sein, weil ich glaube, dass ich gerade nichts sagen kann, was Sie trösten würde.“

Wenn Sie mit einer Bitte an jemanden herantreten, dessen Körpersprache Freude ausstrahlt, zeigen Sie Ihrerseits Ihre Freude, um eine Verbindung zum anderen herzustellen. Ein Mensch, der gerade fröhlich ist, ist für gewöhnlich in diesem Moment besonders stark auf sich selbst bezogen und hat weniger Empathie für die Bedürfnisse anderer. Wenn Sie bei ihm ein leichtes Gefühl von Trauer und Mitgefühl hervorrufen, während Sie Ihre Bitte vortragen, werden Sie dann schnell als Miesmacher wahrgenommen. Versuchen Sie stattdessen, auf den anderen einzugehen und ihm Fragen zu stellen, damit er Ihnen erzählt, was ihm Schönes widerfahren ist. Teilen Sie seine Freude und lassen Sie sich von ihr beflügeln. Wenn er dann nach einiger Zeit fragt, wie es Ihnen geht, können Sie das Gespräch allmählich zu dem Wunsch hinlenken, den Sie ihm antragen möchten. Ihr Gegenüber soll ja das Gefühl haben, dass Ihre Begegnung ihm etwas gibt. Das geht aber nur, wenn Sie die Freude, die es zu Beginn des Gesprächs empfunden hat, aufrechterhalten.

Ansonsten wird es die Begegnung in jedem Fall in schlechter Erinnerung behalten.

Die „Großen Sieben“ anwenden

Wenn Sie die großen sieben Basis-Emotionen für Ihre Belange einsetzen wollen, müssen Sie viel üben. Fangen Sie damit an, andere Menschen zu beobachten. Lenken Sie Ihr Augenmerk darauf, wie sie ihren Körper und vor allen Dingen ihr Gesicht einsetzen, um ihre Gefühle auszudrücken. Sehen Sie sich zuerst an, wie der oben beschriebene Ventralangriff aussieht:

> Gehen Sie an einen öffentlichen Ort, an dem viele Menschen sind, zum Beispiel den Gastronomiebereich einer Shoppingmall oder einen Park oder ein großes Café. Bevor Sie sich die Mimik der Besucher genauer ansehen, schauen Sie, in welcher Beziehung ihre Körper zueinander stehen. Wenn Menschen aneinander interessiert sind, sexuell oder ganz allgemein, richten sie ihre Füße und Hüften so aus, dass sie ihrem Gegenüber direkt zugewandt sind, und neigen sich ihm leicht entgegen. Sehen Sie dafür Beispiele? Und gibt es Menschen, die ihrem Gesprächspartner nicht frontal gegenüberstehen?

Wenn Sie Ihre Beobachtungen abgeschlossen haben, wenden Sie sich dem Gesichtsausdruck der Menschen zu:

> Beobachten Sie die Leute aus einigem Abstand, sodass Sie sie zwar sehen, aber nicht hören können, was sie sagen. Schauen Sie sich ihre Mundbewegungen an. Spitzen sie die Lippen? Lecken sie mit der Zunge darüber? Pressen sie sie

zusammen? Stellen Sie Vermutungen an, worüber sie sich unterhalten. Welche Gefühle drücken sie aus? Wenn Sie denken, dass Sie genug Übung im Lesen der Mimik haben, versuchen Sie ein Gespräch in Ihrer Nähe mitzuhören. Haben Sie den Gesichtsausdruck der Gesprächspartner richtig interpretiert? Anfangs liegen Sie vermutlich noch öfter falsch – wenn jemand die Lippen aufeinanderpresst und Sie diese Geste als Verärgerung deuten, kann es ebenso gut sein, dass er einfach gerade intensiv über etwas nachdenkt. Je länger Sie den Gesichtsausdruck anderer Menschen genau studieren, umso leichter und präziser können Sie nonverbale Gefühlsbekundungen deuten.

Üben Sie als Nächstes, die sieben Basis-Emotionen selbst auszudrücken:

Üben Sie eine Woche lang 15 Minuten pro Tag vor dem Spiegel die „Großen Sieben". Nehmen Sie sich an jedem Tag eines dieser Gefühle vor, sodass Sie am Ende der Woche alle Emotionen durchgegangen sind. Achten Sie darauf, wie Sie sich fühlen, während Sie eine Emotion zeigen. Überfällt Sie eine gewisse Traurigkeit, wenn Sie sie ein paar Minuten lang mit Ihrem Gesicht und Ihrem Körper dargestellt haben? Wie ist es, wenn Sie Wut zeigen? Je klarer Sie die Verbindung zwischen Ihrer nonverbalen Kommunikation und Ihren Gefühlen sehen, umso besser können Sie sich darauf „trainieren", sich in bestimmten Situationen richtig zu verhalten. Wenn Sie zum Beispiel wissen, dass Sie beim ersten Date sehr nervös sind, dann könnten Sie direkt vor dem Rendezvous mit Mimik und Körperhaltung Freude zeigen.

Steht Ihnen eine Präsentation oder ein anderer Termin bevor, bei dem Sie länger über ein bestimmtes Thema sprechen müssen, zum Beispiel bei einem Verkaufs- oder Bewerbungsgespräch, dann probieren Sie doch einmal diese Übung aus:

Nehmen Sie sich eine oder zwei Wochen vor dem Termin auf Video auf, um sich Ihre nonverbale Kommunikation anzusehen und Aspekte zu korrigieren, bei denen Sie offenbar noch nicht das gewünschte Gefühl hervorrufen. Lassen Sie die Schultern hängen? Haben Sie die Hände zur Faust geballt? Wirken Sie wütend oder herablassend? Was ist Ihr Gefühl bezüglich Ihrer Präsentation, den Menschen, vor denen Sie stehen, und den Ideen, die Sie vortragen werden? Sie werden wahrscheinlich erstaunt sein, was Sie auf dem Video sehen werden. Und Sie werden erstaunt sein, wie viel besser Ihre Präsentation läuft, wenn Sie diese kleinen Feinheiten nachjustiert haben.

Sie werden im Laufe der Zeit immer sicherer in Ihrer nonverbalen Kommunikation, sollten dabei aber nicht vergessen, dass dieser Aspekt natürlich auch seine Grenzen hat. So gut Sie auch darin sein mögen, Emotionen zu erkennen, können Sie doch keine Gedanken lesen. Die Körpersprache Ihres Gegenübers sagt Ihnen nur, dass es gerade bestimmte Gefühle hat, aber nicht, warum das so ist. Behalten Sie das immer im Hinterkopf. Sonst laufen Sie Gefahr, schwerwiegende Fehler in Ihrer Interpretation zu machen.

In einem meiner Kurse gab es einen Teilnehmer namens Mike, der die ganze Zeit das Gesicht verzog. Ich interpretierte das als Ausdruck von Wut und fragte mich die ganze Zeit, was ich ihm getan hatte. In einer Pause sprach ich ihn darauf an. Dabei kam heraus, dass er nicht wütend war, sondern Schmerzen hatte, weil er sich den Rücken verrenkt hatte. Ich hatte seine Gefühle also zwar mehr oder weniger richtig eingeordnet: Etwas störte ihn. Aber wenn ich ihn nicht danach gefragt hätte, wäre ich nie auf den Grund für seine Verärgerung gekommen. Denn mit meinen eigenen Vermutungen lag ich vollkommen daneben.

Wenn Sie in Ihrem Umfeld jemanden sehen, der eine der sieben Basis-Emotionen zeigt, und es Ihnen helfen würde, den Grund dafür zu wissen, fragen Sie ihn, anstatt Vermutungen anzustellen. Aber fragen Sie ihn auf eine rücksichtsvolle, teilnahmsvolle Art und Weise. Hätte ich Mike während des Kurses vor allen anderen Teilnehmern damit konfrontiert, wäre eine für ihn peinliche Situation entstanden. Unsere Gefühle sind etwas sehr Intimes, das ich in diesem Moment den anderen Kursteilnehmern vor die Füße geschleudert hätte. Suchen Sie sich also einen ruhigen Ort und stellen Sie Ihre Frage offen und empathisch, nicht aggressiv oder anklagend.

Wenn wir uns dazu verleitet fühlen, Schlussfolgerungen zu ziehen, müssen wir uns immer vor Augen führen, dass Menschen nonverbale Kommunikation oft auf ihre ganz eigene Weise und aus ganz individuellen Gründen einsetzen. Die allgemeinen Regeln, die ich Ihnen zu den sieben Basis-Emotionen gegeben habe, sind genau das: allgemeine Regeln. Ausnahmen gibt es immer. Wenn Sie in der Ferne einen Mann sehen, der mit verschränkten Armen und verzerrtem Gesichtsausdruck schnellen Schrittes auf Sie zukommt, denken Sie wahrscheinlich, er ist wütend oder unglücklich. Aber vielleicht ist ihm ja einfach nur kalt! Oder er ist müde oder fühlt sich unwohl. Oder ihm tut die Schulter weh und es ist für ihn angenehmer, mit verschränkten Armen zu gehen. Vielleicht sind auch seine Ärmel zu kurz und es ist ihm peinlich, wenn das jemand sieht.

Es gibt einen einfachen Trick, um den Gesichtsausdruck und die Körpersprache Ihres Gegenübers möglichst richtig zu interpretieren. Wenn Sie jemandem zum ersten Mal begegnen, denken Sie nicht über seinen Gemütszustand nach, sondern beobachten Sie sein Verhalten, seinen Gesichtsausdruck, seine Körperhaltung und seine Stimme (Rhythmus, Tempo, Lautstärke und Tonhöhe). Betrachten Sie das als seine Grundstimmung. Achten Sie dann im Verlauf des

Gesprächs darauf, ob sich etwas an seiner Grundstimmung ändert. So könnte der Mann, der in dem Beispiel vorhin auf Sie zugestürmt kam, plötzlich eine Frau sehen, stehen bleiben und ihr die Hüfte zudrehen. Dann können Sie ziemlich sicher sein, dass die Frau sein sexuelles oder allgemeines Interesse geweckt hat. Bleibt er hingegen nicht stehen, ist er auch nicht an ihr interessiert. Bleibt er stehen und dreht sich kurz zu ihr um, zeigt das mittelmäßiges Interesse an

Diese Technik können Sie nicht nur bei Fremden anwenden, sondern auch bei Menschen, die Sie gut kennen. Angenommen, ich komme von der Arbeit nach Hause und sehe, dass meine Frau mit verschränkten Armen und zusammengezogenen Augenbrauen vor dem Computer sitzt. Diese nonverbalen Signale könnten auf Wut oder Verärgerung hindeuten, aber es könnte auch sein, dass sie sich einfach auf das konzentriert, was sie gerade liest. Wenn ich ihre Grundstimmung kenne, kann ich schnell bestimmen, wie meine Worte oder Handlungen bei ihr ankommen, indem ich beobachte, was sich an ihrer Grundstimmung verändert. Nehmen wir einmal an, ich komme ins Zimmer gerauscht und sage: „Hey! Mein Tag war super! Alles bestens gelaufen!“ Ist sie wütend oder verärgert, wird sie sich von meiner Fröhlichkeit vor den Kopf gestoßen fühlen. Dann kann ich davon ausgehen, dass sich ihre Augenbrauen noch weiter zusammenziehen oder dass sie die Arme fester um den Körper schlingt. In diesem Fall muss ich mir sagen: „Okay, das war jetzt deplatziert, sie hat gerade schlechte Laune.“ Wenn ich mich ihr dagegen ruhig nähere, die Stimme senke und sie frage, wie ihr Tag war, dann nimmt sie vielleicht die Arme herunter und ich sehe, dass ihre Augenbrauen eher Trauer als Wut zeigen. In diesem Fall sollte meine Interpretation lauten: „Oh, oh ... Heute ist irgendwas Schlimmes passiert.“ Ich könnte ihr dann ein, zwei weitere Fragen stellen, um herauszufinden, was los ist.

Wenn Sie sich angewöhnen, zuerst die Grundstimmung Ihres Gegenübers herauszufinden, kann das auch dazu beitragen, dass Sie sich insgesamt seltener eine falsche Meinung bilden, einfach weil Sie die Menschen allgemein genauer beobachten. Stellen Sie sich vor, wir stehen einander gegenüber und ich frage Sie, ob Ihnen die Pralinen geschmeckt haben, die ich Ihnen geschenkt habe. Wenn Sie leicht mit dem Kopf schütteln und sagen: „Ja, fantastisch. So köstliche Pralinen habe ich selten gegessen“, dann passt Ihre Körpersprache nicht zu dem, was Sie sagen. Lügen Sie mich an? Der offensichtliche Widerspruch ist ein Warnsignal, sicher sein kann ich mir aber nicht. Vielleicht fanden Sie die Pralinen ja tatsächlich köstlich, aber es gab eine mit Orangenlikör, die Sie eklig fanden, was zu der Diskrepanz Ihres Gefühlsausdrucks geführt hat. Um herauszufinden, ob Sie mich angelogen haben, könnte ich versuchen, Sie weiter nach dem Orangenlikör zu fragen. Wenn Sie zum Beispiel sagen: „Ja, die habe ich den Kindern gegeben, ist einfach nicht so meins“, dann erscheint mir die Diskrepanz schon deutlich plausibler. Kann ich sie mir aber trotz weiterer Fragen immer noch nicht richtig erklären, dann könnte es sein, dass Sie mich wirklich angelogen haben.

Beobachten Sie andere Menschen und üben Sie sich in dieser Fähigkeit, aber denken Sie daran, dass Sie ihre Körpersprache nicht überinterpretieren. Stellen Sie stattdessen lieber Nachfragen. Ansonsten werden Sie wahrscheinlich vieles missdeuten und dadurch Ihre Möglichkeiten, auf Ihr Gegenüber Einfluss zu nehmen, schmälern.

Sensibilisieren Sie sich

Nonverbale Kommunikation mag vom Prinzip her einfach sein, die praktische Anwendung wird Ihnen aber im Gegensatz zu manch anderer Technik aus diesem Buch schwer vorkommen. Die meisten Menschen sind in der Lage, auf andere zumindest in gewissem Maße Einfluss zu nehmen, aber die wenigsten von uns haben Erfahrung mit nonverbaler Kommunikation. Als Kinder erfahren wir kaum etwas darüber, sei es im Elternhaus oder im Schulunterricht. Jugendliche sehen heutzutage lieber auf ihr Smartphone oder irgendein anderes Gerät, als andere Menschen zu beobachten und sich auf ihre Gefühle einzulassen. Außerdem sind viele von uns schon von den Anforderungen des Alltags dermaßen überfordert, dass sie mit ihrem eigenen Körper und ihren Emotionen nicht im Einklang sind und sich keine Gedanken über die Verbindung machen, die zwischen beiden besteht.

Sollte es Ihnen anfangs schwerfallen, sich mit nonverbaler Kommunikation zu befassen, versuchen Sie bitte trotzdem am Ball zu bleiben. Jeder Mensch kann solche Dinge lernen. Dazu braucht es einfach nur Übung und den Willen, es wirklich zu schaffen.

Um diesen Punkt zu untermauern, möchte ich Ihnen gern noch eine meiner Lieblingsgeschichten erzählen. Als meine Tochter Amaya acht Jahre alt war, hatte sie das Glück, Dr. Ekman persönlich kennenzulernen. Weil sie von seiner Arbeit fasziniert war, las sie sein Buch *Gefühle lesen* und verbesserte ihre Fähigkeiten in diesem Bereich. Damals wäre ich nie auf die Idee gekommen, dass ihr diese Fähigkeiten längere Zeit erhalten bleiben würden. Sie war ja erst acht Jahre alt. Na, ich sollte eine Überraschung erleben, die sich gewaschen hatte.

Einmal, als wir zusammen mit ungefähr 60 Stundenkilometern durch die Gegend fuhren, tippte sie mir auf die Schulter und sagte: „Dad, hast du die Frau auf der anderen Straßenseite gesehen? Sie sah traurig aus.“ Ich hatte sie nicht bemerkt, weshalb ich einfach weiterfahren wollte. „Dad“, sagte Amaya, „du sagst mir immer, dass wir anderen Menschen helfen sollen, wenn es ihnen nicht gut geht. Du musst umkehren und nach der Frau sehen.“

Wie konnte ich da Nein sagen? Also wendete ich und fuhr zurück. Auf einer Bank saß eine Frau Anfang 60, die ich übersehen hatte, weil ich mich auf den Verkehr konzentriert hatte. Sie trug ein sauberes T-Shirt, Pullover und Jeans, schien also keine Obdachlose zu sein. Aber ihr Gesicht zeigte alle klassischen Anzeichen großer Traurigkeit und ihre Augen waren rot und geschwollen. Ich sah kein Blut oder irgendetwas anderes, das darauf hindeutete, dass sie körperliche Beschwerden hatte. „Ich muss mit ihr sprechen“, sagte Amaya. Ich versuchte es ihr auszureden, weil ich Angst hatte, dass die Frau vielleicht psychisch labil war und eine Bedrohung für sie darstellte, aber Amaya bestand darauf. Also fuhr ich an den Straßenrand. Als ich aussteigen wollte, sagte Amaya: „Dad, ich geh lieber allein. Ich mach das schon, okay? Bitte, Dad." Ich blieb am Wagen stehen und beobachtete sie aufmerksam, um beim geringsten Problem herbeizueilen. Amaya ging auf die Frau zu und erklärte ihr, dass wir eben an ihr vorbeigefahren seien und bemerkt hätten, dass sie traurig aussah. „Ist alles in Ordnung?", fragte sie.

Die Frau sah zu ihr auf und brach in Tränen aus. Als sie sich wieder etwas beruhigt hatte, erzählte sie Amaya, dass ihr Mann sie verlassen und aus dem Haus geworfen habe. Sie hatte kein eigenes Geld, war vollkommen pleite und versuchte gerade, einen Platz in einer Einrichtung für betreutes Wohnen zu bekommen, was aber nicht so einfach war. Jetzt saß sie hier auf der Bank, weil sie nicht wusste, was sie sonst machen sollte – sie hatte jede Hoffnung verloren.

Wir fragten sie, ob wir etwas für sie tun könnten, aber sie sagte Nein. Sie müsse ihre Probleme allein lösen. Nur eine Bitte habe sie: Ob sie Amaya umarmen dürfe? Ich nickte und die beiden umarmten sich. „Vielen Dank", sagte sie zu Amaya. „Danke, dass du mich bemerkt hast und so nett zu mir warst. Das hat ein bisschen Licht in meinen Tag gebracht, und das bedeutet mir sehr viel."

Wenn eine Achtjährige nonverbale Kommunikation gut genug beherrscht, um bei 60 Stundenkilometern am Straßenrand eine traurige Frau zu bemerken, dann können auch Sie sich diese Fähigkeiten aneignen. Und Amayas Geschichte zeigt auch, dass wir durch Kenntnisse in nonverbaler Kommunikation nicht nur leichter Einfluss auf andere nehmen können, sondern sensibler und mitfühlender werden. Amaya ging zu der Frau, ohne etwas von ihr zu wollen, und fühlte sich nach ihrer Begegnung großartig. Indem sie sich Zeit genommen hatte, die Gefühle eines anderen Menschen wahrzunehmen und darauf zu reagieren, hatte sie der Frau etwas Gutes getan.

So wichtig nonverbale Kommunikation ist, brauchen wir aber auch noch andere Fähigkeiten, um möglichst große Chancen zu haben, eine Verbindung zu unserem Gegenüber aufzubauen und es dazu zu bringen, unseren Wünschen zu entsprechen. Sie kennen inzwischen die grundlegenden Prinzipien, wie Sie auf andere Menschen Einfluss nehmen und zugleich dafür sorgen können, dass sie Ihre Begegnung als Bereicherung empfinden. Aber achten Sie dabei in Ihrer Sprache und Ihrem Verhalten auf alle Einzelheiten? Das macht nämlich den Unterschied aus zwischen einem Auftreten, das andere authentisch und überzeugend finden, und einem Verhalten, das ihnen gekünstelt, unbeholfen oder eigennützig vorkommt. Wenn Ihnen die Details misslingen, werden Sie am Ende denken, Sie hätten sich das Ganze auch sparen können. Gelingen sie Ihnen jedoch, dann können Sie ziemlich sicher sein, dass Sie bekommen werden, was Sie wollen, und Ihr Gegenüber die Begegnung trotzdem als Bereicherung empfinden wird. Werfen wir also einen Blick auf die Details.

KAPITEL 8

DIE PERFEKTE PRÄSENTATION

Wirken Sie in Ihren Begegnungen immer authentisch, indem Sie Ihren Ansatz feinjustieren.

Selbst der logischste Vorwand kann sich in Ihren sozialen Interaktionen als Rohrkrepierer herausstellen, weil Sie wegen kleiner Einzelheiten in Ihrem Äußeren, Ihrer Sprache oder Ihrem Verhalten unauthentisch oder unglaubwürdig wirken. Um Ihre Erfolgschancen zu maximieren, sollten Sie immer und vor allem auf Authentizität bedacht sein. Es gibt eine Reihe typischer Fehler, die Hacker machen. Eine gut erzählte Geschichte wirkt in jedem Satz authentisch und glaubwürdig. Das sollte Ihr Verhalten gegenüber anderen Menschen ebenfalls sein.

Vor nicht allzu langer Zeit reiste ich mit meinem Team in ein Entwicklungsland, um in die Firmenzentrale einer großen Bank einzudringen. Dort liefen die Dinge etwas anders als bei uns in den USA. Zu den Sicherheitsmaßnahmen der Bank gehörten stämmige, grimmig dreinblickende Männer mit Maschinenpistolen, die auf Motorrädern über den Parkplatz fuhren. Zum Glück hatten wir Techniken zum Hacken von Menschen im Gepäck. Wir fanden heraus, dass die Bank gerade verschiedene technische Tests durchlief, um sicherzustellen, dass sie internationalen Normen entsprach. Wir bohrten weiter und erfuhren, welches Unternehmen die Tests durchführte, um uns sodann professionell aussehende Hemden schneidern zu lassen, auf die wir das Unternehmenslogo drucken ließen. Anschließend engagierten wir jemanden aus der Gegend, der für uns in die Firmenzentrale ging und die Sicherheitsleute ansprach, um zu fragen, welche Dokumente er mitbringen müsse, um Zutritt zum Gebäude zu erlangen, da er einige Arbeiten durchführen müsse.

Während er noch mit ihnen sprach, ging ich mit einem Kollegen hinein und sprach dabei in mein Handy. Wir hatten beide das Hemd mit dem aufgedruckten Logo an und trugen offiziell wirkende Klemmbretter in der Hand.

Wir hatten uns überlegt, dass ich mit dem Telefon am Ohr einfach auf die Sicherheitsleute zulaufe, dabei nicke und sage: „Ja, ja, ich bin gleich da. Wir können in ein paar Minuten mit dem Test beginnen." Wir liefen an den Sicherheitsleuten vorbei, ohne dass sie uns aufhielten. Dann gingen wir schnell durch das Gebäude, um einen ersten Eindruck zu gewinnen. Die Zeit war knapp – wir wollten natürlich nicht auffliegen. Als wir eine Tür mit der Aufschrift „ATM Testing Center“ sahen, gingen wir darauf zu, als gerade eine Frau den Raum betrat. Sie entriegelte mit ihrer Marke die Tür und wir gingen hinter ihr hinein. „Entschuldigung“, sagte sie. „Können Sie sich ausweisen?“

„Oh, natürlich“, sagten wir. „Wir sollen hier einen PCI-Test durchführen [PCI steht für „payment card industry“, „Kreditkartenindustrie“].“

“Oh, alles klar“, sagte sie.

Sie erledigte in dem Raum das, wozu sie gekommen war, und war eine Minute später wieder verschwunden. Bingo. Binnen 15 Minuten hatten wir die gesamte Bank geknackt.

Wir hatten unseren Auftrag trotz der Wachen mit den Maschinenpistolen so problemlos erledigen können, weil wir einen passenden Vorwand für uns gefunden hatten. Aber die Art und Weise, wie wir diesen Vorwand ausführten, spielte ebenfalls eine Rolle. Unsere Präsentation war in allen Einzelheiten überzeugend, wir hatten jedes Detail auf unseren Vorwand abgestimmt und ihm eine bestimmte Bedeutung gegeben. Die Uniformen und Klemmbretter waren dabei nur der Anfang. Hätte ich nervös gewirkt, als ich auf die Sicherheitsleute zuging, oder hätte ich ihnen lang und breit erklärt, wer ich bin und dass ich eine Berechtigung habe, das Gebäude zu betreten, wären sie misstrauisch geworden. Hätte es ausgesehen, als wüsste ich nicht, wohin ich muss oder was ein Testtechniker macht, oder hätte ich das Sicherheitspersonal direkt gefragt, wo der Serverraum ist, hätten sie wahrscheinlich ebenfalls argwöhnisch reagiert. Irgendetwas an uns hätte falsch gewirkt.

Im Bewusstsein all dieser Feinheiten ersann ich einen sorgfältig ausgetüftelten, minimalistischen Plan. Ich redete nicht mehr als absolut notwendig und tat, als wäre ich hier richtig, ich sprach ins Telefon und wirkte dabei beschäftigt und zielgerichtet, während die Sicherheitsleute von unserem „lokalen Mitarbeiter“ abgelenkt wurden.

Dass ich jetzt käme, sagte ich laut genug, damit die Wachen es hören konnten – wieder ein Hinweis darauf, dass ich hier am richtigen Ort bin und weiß, was ich tue, ebenso wie die Tatsache, dass ich einfach an den Sicherheitsleuten vorbeilief, als hätte ich es schon unzählige Male getan. Zu zweit zu sein erwies sich ebenfalls als Vorteil: Ein Unternehmen, das umfangreiche Tests durchführt, schickt natürlich mehrere Leute. Alle diese Einzelheiten griffen ineinander und setzten den Bedeutungsrahmen, der besagte: „Diese Leute gehören hierher, also lassen wir sie rein." Und genau das taten die Wachen.

Gute Geschichtenerzähler achten bei den Einzelheiten ihrer Story darauf, dass sie durchweg glaubwürdig und natürlich wirken. Filmemacher und Romanautoren wissen nur zu gut, dass ein einziger Fehler dazu führen kann, dass der Zuschauer oder Leser sich wundert und infolgedessen merkt, wie konstruiert die Geschichte ist. Dann verliert sie alle Magie. Um die in diesem Buch beschriebenen Techniken des Menschenhackens erfolgreich anzuwenden, müssen Sie in die Haut eines Geschichtenerzählers schlüpfen und Ihre Begegnung in allen Einzelheiten so gestalten, dass sie authentisch wirkt. Sie müssen Ihr „Publikum" gut genug kennen, um zu erspüren, was sich für es richtig und natürlich anfühlt, während Sie Ihren Vorwand vortragen, Beeinflussungstechniken anwenden und ihm versuchen Informationen zu entlocken.

Ich habe in diesem Buch schon an verschiedenen Stellen über Authentizität gesprochen, aber das Thema ist so wichtig, dass ich es für sinnvoll halte, es noch einmal methodischer und genauer zu betrachten. Ich kann Ihnen keine Anleitung an die Hand geben, wie Sie erreichen können, dass sich Ihr Ansinnen beim Hacken anderer Menschen immer natürlich anfühlt. Dazu sind soziale Interaktionen zu komplex und zu unterschiedlich. Aber ich kann Sie zumindest auf die häufigsten Fehler hinweisen, die dazu führen, dass die Zielperson „aufwacht" und den Trick des Hackers durchschaut. Wenn Sie diese Fehler im Hinterkopf behalten und darauf achten, sie zu vermeiden, werden Ihre Versuche, auf andere Menschen Einfluss zu nehmen, sehr viel authentischer, glaubwürdiger und überzeugender erscheinen.

Die fünf größten Authentizitätsfehler

Meiner Erfahrung nach gibt es fünf Fehler, die hauptsächlich dafür verantwortlich sind, wenn ein Versuch, einen anderen Menschen zu hacken, scheitert. Sie führen dazu, dass die Person Ihres Interesses Ihre verborgenen Gründe und Techniken erkennt. Vielleicht versteht sie nicht genau, was Ihr Ziel ist, aber sie spürt, dass Sie einen Hintergedanken haben, von dem Ihr Verhalten gelenkt wird. Allein das führt dazu, dass sie ihren Schutzschild hochfährt und Ihre Bemühungen, das Gespräch in eine bestimmte Richtung zu bringen, konterkariert.

Menschen machen diese Fehler im Alltag ständig und zerstören damit den Zauber, den sie sonst auf andere ausüben könnten.

Hackingfehler Nummer 1: Sie sind zu direkt

Eine uralte Weisheit gelungenen Erzählens lautet: „Show, don't tell" – „Zeigen, nicht berichten". Das heißt, ein Thema oder ein Charakterzug wird anhand der Handlungen einer Figur erzählt und nicht direkt durch den Erzähler berichtet. Wenn Sie Ihre Botschaft explizit vortragen, erkennt Ihr Gegenüber, dass Sie sie ihm verkaufen wollen, wodurch Ihr Vortrag seine Wirkung verliert. Mit dem Linguisten George Lakoff gesprochen: Sie lenken seine Aufmerksamkeit auf den „Bedeutungsrahmen", den Sie zu etablieren versuchen. Ein Rahmen ist Lakoff zufolge „eine geistige Struktur, die die Art und Weise prägt, wie wir die Welt sehen. Infolgedessen prägt sie auch unsere Pläne, Ziele und Handlungen und alles, was wir als gutes oder schlechtes Ergebnis unserer Handlungen ansehen."[1] Oft übt ein Rahmen aber auch eine Wirkung auf uns aus, weil wir ihn gerade nicht wahrnehmen, sondern denken, wir sähen einfach nur das, was ist. Erkennen wir einen Gesprächsrahmen, dann kann er trotzdem seine Wirkung auf uns entfalten, solange wir nicht das Gefühl haben, dass er gegen uns oder andere eingesetzt wird. Sehen wir böse Absichten darin, wird unser kritisches Denken eingeschaltet und der Rahmen verliert seine Wirkmacht.

Denken Sie noch einmal an das Beispiel, als Sie Ihre Schwester dazu überreden wollen, Sie bei der Pflege Ihrer Mutter finanziell zu unterstützen. Wir hatten gesagt, eine mögliche Beeinflussungstechnik wäre, das Gespräch bei einem Essen in einem Restaurant zu führen, das Ihre Schwester gern mag, und dazu einen Zeitpunkt zu wählen, an dem sie nicht müde oder gestresst von der Arbeit ist. Dann bestellen Sie ihren Lieblingswein oder ihr Lieblingsgericht und beginnen das Gespräch, indem Sie eine Beziehung aufbauen. Wenn es dann später darum geht, Ihren Vorwand vorzutragen, könnten Sie zum Beispiel sagen: „Du, hör mal, ich wollte mit dir Essen gehen, weil ich dich um deine Hilfe bitten wollte. Mom geht es gesundheitlich nicht gut und wir können sie nicht länger allein lassen. Ich weiß nicht, was ich machen soll. Aber mir ist deine Meinung wichtig, deshalb wollte ich dich fragen, was du darüber denkst."

Anschließend können Sie Ihre Schwester mithilfe von Beeinflussungstechniken in die gewünschte Richtung lenken, nämlich dass sie sich finanziell an der Pflege Ihrer Mutter beteiligt. Sie können den sozialen Beweis anführen, dass ein anderer Verwandter oder eine Freundin dasselbe getan hat. Oder Sie bringen das Sympathieprinzip an und sagen ihr, was für eine gute Tochter sie immer gewesen ist. Auf keinen Fall aber sollten Sie etwas sagen oder tun, das Ihre Schwester darauf stößt, dass Sie sie die ganze Zeit beeinflusst haben. Wenn der Kellner den Wein bringt, sollten Sie nicht sagen: „Schau mal, ich habe deinen Lieblingswein bestellt." Und wenn er das Hauptgericht bringt, sollten Sie nicht sagen: „Das magst du doch so gern. Ich wollte mit dir hier essen, weil es dein Lieblingsrestaurant ist." Derlei scheinbar harmlose Kommentare können dazu führen, dass Ihre Schwester hellhörig wird und ihr Augenmerk auf das richtet, worauf sie es nicht richten sollte: auf Sie und Ihre Motive. Denn Sie sagen ihr damit im Grunde: „Pass auf, ich mache das Ganze hier nur, damit du mir einen Wunsch erfüllst." Nicht sonderlich geschickt, oder?

Wenn ich mich als Monteur verkleide, der in einem Gebäude den Aufzug reparieren soll, rufe ich den Wachleuten nicht zu: „Hey, hier ist meine Montur und das hier ist mein Werkzeugkasten. Ich bin Monteur und repariere Aufzüge.“ Die Wachleute sehen ja anhand meiner Montur und meines Werkzeugkastens, dass ich Monteur bin. Ich will damit aber nicht sagen, dass Sie Ihren Vorwand oder Ihre Beeinflussungstechniken niemals offenlegen dürfen. Angenommen, ich gebe mich als Monteur der Firma Otis Elevators aus und trage ein Hemd mit dem Unternehmenslogo. Wenn der Wachmann mich anspricht, um ein bisschen Small Talk zu machen, und zu mir sagt: „Oh, Sie arbeiten für Otis?“, dann gehört es natürlich dazu, dass ich Ja sage. Hat mir aber niemand diese Frage gestellt, dann gibt es für meine Zielperson keinen logischen Grund, warum ich ihr meine Berufsbeschreibung vortragen sollte. Das heißt, wenn ich das mache, wird sie hellhörig und wird mich näher unter die Lupe nehmen.

Hackingfehler Nummer 2: Sie negieren den Rahmen

Manche Menschenhacker sind allerdings noch ungeschickter in ihrem Vorgehen. Ihnen genügt es nicht, der Person ihres Interesses unter die Nase zu reiben, was sie für sie alles tun, sondern sie gehen noch einen Schritt weiter und versichern ihr hoch und heilig, dass sie nichts Böses im Sinn haben. Kursteilnehmer von mir sind allen Ernstes in ein hoch gesichertes Gebäude gegangen, haben ihren falschen Ausweis hochgehalten und gesagt: „Hier, schauen Sie, ich bin hier angestellt. Hier steht es.“ Um dann noch hinzuzufügen (was sie für ganz besonders clever hielten): „Nicht, dass Sie denken, ich wäre ein Hacker oder so jemand.“

Bitte?? So etwas sagen Sie natürlich nicht! Ein guter Erzähler, der seinen Lesern etwas verklickern will, zum Beispiel über die Sinnlosigkeit des Lebens, würde niemals mit einem Satz wie diesem herausplatzen: „Ich habe mir diese ganze Geschichte nur ausgedacht, um Ihnen zu zeigen, dass das Leben sinnlos ist.“ Damit würde der Erzähler jegliche Authentizität, die er vorher aufgebaut hat, zerstören. Im Kontext der politischen Rede sagte Lakoff dazu den berühmt gewordenen Satz: „Wenn wir einen Rahmen negieren, beschwören wir ihn geradezu herauf."[2] Alles, was wir sagen, um eine Idee zu negieren, führt dazu, dass diese Idee unserem Gegenüber bewusst wird.

Wenn Sie zu Ihrer Schwester sagen: „Ich habe dich nicht zum Essen eingeladen, weil ich von dir Geld für Mom brauche", was glauben Sie, wird sie denken? Vielleicht wäre sie ohne diesen Satz nie auf den Gedanken gekommen, dass Sie ein bestimmtes Ziel im Sinn haben. Aber jetzt haben Sie den Samen gepflanzt. Und er kann im Verlaufe des Gespräches weiterwachsen und gedeihen und sich zu einem hässlichen Unkraut aus Zweifeln und Skepsis weiterentwickeln – das genaue Gegenteil von dem, was Sie beabsichtigt haben. Negieren Sie also niemals den „Rahmen" oder die Erzählung, die Sie mithilfe Ihres Vorwands, Ihres Beziehungsaufbaus und Ihrer Beeinflussungstechniken erschaffen haben. Niemals.

Hackingfehler Nummer 3: Sie sind zu perfekt

Wenn Sie Ihrem Gegenüber eine Geschichte erzählen, müssen Sie immer Einzelheiten nennen. Ansonsten wirkt die Geschichte allzu vage, abstrakt und womöglich unverständlich. Außerdem müssen Sie den Bedeutungsrahmen verstärken, wenn Sie einen Vorwand mithilfe mehrerer bestätigender Details liefern. Wenn ich mich als Kammerjäger ausgebe, dann tragen meine Uniform, die Sprühflasche und das Klemmbrett dazu bei, dass mein Vorwand von anderen als legitim angesehen wird. Mehr brauche ich aber auch nicht. Ich muss nicht zu den Wachleuten gehen und ihnen einen Vortrag darüber halten, welche Insekten ich hier bekämpfen werde oder was für ein Pestizid ich dafür einsetze oder wie viele andere Gebäude ich in dieser Woche schon damit behandelt habe. Wenn ich meiner Zielperson zu viele Einzelheiten gebe, um möglichst „perfekt" zu erscheinen, erreiche ich damit nur, dass sie anfängt, über diese Details nachzudenken, und sich fragt, warum ich ihr so viele Einzelheiten nenne. Schließlich wird ihr klar, dass ich ihr eine Geschichte erzähle, die sie glauben soll – und die sie dann umso weniger glauben wird. Am Ende wirke ich dadurch ängstlich und nervös, und mein Gegenüber könnte auf den Gedanken kommen, dass ich ihm etwas vorspiele.

Als ich mit meinem Team in die oben erwähnte Bank einzudringen versuchte, hatten wir uns zuvor einige wichtige Details überlegt. Ich wusste meinen falschen Namen, den Namen des Unternehmens und den Grund für unseren Besuch, ich wusste, was ein Compliance-Test ist und welche Abteilungen der Bank getestet werden sollten. Aber ich ging nicht hinein und verkündete allen, die da waren, dass mir mein Vorgesetzter Rafik Ghalili aus unserem Büro in Chicago während eines Meetings am 17. Juni gesagt hatte, dass ich hierherfahren und einen PCI-Compliance-Test durchführen solle, der am 13. September beginnen solle. Ich sagte den Wachleuten nicht, dass ich seit sechseinhalb Jahren für mein Unternehmen Compliance-Tests durchführte und meine Ausbildung in der Filiale in Baltimore gemacht hatte. Solche Einzelheiten interessieren niemanden. Hätte ich sie vorgetragen, wäre das den Wachleuten komisch vorgekommen.

Hacker nennen meist nicht zu viele Details, begehen aber den Fehler, bei einem Detail zu sehr auf die Tube zu drücken, um ihre Zielperson mit diesem „Killerdetail“ zu überzeugen. Ich musste vor Kurzem zusammen mit einem Geschäftspartner zu einem Meeting. Er kannte mich nicht sonderlich gut, wusste aber, dass meine Lieblingsband die Rock-’n’-Roll-Band Clutch ist. Als er mich mit dem Auto abholte, um zusammen zu dem Meeting zu fahren, spielte er ein Album von Clutch, das er heruntergeladen hatte, um eine Beziehung zu mir aufzubauen. Ich sprach ihn auf die Musikwahl an, worauf er sagte: „Oh, ja, ich habe letztens mitgekriegt, wie Sie über die Band gesprochen haben, und da dachte ich mir, ich lade ein Album von ihnen herunter, um es mit Ihnen zusammen anzuhören.“

Mein Geschäftspartner behauptete nicht, er wäre über Nacht zum glühenden Clutch-Fan geworden oder würde jede Platte und jeden Song der Band kennen. In dem Fall hätte ich mich gefragt, ob er wirklich die Wahrheit sagte, weil er noch nie ein Wort darüber verloren hatte, dass er die Band oder den Musikstil gut fände. Hätte ich ihn nach seinem Lieblingslied auf der Platte gefragt oder ihm irgendeine andere Frage gestellt, die Insiderwissen erforderte, dann wäre es für ihn peinlich geworden und er hätte nicht gewusst, was er sagen sollte. In dem Bemühen, seinen Beziehungsaufbau authentisch zu gestalten, hätte er genau das Gegenteil erreicht und ihn zerstört.

Wenn Sie eine soziale Interaktion „perfekt" gestalten wollen, denken Sie an die 2.000 Jahre alten Worte des römischen Kaisers Mark Aurel: „Wenn zum Beispiel ein Brot gebacken wird, platzen einige Stellen auf, und diese Risse, die gewissermaßen im Widerspruch zum Zweck des Brotbackens stehen, fallen irgendwie ins Auge und regen auf besondere Weise den Appetit an."[3] Die meisten Menschen mögen das Unvollkommene. Wir finden es nicht nur schön und verlockend, sondern auch erstrebenswert authentisch, was ein Wissenschaftler einmal „ehrgeizige Echtheit" genannt hat.[4] Das gilt für Brot und viele andere Gebrauchsgüter, aber auch für soziale Interaktionen. Denken Sie also bitte nicht, Sie müssten bei Ihrer Präsentation unbedingt alles richtig machen. Gut ist in diesem Fall besser als sehr gut mit Sternchen.

Hackingfehler Nummer 4: Sie sind unsensibel

Schlechte Hacker treiben es nicht nur mit den Einzelheiten zu weit, sondern führen sie auch falsch aus. Wie sie sprechen und handeln, lenkt von ihrem Vorwand ab oder widerspricht ihm sogar. Wenn Ihr Vorwand darin besteht, einen verständnisvollen Bruder zu spielen oder eine respektierte Autoritätsperson oder einen gewissenhaften Mitarbeiter, dann ist es schlecht, wenn Sie im Gespräch ständig herumfluchen oder „Scheiße" sagen. Dadurch werden Sie weniger glaubwürdig. Das ist in meiner Branche ein großes Problem. Da Social Engineering traditionell von Männern dominiert ist, hört man nicht selten sexistische Sprüche. Sicherheitsleute, die es geschafft haben, in das Computersystem eines Unternehmens einzudringen, sagen zum Beispiel: „Ich habe gerade den Server geschändet!" Was für ein Bild zeichnet das? Wenn Sie andere Menschen beeinflussen wollen und wie ein Trottel reden, dürfen Sie davon ausgehen, dass Sie scheitern werden. Oder angenommen, Sie sind frisch verheiratet und wollen zur Familie Ihrer Frau eine Beziehung aufbauen, die aber alle keine Muttersprachler sind. Wenn Sie jetzt im Gespräch ständig irgendwelche ausgefallenen Wörter anbringen, die sie wahrscheinlich nicht verstehen, zum Beispiel „Plausch" oder „Jähzorn", dann werden Sie mit Ihrem Vorwand, ein freundliches, zuvorkommendes neues Familienmitglied zu sein, vermutlich nicht weit kommen.

Außer der Sprache können aber auch andere Aspekte Ihrer Präsentation die Person Ihres Interesses vor den Kopf stoßen, wenn Sie nicht aufpassen. Wie wir im letzten Kapitel gesehen haben, sendet unsere Körpersprache subtile Hinweise an andere Menschen aus. Wenn ich mich als großer, stämmiger Mann mit einer Frau unterhalte, die deutlich kleiner und schmaler ist als ich, könnte sie es unterbewusst als Bedrohung empfinden, dass ich ihr frontal die Hüften zuwende. Oder wenn ich als Mann Kontakt zu einer Studentin aufnehmen möchte, die einen Hidschab trägt, und ihr zur Begrüßung die Hand entgegenstrecke, könnte ich damit bei ihr Ärger erregen, da strenge islamische Kulturen jeden Körperkontakt zwischen fremden Menschen unterschiedlichen Geschlechts verbieten. Wenn ich mich an eine ältere Person wende, die nicht mehr gut hört, und dabei schnell und leise spreche, bringe ich sie womöglich unabsichtlich in eine unangenehme Situation, wodurch ich meine Möglichkeiten schmälere, auf sie Einfluss zu nehmen – vor allem, wenn ich den aufmerksamen, einfühlsamen Enkel/Nachbarn/Freund spiele. Wenn ich in der Rolle des aufmerksamen Vaters bin und ständig auf mein Telefon starre, während meine Tochter mit mir redet, unterwandere ich damit ebenfalls meine Authentizität. Darunter leidet wiederum meine Einflussnahme.

Auch müssen Sie Ihr allgemeines Auftreten bedenken und wie es auf andere wirkt, vor allem auf Fremde, die uns noch nicht kennen und die mit dem oberflächlichen Eindruck Vorlieb nehmen müssen, den sie von uns bekommen. Einen großen, kahlköpfigen Mann nehmen viele als wütend oder aggressiv wahr. Er mag der freundlichste, einfühlsamste Mensch der Welt sein, aber das ist halt das Stereotyp. Wer andere Menschen beeinflussen möchte, muss derlei Stereotype im Hinterkopf behalten und seine Sprache und sein Verhalten entsprechend anpassen, um sie zu widerlegen. Ich könnte zum Beispiel lächeln und einen besonders freundlichen Tonfall anschlagen oder der Person meines Interesses den höchsten Stuhl am Tisch anbieten, um sie in eine Position zu bringen, in der sie sich stark und überlegen fühlt. Wenn ich eine vollbusige Frau bin, die eine Gruppe von Männern beeinflussen will, muss ich mir überlegen, wie lang meine Ärmel sein sollten, wie tief meine Bluse ausgeschnitten sein darf und ähnliche Aspekte meiner Präsentation, ebenso die Schlüsse, die die Männer daraus über meine Motive ziehen, seien ihre Schlussfolgerungen nun richtig oder falsch. Unabhängig von meinem Geschlecht muss ich überdies die sozioökonomischen Dimensionen meiner Präsentation berücksichtigen. Wenn ich wohlhabend bin und mit jemandem spreche, der nicht viel Geld hat, hilft mir dann meine Tasche von Gucci oder meine Rolex beim Beziehungsaufbau oder sorgen sie im Gegenteil dafür, dass mich der andere für einen Snob hält?

Vielleicht gefällt es uns nicht, welche Stereotype Menschen anwenden, um sich über andere ein Urteil zu bilden – mir jedenfalls gefällt es ganz und gar nicht. Aber wir können nun einmal nicht ändern, wie andere Leute ihre Mitmenschen wahrnehmen, so unfair und verletzend das auch sein mag. Und wir müssen damit umgehen, wenn wir Einfluss auf sie nehmen wollen. Ich selbst nutze diese Vorurteile in meiner Arbeit immer und immer wieder, um Menschen dazu zu bringen, auf einen Link zu klicken oder mich durch eine Sicherheitsschleuse zu lassen. Ich hasse diese Stereotype, aber es gibt sie und sie sind tief in uns verwurzelt. Wer jetzt sagt, es sei falsch, mit diesen beklagenswerten Stereotypen zu spielen, und man müsse ihnen, wo immer sie einem begegnen, widersprechen, dem möchte ich entgegnen, dass Verbrecher sich nicht scheuen, die Vorurteile anderer zu ihrem Vorteil zu nutzen, und da meine Arbeit darin besteht, Organisationen zu helfen, ihre und die gesamtgesellschaftliche Sicherheit zu erhöhen, muss ich genau dasselbe tun.

Aber auch Menschen, die keine professionellen Hacker sind, können solche Wahrnehmungen nicht einfach übergehen. Man könnte der Ansicht sein, wir sollten unsere Freunde, Verwandte und

Nachbarn auf ihre Vorurteile hinweisen, damit sie möglicherweise etwas daran ändern. Manchmal ist das sicher notwendig. Wie ich in diesem Buch schon mehrmals gesagt habe, ist es wichtig, dass wir im Umgang mit anderen Menschen unsere moralischen Prinzipien nicht hintergehen. Meist ist es aber besser, wenn wir etwas bescheidener sind und unserem Gegenüber so weit entgegenkommen, wie wir nur können. Denn wir wollen ja in unserem Sinne Einfluss auf den anderen ausüben. Und wir können in unserem Alltag nicht alle Vorurteile, die Menschen haben, aus der Welt räumen. Wir können nur auf das Denken *der einen Person, mit der wir uns unterhalten,* Einfluss nehmen. Das gelingt uns am besten, wenn sie sich im Gespräch möglichst wohl und nachher von der Begegnung bereichert fühlt. Dann könnte es vielleicht sein, dass sie die Stereotype, mit denen sie uns begegnet ist, infrage stellt. Auch müssen wir damit abfinden, dass mancher Vorwand wegen der rassistischen, sexistischen oder altersdiskriminierenden Vorurteile unseres Gegenübers einfach nicht funktioniert. Bestimmte Aspekte unserer Erscheinung könnten zu stark mit dem Bild kollidieren, das wir im anderen hervorzurufen versuchen.

Hackingfehler Nummer 5: Sie sind mit Ihrer Bitte zu aggressiv

„Als ich gestern Abend im Büro gerade das Licht ausmachen und nach Hause gehen wollte, sah ich in einer Ecke ein Insekt, das sich an einem Faden abseilte und ein anderes Insekt in seinem Netz einwickelte." Was für ein Bild entsteht in Ihnen, wenn Sie diesen Satz lesen? Höchstwahrscheinlich haben Sie an eine Spinne gedacht. Ich musste das Wort „Spinne" gar nicht schreiben, um in Ihnen das Bild dieses Tieres hervorzurufen.

Überall wo ein Bedeutungsrahmen existiert, rufen Worte oder Gegenstände innerhalb dieses Rahmens (das Netz, ein Insekt, das eingewickelt wird) den Rahmen (die Vorstellung von einer Spinne, die in der Ecke des Raumes ihrer Tätigkeit nachgeht) hervor. Dieses Prinzip ist der Grund dafür, dass wir mit unseren Hackingmaßnahmen nicht besonders eindeutig sein müssen (Hackingfehler Nummer 1).

Ein oder zwei Elemente des Rahmens genügen. Als Begleiterscheinung dieses Prinzips müssen wir auch nicht direkt nach dem fragen, was wir wollen. Im Gegenteil, wenn wir unser Ansinnen zu deutlich formulieren, kann die Sache nach hinten losgehen, weil der andere dann womöglich den Bedeutungsrahmen erkennt, den wir errichtet haben.

Nehmen wir an, meine Nachbarin – ich nenne sie einmal Barb – hat einen großen Golden Retriever, der jeden Morgen und jeden Abend, wenn Barb ihn nach draußen lässt, laut und anhaltend bellt. Morgens geht es schon um sechs Uhr los, sodass meine beiden kleinen Kinder eine Stunde, bevor der Wecker klingelt, aufwachen. Jeden Tag. Ich möchte gern, dass Barb zumindest bis acht Uhr wartet, bevor sie ihren Hund rauslässt, oder sich eine andere Lösung überlegt, damit meine Familie ungestört schlafen kann. Wenn ich nun auf sie zugehe, während sie abends aus dem Auto steigt, und sie ohne Umschweife bitte, ihren Hund erst um acht Uhr rauszulassen, wird sie vermutlich defensiv reagieren, da sie von einem langen Arbeitstag müde und gestresst ist. Versuche ich, die Rolle des „freundlichen Nachbarn, der um Hilfe bittet", zu spielen, konterkariert meine Direktheit diesen Vorwand und macht ihn vermutlich wertlos.

Besser wäre es, Barb an einem Sonntagmorgen anzusprechen, wenn ich rausgehe, um einen Spaziergang in der Sonne zu machen, und sie entspannt mit ihrem Hund Ralphie im Garten tollt. Aber selbst dann würde ich mir keinen Gefallen tun, wenn ich sie einfach direkt fragte, ob sie Ralphie frühmorgens im Haus lassen könnte. Stattdessen könnte ich auf sie zugehen und sagen: „Ihre neuen Rosensträucher sind wirklich wunderschön, ich sehe sie mir immer wieder gern an. Ralphie scheinen sie auch zu gefallen. Hey, da fällt mir ein, ich wollte Sie fragen, ob Sie mir vielleicht helfen könnten. Wir haben da nämlich ein Problem. Wir haben schon mit unseren Kindern darüber gesprochen und wissen nicht, was wir tun sollen. Sie wachen jeden Morgen auf, weil sie Ralphies Bellen hören. Wir haben schon probiert, die Fenster zuzulassen, aber das bringt leider nichts. Ich weiß ja, dass Sie Ralphie rauslassen müssen, aber vielleicht haben Sie eine Idee, was man da machen könnte?"

Wenn ich sie auf diese Art danach frage, könnte sich ein Gespräch entwickeln, in dessen Verlauf Barb selbst vorschlägt, den Hund erst um acht Uhr nach draußen zu lassen oder sich eine andere Lösung zu überlegen. Zum Beispiel könnte sie mit ihm einen Spaziergang machen, anstatt ihn nur in den Garten zu lassen, damit die Kinder das Bellen nicht hören. In diesem Fall hätte ich genau das bekommen, was ich wollte, ohne sie direkt gefragt zu haben. Natürlich kann es auch sein, dass sie mir kein Angebot macht, sondern etwas sagt wie: „Das tut mir leid. Vielleicht könnten Sie vor ihrem Zimmer eine Klangmaschine aufstellen, um das Bellen zu dämpfen." Wenn sie so reagiert, werde ich wahrscheinlich wütend, weil sie so egoistisch ist. Aber auch dann ist es besser, keinen Tobsuchtsanfall zu bekommen, sondern es noch mal auf eine andere Art und Weise zu versuchen: „Nein, das geht nicht, die Kinder mögen keine Klangmaschinen. Wir haben das schon letztes Jahr ausprobiert, als die Kleine gerade geboren war. Gibt es vielleicht noch eine andere Möglichkeit?"

Wenn mir Barb jetzt den Vorschlag macht, den ich mir gewünscht habe: perfekt. Ich habe mich geduldig bemüht, auf sie Einfluss zu nehmen, meinen Vorwand glaubwürdig vertreten und es hat sich ausgezahlt. Macht sie mir kein solches Angebot und hilft es auch nichts, ein weiteres Mal nachzuhaken, dann kann ich mir überlegen, ob ich sie direkt bitte, den Hund erst um acht Uhr rauszulassen. Kein Vorwand gibt Ihnen die Garantie, dass er funktioniert, aber zumindest habe ich meinen Vorwand so weit getrieben, wie es irgend ging, sodass ich in den Augen meiner Nachbarin authentisch und glaubwürdig geblieben bin.

Wenn ich sie direkt fragen muss, sollte ich darauf achten, sie nicht anzuklagen oder ein Urteil über sie zu fällen. Es besteht ein großer Unterschied zwischen einer unwirschen Aussage wie „Entschuldigung, Barb, ich habe es wirklich im Guten versucht und Sie freundlich um Hilfe gebeten, aber ich muss Ihnen jetzt einfach sagen, dass Ihr Hund uns auf die Nerven geht mit seinem Gebell, und wenn Sie ihn morgens nicht bis acht Uhr im Haus lassen, dann rufe ich den Hundefänger“ und der verständnisvollen Bitte: „Ich weiß, Barb, wir haben uns jetzt alle möglichen Lösungen überlegt, aber ich muss Sie einfach bitten, dass Sie Ralphie morgens nicht vor acht Uhr aus dem Haus lassen. Samstag ist der einzige Tag in der Woche, an dem ich ausschlafen kann, und ich brauche das dringend, um psychisch im Gleichgewicht zu bleiben. Könnten Sie bitte darauf Rücksicht nehmen?“ Vergessen Sie nicht: Ich weiß nicht, warum sie sich mir gegenüber so rücksichtslos verhält. Vielleicht ist sie einfach egoistisch, vielleicht hat sie aber auch andere nachvollziehbare Gründe. Mein Ziel ist immer, dass sie sich durch unsere Begegnung bereichert fühlt und zugleich meinen Wünschen nachkommt. Wenn ich ausraste, werde ich dieses Ziel vermutlich verfehlen.

Denken Sie an eine Begegnung, die nicht so verlaufen ist, wie Sie sich das vorgestellt haben. Analysieren Sie Ihr Verhalten während des Gesprächs. Wie haben Sie das Gespräch eröffnet? Wie haben Sie den Beziehungsaufbau gestaltet? Wie haben Sie Ihren Vorwand vorgetragen? Welche Körpersprache haben Sie benutzt? Wie waren Sie gekleidet? Haben Sie der Person Ihres Interesses Aufmerksamkeit geschenkt und überlegt, wie sie Sie wahrnimmt? Überlegen Sie sich drei oder vier Einzelheiten in Ihrer Sprache oder Ihrem Verhalten, die Sie hätten anders machen können, und versuchen Sie diese Änderungen in der nächsten ähnlichen Begegnung anzuwenden.

Die Zielperson kennen, ohne es zu übertreiben

Wenn wir uns diese fünf großen Hackingfehler noch einmal in Ruhe anschauen, kann man sagen, dass schlechte Hacker sie begehen, weil sie die Beziehung zu ihrer Zielperson schlecht austariert haben.

Sie machen sich entweder zu viele oder zu wenige Gedanken darüber, wer diese Person ist. Sie gehen über ihre Perspektive, ihre Gefühle und Bedürfnisse hinweg oder denken im Gegenteil zu viel darüber nach, wie der andere sie wohl wahrnehmen mag. Beide Arten des Ungleichgewichts führen dazu, dass sie die falschen Einzelheiten vortragen, zu geschwätzig oder zu direkt werden, zu viele Einzelheiten oder gar Lügen erzählen, um ihren Vorwand zu finalisieren und voll und ganz unter Kontrolle zu haben, wie ihr Gegenüber sie wahrnimmt. Nicht nur Anfänger finden in dieser Hinsicht nicht immer das richtige Gleichgewicht. Anfänger unterschätzen eher, wie genau sie den anderen kennen und verstehen müssen, um Erfolg zu haben, und begehen den Fehler, die Situation ohne ausreichendes Wissen kontrollieren zu wollen. Aber auch ausgewachsene Profis können sich durch ihre vorherigen Erfolge zu sehr in Sicherheit wiegen und denken, die nächste Zielperson werde schon ähnlich reagieren wie alle anderen, und was einmal funktioniert hat, funktioniert ja wohl auch ein zweites Mal. Wer vom Typ „G“ ist, also Gewissenhaft, dem kann es auch passieren, dass er die Begegnung zu stark vorausplant, damit alles „perfekt“ wird.

Obwohl ich kein Typ „G“ bin, habe auch ich mich schon einmal einer solchen Dummheit schuldig gemacht. Vor ein paar Jahren haben wir ein Herstellungsunternehmen gehackt, das große Aufträge von der Regierung und vom Militär bekam. Damals fingen gerade ausländische Regierungen damit an, über LinkedIn Spione anzuheuern, um an sensible Daten zu gelangen. Deshalb gaben wir uns als attraktive junge Frau aus und schickten an alle 7.500 Mitarbeiter des Unternehmens eine E-Mail, in der wir sie einluden, einer speziellen LinkedIn-Gruppe beizutreten. Wir wollten, dass möglichst viele von ihnen auf den Link klickten, damit wir Zugriff auf ihre Computer bekamen.

Als wir zum ersten Mal ein Unternehmen mit einer solchen Phishing-Mail hackten, fielen 50 bis 60 Prozent der Mitarbeiter darauf herein. Nach anderthalb Jahren erkannten die Mitarbeiter Phishing-Mails schon eher, sodass unsere Rate auf 25 bis 40 Prozent fiel. Trotzdem war der LinkedIn-Trick ein voller Erfolg: Sage und schreibe 79 Prozent der Mitarbeiter klickten auf den Link, um der Gruppe beizutreten.

In meiner Branche ist ein solcher Erfolg ein überwältigendes Erlebnis – das mir leider zu Kopf stieg. Ein paar Monate später engagierte uns ein anderes Unternehmen, ein Einzelhändler mit 10.000 Mitarbeitern, um es per Phishing zu hacken. „Sie müssen unsere Mitarbeiter gleich beim ersten Versuch kriegen, indem Sie sie auf dem falschen Fuß erwischen", sagte uns der neue Kunde.

„Kein Problem", erwiderte ich. „Ich weiß schon, wie."

Wir wandten denselben Trick an, der bei dem Herstellungsunternehmen so blendend funktioniert hatte. An dem Tag, als wir die Mail rausschickten, wartete ich gespannt auf das Ergebnis. Ich war entsetzt: In den ersten 24 Stunden fiel nur ein Prozent der Mitarbeiter darauf herein. Nach zwei Tagen waren es zwei Prozent. Nach drei Tagen immer noch zwei Prozent. Und am Ende der Woche hatten gerade mal sieben Prozent aller Mitarbeiter auf den Link geklickt – also weit entfernt von den 79 Prozent, die wir bei dem anderen Unternehmen erreicht hatten. Was war passiert?

Ich vermutete, dass die Spamfilter des Unternehmens unsere E-Mail abgefangen hatten, also überprüften wir es. Aber nein, das war nicht der Fall. Dann prüften wir, ob es vielleicht ein technisches Problem gab, das dazu geführt hatte, dass die meisten Mitarbeiter die E-Mail nicht bekommen hatten. Wieder nein.

Niedergeschlagen beendete ich den Phishing-Versuch und bat den Kunden, dass die Abteilungsleiter ihre Mitarbeiter fragen sollten, warum sie nicht auf den Link geklickt hatten. Es stellte sich heraus, dass die meisten Mitarbeiter im Unternehmen kein Interesse an LinkedIn hatten. Bei dem Herstellungsunternehmen waren die meisten Mitarbeiter Männer zwischen 40 und 60 Jahren gewesen. Sie fanden LinkedIn großartig und benutzten es ständig. Und da diese Männer den ganzen Tag nur an ihrem Schreibtisch saßen, gefiel es ihnen besonders gut, eine Nachricht von einer attraktiven jungen Frau zu erhalten. Bei dem Einzelhändler dagegen waren die meisten Mitarbeiter zwischen 20 und 40 Jahre alt und ein deutlich größerer Prozentsatz von ihnen waren Frauen. Diese Generation sah LinkedIn als eine Website für „alte Leute" an und benutzte lieber Netzwerke wie Snapchat oder Instagram. Als sie die E-Mail mit der Einladung zu LinkedIn sahen, schenkten sie ihr daher keine große Beachtung. Zudem hatten die Frauen wenig Interesse daran, einer Einladung zu folgen, nur weil sie von einer attraktiven Frau kam.

Wir hatten den Auftrag vergeigt, weil ich in meiner großen, unfehlbaren Klugheit und Weisheit (sarkastisches Lachen) keinen Gedanken an die Zielpersonen verschwendet hatte. Ich dachte nur daran, wie wahnsinnig gut die Aktion beim letzten Mal gelaufen war. Das Grundwissen, das ich über die Zielpersonen im neuen Unternehmen hatte – Mitarbeiter eines großen Unternehmens, die in einer Unternehmensumgebung arbeiten –, reichte mir, um zu wissen, dass der Vorwand, den ich beim ersten Mal angewandt hatte – eine freundliche Einladung zu einem sozialen Netzwerk – wahrscheinlich funktionieren würde. Aber das genügte nicht, damit der Vorwand auch im Detail stimmte. Dazu hätte ich mir die Zielpersonen genauer ansehen und ein besseres Verständnis ihres grundlegenden Charakters, ihrer Vorlieben und Bedürfnisse gewinnen müssen, auch wenn es natürlich immer noch oberflächlich geblieben wäre. Dann hätte ich die Ausführung unseres Vorwands entsprechend angepasst und eine E-Mail mit einer Einladung zu einem Forum auf Facebook verschickt, in der die Zielpersonen auf einen Link klicken sollten. Drei Monate später bekamen wir eine zweite Chance und versandten genau diese E-Mail. Und diesmal hatten wir damit überwältigenden Erfolg.

Denken Sie nie, Sie würden die Person Ihres Interesses schon kennen. Bleiben Sie ihr gegenüber aufmerksam, hören Sie ihr zu und versuchen Sie sie wirklich zu verstehen. Übertreiben Sie es aber nicht damit, die Situation vollständig kontrollieren zu wollen. Bleiben Sie ruhig, achten Sie auf Ihre inneren Impulse, falls Sie ein großer Kontrollfreak sind, und bleiben Sie möglichst bei der Wahrheit. Es ist sehr schwer, authentisch zu erscheinen, während man

Lügen erzählt. Je mehr Sie von der Wahrheit abweichen, umso mehr Arbeit muss Ihr Gehirn verrichten. Sie müssen sich alle Lügen merken, um sich nicht selbst im weiteren Verlauf des Gesprächs oder der Beziehung zu widersprechen. Selbst wenn Ihnen das gelingt, wirken Sie wahrscheinlich unbeholfen oder gekünstelt, als würde irgendetwas mit Ihnen nicht stimmen.

Einer meiner Kursteilnehmer versuchte einmal beim Beziehungsaufbau, einen gemeinsamen Nenner mit ihm fremden Menschen zu finden, indem er sie fragte, woher sie kamen, und dann behauptete, aus derselben Stadt zu sein. Zuerst erregte die Gemeinsamkeit ihre Begeisterung, die aber schnell wieder verging, als sie feststellten, dass er nichts über ihre Stadt wusste und offenbar gelogen hatte. Tun Sie das nicht. Die besten nicht professionellen Hacker, die ich kenne, verstehen nicht nur die Menschen, auf die sie Einfluss zu nehmen versuchen, sondern respektieren sie auch und wollen sie deshalb nicht anlügen. Dadurch kriegen sie eher, was sie wollen, und da ihr Gegenüber die Begegnung ebenfalls genossen hat, gehen sie mit einem guten Gefühl aus ihrem „Hackerangriff".

Behalten Sie die fünf großen Hackingfehler unbedingt im Hinterkopf, wenn Sie die in den vorherigen Kapiteln beschriebenen Techniken üben. Denken Sie dabei auch an die allgemeinen Prinzipien: dass Sie Ihre Zielperson kennen, ruhig bleiben und möglichst immer die Wahrheit sagen sollten. Wenn Sie sich bisher schon einige Mühe gegeben haben, weniger an sich selbst und mehr an den anderen zu denken, verdoppeln Sie Ihre Anstrengungen. Kennen Sie die Person Ihres Interesses wirklich so gut, wie Sie glauben? Stellen Sie sich selbst die Aufgabe, drei oder vier Fakten über sie zu erfahren, die Sie bislang noch nicht wussten – was ihr gefällt oder missfällt, mit welchen Herausforderungen sie zu kämpfen hat, welche Aspekte ihres persönlichen Hintergrunds Einfluss auf ihr Weltbild haben könnten oder Ähnliches.

Sie bekommen mehr, wenn Sie nett fragen

Wenn Sie versuchen, sich gegenüber Ihren Mitmenschen authentisch zu verhalten, verbessern Sie damit auch Ihre Beherrschung der gesellschaftlichen Umgangsformen. Indem Sie mehr auf alle Einzelheiten achten, werden Ihre Gespräche natürlicher, fließender, mitreißender und schlicht und einfach leichter. Im Laufe der Zeit nehmen die wichtigen Beziehungen in Ihrem Leben einen anderen Grundton an, sie werden weniger anstrengend, liebevoller und erfüllender.

Nehmen wir an, Ihr Lebensgefährte kommt nach einem langen Tag nach Hause. Er ist müde und gestresst und ihm tut alles weh. Er lässt sich aufs Sofa fallen, gibt einen Stoßseufzer von sich und schaltet den Fernseher ein. Jetzt kommen Sie und wollen mit ihm über irgendein Problem sprechen, das Sie lösen wollen und in dem er auch eine Rolle spielt. „Hör mal", sagen Sie, „du hast wieder deine ganzen Klamotten im Bad liegen lassen und keine neue Rolle geholt, als du das Klopapier aufgebraucht hast. Was ist los mit dir? Ich arbeite auch den ganzen Tag, aber ich kümmere mich trotzdem um solche Sachen. Du könntest mal ein bisschen mehr Rücksicht nehmen." Ihre Beschwerde ist gewiss in jeder Hinsicht berechtigt, aber weil Sie sie so aggressiv vorgetragen haben, ohne zu berücksichtigen, in welcher Verfassung Ihr Lebensgefährte gerade ist, wird sie nicht gut bei ihm ankommen. Wenn Sie trotzdem auf Ihrem Standpunkt beharren, wird ihm der Kragen platzen. Und Sie lösen keines Ihrer Probleme. Das Ganze wird Ihre Beziehung nur belasten. Im Laufe der Zeit wird sie sich durch andere ähnliche Gespräche weiter verschlechtern und Sie in unangenehme Verhaltensmuster pressen.

Stellen Sie sich dagegen vor, Sie hätten eine Viertelstunde gewartet, damit sich Ihr Lebensgefährte ein bisschen entspannen kann. Stellen Sie sich vor, Sie hätten ihn dann zärtlich gestreichelt und ihm seinen geliebten Eistee gebracht, bevor Sie zu ihm sagen: „Wow, du scheinst einen harten Tag gehabt zu haben. Du hast nicht mal Hallo gesagt, als du reingekommen bist. Ist alles in Ordnung?"

Wenn er Ihnen erzählt, wie schlimm sein Tag war, sagen Sie: „Puh, das klingt hart. Hey, pass auf, vielleicht sagst du mir Bescheid, wenn du dich ein bisschen entspannt hast? Ich würde gern über eine Sache mit dir sprechen.“ Vielleicht bietet er Ihnen an, jetzt sofort darüber zu reden. Dann lächeln Sie ihn beruhigend an und sagen: „Nein, nein, ruh dich erst mal eine Viertelstunde aus.“ Wenn Sie dann über die genannten Punkte reden, kriegen Sie vielleicht nicht, was Sie wollen – mehr Rücksicht Ihres Lebensgefährten, indem er sich mehr Mühe gibt, Ordnung im Bad zu halten –, aber die Wahrscheinlichkeit ist zumindest sehr viel größer.

Natürlich würden Sie Ihrem Lebensgefährten gerade *eigentlich* gern sagen, wie verärgert Sie sind. Aber das bringt Sie keinen Zentimeter näher an Ihr Ziel, nämlich dass er das Bad aufräumt. Deshalb wenden Sie den Vorwand „fürsorgliche, aufmerksame Frau und Partnerin“ an. Außerdem achten Sie auf die Details. Der Eistee mag vielleicht nur eine kleine nette Geste sein, aber sie zeigt, dass Sie Ihren Lebensgefährten wertschätzen, weil sie besagt: „Ich weiß, was du magst, und weil du mir wichtig bist, gebe ich es dir.“ Sie sagen nicht: „Hey, schau her, ich bringe dir dein Lieblingsgetränk.“ Sie machen ihm einfach dieses kleine Geschenk. Sie sagen nicht: „Kuck mal, ich streichle dir zärtlich über die Schulter, weil ich dich mag“ oder „Ich lasse dir Zeit, damit du dich entspannen kannst, bevor ich dir eins überbrate“, sondern Sie tun all das ganz einfach. Sie schießen nicht über das Ziel hinaus, indem Sie eine 200 Dollar teure Weinflasche entkorken, anstatt ihm seinen Eistee hinzustellen, oder indem Sie ihn anlügen und sagen: „Ich habe den ganzen Tag daran gedacht, wie sehr ich dich liebe.“ Das wäre lächerlich. Indem Sie zunächst von Ihren eigenen Bedürfnissen und Begierden absehen und Ihr Augenmerk auf die seelische Verfassung Ihres Lebensgefährten richten, können Sie Ihren Vorwand schlicht, freundlich und kundig vortragen. Selbst wenn Sie diesmal keinen Erfolg mit Ihrem Anliegen haben sollten, haben Sie zumindest nicht Ihrer Beziehung geschadet. Ja, wahrscheinlich haben Sie sie sogar ein klein wenig verbessert und Ihrem Partner dabei auch Ihre eigenen Wünsche mitgeteilt.

Ein banales Beispiel, das zeigt, was für einen großen Unterschied es ausmachen kann, wenn Sie bei der Anwendung von Techniken des Menschenhackens auf die Einzelheiten achten. Ein Kursteilnehmer von mir, Conrad, meldete sich bei mir an, um sich in seinem Beruf als Berater zu verbessern. Er übte monatelang die in diesem Buch beschriebenen Techniken. Eines Tages bekam er einen Anruf und erfuhr, dass sein Vater Lungenkrebs im Spätstadium hatte, der schon im ganzen Körper gestreut hatte und nicht mehr behandelbar war. Ihm blieben nur noch wenige Monate zu leben. Er hatte starke Schmerzen, und das Krankenhaus im Ort, das die Diagnose erstellt hatte, schien nicht gut für solche Fälle gewappnet zu sein. Deshalb wollte Conrad ihn in ein besseres Krankenhaus in einer anderen Stadt verlegen lassen. Er fuhr zu ihm hin und holte ihn ab, um ihn in das andere Krankenhaus zu bringen, das ein paar Autostunden entfernt war. Unterdessen würden die Ärzte seines Vaters dort anrufen, um dem dortigen Ärzten seinen Zustand zu erläutern.

Als sie ankamen, musste Conrad feststellen, dass die Ärzte nicht wie versprochen angerufen hatten, dass das Krankenhaus gerade kein Zimmer für stationäre Patienten mehr frei hatte und dass schon zig andere Patienten vor ihnen auf ein Zimmer warteten. Das Personal sagte ihm, man könne gerade nichts für seinen Vater tun, aber er könne gern direkt in die Pneumologie gehen, wo die Patienten mit Lungenkrebs behandelt wurden, und einen der Ärzte fragen, ob sie dort etwas für ihn tun könnten. Das tat er. Obwohl ihn der Zustand seines Vaters sehr bekümmerte, dachte er an die Techniken des Menschenhackens und überlegte, wie er sie in dieser Situation anwenden könnte – vor allem, wie er einen Bedeutungsrahmen mit den richtigen Details erschaffen könnte, der für seine Zwecke nützlich war.

„Ich kannte den Arzt nicht“, erinnerte sich Conrad, „aber ich habe mir überlegt, dass Ärzte zu einem bestimmten ‚Stamm‘ gehören, der Ernsthaftigkeit ausstrahlt. Wissen und Intelligenz sind wichtige Werte für sie. Sie nehmen ihren Beruf sehr ernst. Um also möglichst große Wirkung zu erzielen, trat ich nicht als Arzt auf –

weil ich keiner bin –, aber als jemand, der dieselben Werte vertritt.“ Das hieß, er musste gut gekleidet sein und wie ein gebildeter Mensch reden. Er musste schnell auf den Punkt kommen, weil Ärzte oft überarbeitet, gestresst und in Eile sind. Also musste er angenehm, respektvoll und konzentriert wirken. Er musste sich an die Fakten halten, die Situation seines Vaters und seine eigenen Wünsche vernünftig und konkret darlegen. Und er musste authentisch sein. Dazu sagte Conrad: „Ich musste mich nicht verstellen, um diese Charakterzüge zu zeigen, sondern konnte sie einfach als Bestandteile meines eigenen Wesens hervorholen.“ Wenn sich Conrad an diese Richtlinien hielt, dem Arzt zuhörte und Verständnis für ihn zeigte, ihn nicht zu sehr zu etwas drängte und die fünf Hackingfehler vermied, würde das Gespräch für ihn positiv verlaufen.

Und das tat es auch. Zuerst grüßte Conrad die diensthabende Ärztin höflich und erzählte ihr kurz die Krankengeschichte seines Vaters. Dann sagte er, sein Vater brauche dringend eine gute Behandlung. Dabei achtete er darauf, dass der Krankheitsverlauf für sie gut verständlich war, er hörte zu, als sie ihm antwortete, und spiegelte ihre Sprache und Körpersprache, um eine Beziehung zu ihr aufzubauen. Er sprach offen und ehrfürchtig über seine und seines Vaters Ängste, ohne emotional zu werden. Als die Ärztin ihm bestätigte, dass derzeit keine Betten frei seien, nickte er und fragte sie höflich: „Was, denken Sie, können wir jetzt tun?“ Conrad stellte fest, dass er jetzt einen gemeinsamen Nenner mit der Ärztin gefunden hatte. Sie machten ähnliche Gesten und nutzten ein gemeinsames Vokabular. Daher schien es ihm angebracht, das Problem seines Vaters an dieser Stelle als ihr gemeinsames Problem anzusprechen, das er gemeinsam mit der Ärztin lösen musste. Dann schlug Conrad eine Lösung vor: „Vielleicht könnten wir ihn, da wir hier gerade keine Betten frei haben, auf dem Gang unterbringen, wo er behandelt werden kann, bis ein Bett frei wird.“ Die Ärztin dachte darüber nach und stimmte zu Conrads Erleichterung tatsächlich zu. Das Gespräch hatte vielleicht vier Minuten gedauert. In dieser Zeit war es Conrad gelungen, die für gewöhnlich unüberbrückbaren Hürden der Bürokratie zu überwinden und für seinen Vater eine Behandlung in diesem sehr gefragten Krankenhaus zu arrangieren.

Conrads Vater blieb mehrere Monate dort, bis er an seiner Krankheit verstarb. Während dieser Zeit sprach Conrad regelmäßig mit den Krankenpflegern und Ärztinnen, denen er auf dieselbe wohlüberlegte Art und Weise begegnete wie der Ärztin am ersten Tag, wobei er auch seine Körpersprache möglichst vorteilhaft einzusetzen versuchte (ruhiger Ausdruck, offene Gesten, geöffnete Hände, die Hüften der Person zugewandt, mit der er sprach). „Immer wenn ich mit einem Arzt oder einer Krankenschwester sprach", sagte Conrad, „tat ich mein Bestes, damit sie das Gespräch als angenehm empfanden." Conrad war sich ziemlich sicher, dass sein Wissen über die Techniken des Menschenhackens und seine Aufmerksamkeit für die Details seiner Präsentation sehr viel dazu beigetragen hatten. Er stellte fest, dass sein Vater eine bessere Pflege bekam als die anderen Patienten, und vermutete, dass das Personal damit auf seinen freundlichen, respektvollen, authentischen Umgang reagierte. Im Kontext dieses Krankenhauses, in dem alle unter Druck standen und die Patienten und ihre Familien viel Frust und andere negative Emotionen zeigten, war es dem Personal offenbar aufgefallen, dass sich Conrad bemühte, auf Augenhöhe mit ihnen zu sprechen. So groß seine Trauer war, als sein Vater starb, konnte er sich doch ein wenig damit trösten, dass dieser in seinen letzten Tagen ausgezeichnete Pflege erhalten hatte und dass er selbst alles, was in seiner Macht stand, dafür getan hatte.

Conrads Geschichte zeigt, wie groß unsere Wirkmacht sein kann, wenn wir die gesamte Bandbreite der Prinzipien und Techniken des Social Engineering anwenden. Nach der bisherigen Lektüre dieses Buches dürften Sie selbst schon in der Lage sein, einiges von dieser Wirkmacht zu entfalten. Natürlich müssen Sie dazu die verschiedenen Techniken üben – und dann noch mehr üben. Je nachdem, wie fleißig und konzentriert Sie bei der Sache sind, kann das ein paar Monate oder auch Jahre dauern, aber wenn Sie dranbleiben, werden Sie feststellen, dass sich Ihre Fähigkeiten deutlich weiterentwickeln. Bei spontanen Begegnungen verstehen Sie nicht nur besser, was Sie und Ihr Gegenüber da gerade tun, sondern gewinnen dank dieser Bewusstwerdung auch an Selbstvertrauen und Gemütsruhe. Sie werden sich nicht in jeder Situation ideal verhalten, weil es immer Überraschungen geben kann, aber Sie werden besser in der Lage sein, diese Überraschungen zu Ihrem Vorteil zu nutzen. Zudem können Sie Begegnungen, die Sie im Vorhinein planen können, besser beherrschen. Zum Abschluss des Buches würde ich Ihnen nun gern alle Techniken, die Sie kennengelernt haben, noch einmal vor Augen führen und mir mit Ihnen ansehen, wie sich Conrad vermutlich auf das wichtige Gespräch mit der Pneumologin vorbereitet hat. Viele Menschen sind vor Bewerbungsgesprächen, großen Verkaufsanrufen, Gerichtsverfahren, wichtigen Beziehungsgesprächen und anderen ähnlichen Situationen sehr nervös. Wenn Sie vor Ihrem Gespräch die Prinzipien des Menschenhackens systematisch anwenden, können Sie sich klarer fokussieren, Ihre Nervosität minimieren und die Wahrscheinlichkeit eines für Sie vorteilhaften Ausgangs erhöhen.

KAPITEL 9

ALLES, WAS WIR GELERNT HABEN

Brillieren Sie in wichtigen Gesprächen, indem Sie sie im Vorhinein planen.

Wenn Ihnen ein wichtiges Gespräch bevorsteht, tun Sie am besten das, was auch ein Social Engineer macht: Planen Sie es im Voraus. Ein Social Engineer, der in ein Unternehmen einzudringen versucht, entwickelt einen „Angriffsvektor", wie wir es unter Fachleuten nennen. Im täglichen Leben würden wir einfach von einem „Gesprächsentwurf" sprechen. In diesem Kapitel möchte ich Ihnen Schritt für Schritt erläutern, wie Sie einen solchen Entwurf erstellen können, und Ihnen allgemeine Tipps an die Hand geben, um wichtige Gespräche in die richtige Richtung zu lenken.

Wenn ich mit meinem Team in ein Unternehmen oder ein Regierungsgebäude eindringen will, gehen wir nicht einfach frei Schnauze vor, sondern verbringen Wochen damit, unseren „Angriffsvektor" vorzubereiten. Wir stellen Recherchen über das Gebäude an, suchen Informationen über die genaue Lage, den Grundriss, Sicherheitsvorkehrungen, Vorgesetzte und Mitarbeiter. Unsere Techniken haben wir allesamt direkt von James Bond übernommen: Containern, aufwendige Onlinerecherchen, Überwachung von Schlüsselpersonen, Phishing-E-Mails, das Aufzeichnen von Gesprächen mit Geräten, die wie Kugelschreiber, Uhren oder Krawatten aussehen, und zig Gimmicks mehr. Wenn wir genug über das Zielobjekt wissen, gehen wir die in diesem Buch beschriebenen Prinzipien durch, um einen Plan zu erstellen. Wir skizzieren unseren Vorwand und unser Vorgehen beim Beziehungsaufbau, entscheiden, wer von uns in das Gebäude eindringen soll, welche Uniformen und Requisiten wir benötigen und welche Sprache und Körpersprache für unsere Strategie am sinnvollsten ist. Dann arbeiten wir den „Angriff" im Detail aus und spielen das Gespräch mit verteilten Rollen nach. Das alles heißt noch nicht, dass wir in jedem Fall Erfolg haben werden, aber die Wahrscheinlichkeit ist deutlich erhöht. Zum Teil auch, weil wir entspannter sind, wenn wir in das Gebäude eindringen. Wir sind zuversichtlich, wir haben unsere Hausaufgaben gemacht. Wir wissen, was auf uns zukommt.

Sie können Ihre Fähigkeiten, auf andere Menschen Einfluss zu nehmen, ebenfalls verbessern, indem Sie einen detaillierten Plan ausarbeiten, wenn Ihnen ein wichtiges Gespräch bevorsteht (natürlich unter Verzicht auf heimtückische Spionierkunst). Ich selbst tue das in meinem Privatleben und auch in Unternehmensangelegenheiten. Vor einiger Zeit fiel mir auf, dass mein Mitarbeiter „Jimmy“ keine guten Leistungen mehr erbrachte. Er war eigentlich ein zuverlässiger Mann, hatte aber in letzter Zeit nachgelassen und legte eine zu lässige Haltung gegenüber seinem Job an den Tag. Wenn er das nicht wieder änderte, würde er mit seinem Verhalten Kunden verschrecken und die Stimmung der anderen Teammitglieder runterziehen, die seine Arbeit miterledigen mussten. Ich hätte Jimmy anrufen können, um das Thema rundheraus anzusprechen, ohne groß darüber nachzudenken. Dann hätte ich zum Beispiel gesagt: „Ich bin dein Chef. Wenn du nicht was änderst, fliegst du raus.“ Vielleicht hätte sich Jimmy dann zusammengerissen und seine Arbeit wieder besser gemacht, aber ihm auf diese Weise meine Autorität zu zeigen wäre unserer Beziehung sicher nicht förderlich gewesen und hätte auch kaum seinem Engagement für mein Unternehmen Auftrieb gegeben.

Stattdessen machte ich meine Hausaufgaben, indem ich mir die Situation ansah, Jimmys DISG-Profil aus dem ersten Kapitel konsultierte – das alle Mitarbeiter ausfüllen, wenn sie in meinem Unternehmen anfangen –, und mir auf dieser Grundlage einen Vorwand überlegte. Jimmy war der Typ Initiativ (I), ein Teamplayer, der gern im Rampenlicht stand. Ich würde also meine Kritik behutsam vortragen müssen, da Menschen, die gern im Rampenlicht stehen, es nicht mögen, wenn sich andere nur auf ihre Fehler konzentrieren. Ich würde also einen anderen Weg finden müssen, um ihm begreiflich zu machen, dass seine Leistungen gerade nachließen, und ihn zu motivieren, etwas daran zu ändern. Wenn ich als „wütender Chef“ herüberkam, würde ich ihn verprellen, aber wenn ich als „Freund“ auf ihn zuging, konnte ich eine Beziehung zu ihm aufbauen und ihn motivieren, von sich aus sein Verhalten zu ändern.

Ich erstellte einen groben Plan für unser vierteljährliches Mitarbeitergespräch. Es sollte mit allgemeinen, offenen Fragen beginnen, zum Beispiel: „Wie war das letzte Vierteljahr für Sie? Wo liegen Ihrer Meinung nach Ihre Stärken und Ihre Schwächen?“ Wenn das Gespräch wie erhofft verlief, würde er zugeben, dass er in letzter Zeit etwas nachgelassen hatte. Wenn nicht, würde ich ihm weitere Fragen stellen, um das Eingeständnis aus ihm herauszulocken: „Wie fanden Sie Ihre eigene Leistung bei Projekt XYZ?“ oder „Sie haben letzten Monat den Kunden X übernommen. Wie ist das Projekt gelaufen?“ Ich wusste, dass das Projekt für den Kunden X nicht so gut gelaufen war, und hoffte, Jimmy würde das auch zugeben. Wenn ja, würde ich sagen: „Oh, verstehe. Erzählen Sie mir davon. Was hätte Ihrer Meinung nach besser laufen können?“ Ich hoffte, er würde mir dann von einem Problem berichten, das ihn beschäftigte. In dem Fall würde ich ihn fragen, wie wir seiner Meinung nach unsere Aktivitäten umstellen sollten, damit das Problem das Team nicht weiter belastete. Damit wäre er es, der eine Lösung präsentiert, nicht ich. Das würde sich natürlich wiederum auf seine Wahrnehmung des Falls auswirken und infolgedessen auch auf sein Engagement bei der Umsetzung der Idee.

Indem ich meinen Plan an Jimmys DISG-Profil ausrichtete, gab ich dem Gespräch einen Rahmen, in dem er glänzen konnte, auch wenn seine Leistungen zuletzt zu wünschen übrig gelassen hatten. Wäre er der Typ Gewissenhaft (G), dann hätte ich mich auf die Einzelheiten konzentriert. Wäre er der Typ Dominant (D), hätte ich ihm direkt ins Gesicht gesagt, dass seine Leistung nachgelassen hätte und er etwas daran ändern musste. Wäre er der Typ Stetig (S), der gern andere unterstützt, hätte ich ihn darauf hingewiesen, wie wichtig er für das ganze Team war. Da er der Typ (I) war, entschied ich mich für einen positiven Gesprächsrahmen: als Gelegenheit, „mir zu zeigen, was er besser machen konnte“. Dazu musste ich natürlich genau zuhören, wenn er mir sagte, wie sich unser Unternehmen seiner Meinung nach verbessern konnte. Auf diese Weise würde er auch selbst bereit sein, die notwendigen Änderungen in seiner eigenen Arbeit vorzunehmen. Seine Leistung würde sich wieder steigern und ich würde ihn als Mitarbeiter behalten können.

Mein Plan funktionierte. Zuerst wollte Jimmy zwar nicht zugeben, dass er in seinen Leistungen nachgelassen hatte, sondern konzentrierte sich auf Beispiele, wo er „extrem gut" gearbeitet hatte. Als ich jedoch auf den Kunden X zu sprechen kam, gab er zögernd zu, dass das Projekt nicht besonders gut lief und er die Verantwortung dafür trug. Ich versuchte, diesen Aspekt für ihn etwas angenehmer zu gestalten, indem ich ihm sagte, er sei ein großartiger Mitarbeiter und das Team habe großes Potenzial und könne sich noch deutlich verbessern. Dann fragte ich ihn: „Was können wir Ihrer Meinung nach tun, um beim nächsten Projekt ganz besonders zu glänzen?" Woraufhin Jimmy zugab, dass er einiges würde ändern müssen, und gleich mehrere Vorschläge machte. Im Laufe der nächsten Monate wurde seine Leistung wieder besser und unsere Beziehung vertiefte sich.

Der Gesprächsentwurf

Wenn Ihnen ein Bewerbungsgespräch bevorsteht, eine Verhandlung mit einem Kunden oder Verkäufer, eine schwierige Unterredung mit einem Kollegen, Familienmitglied oder Freund, ein Date oder irgendeine Begegnung, bei der Sie glänzen wollen, dann sollten Sie auf keinen Fall unvorbereitet in das Gespräch gehen. Ich habe auf der Grundlage des Materials aus diesem Buch einen gut funktionierenden, zehn Schritte umfassenden Plan erstellt, mit dem Sie im Prinzip für jede soziale Interaktion Ihren „Gesprächsentwurf" aufstellen können, also eine Skizze, wie das Gespräch ablaufen sollte. Sie werden sehen, dass Ihre Begegnungen dank dieser Vorbereitung, die gar nicht besonders viel Aufwand erfordert, prägnanter, klarer, reibungsloser und produktiver ablaufen. Zudem wird Ihr Selbstbewusstsein steigen, sodass Sie selbst dann, wenn das Gespräch in eine unerwartete Richtung geht, die Kontrolle behalten. In den nächsten Abschnitten beschreibe ich, wie Sie am besten einen Gesprächsentwurf angehen, und führe Sie dabei kurz durch alle zehn Schritte. Anschließend erläutere ich noch, wie Sie einen Gesprächsentwurf auf bestimmte

Situationen zuschneiden und vor allem was Sie tun können, falls – oder realistischer: wenn – Ihr sorgfältig ausgearbeiteter Plan einmal scheitert.

1. Schritt: Das Terrain abstecken

Der erste Schritt beim Skizzieren Ihres Gesprächs besteht darin, eine Bestandsaufnahme zu machen und die wichtigsten Fakten für die bevorstehende Begegnung zusammenzutragen. Mit wem treffen Sie sich? Machen Sie eine DISG-Analyse oder überlegen Sie sich grob, welches Profil die Person Ihres Interesses hat. Kennen Sie sie nicht, wie meist bei Bewerbungsgesprächen oder einem Autokauf, dann tragen Sie durch Recherchen möglichst viele Informationen zusammen. Wenn die Person einen öffentlichen Account in den sozialen Medien hat: Was sagen ihre Posts über ihren Kommunikationsstil und andere Aspekte ihrer Persönlichkeit aus? Können Sie noch mehr über die Person erfahren, indem Sie andere Menschen kontaktieren, die mit ihr zu tun hatten? Wenn Sie ein Auto kaufen wollen, könnten Sie vielleicht erst einmal kurz den Händler besuchen und die Verkäufer ein paar Minuten beobachten.

Machen Sie sich Notizen zum voraussichtlichen Gemütszustand der Person sowie zu ihren Bedürfnissen und Wünschen. Wenn Sie zu Ihrem Chef gehen und um eine Gehaltserhöhung bitten wollen: Wie viel Zeit wird er Ihnen wohl zur Verfügung stellen? Steht er gerade unter besonderem Druck? Und wie könnten Sie ihm helfen? Welche Bedenken könnte Ihre Bitte in ihm auslösen? Wie viel Spielraum hat er, um über Ihr Gehalt zu verhandeln? Wie viel Macht haben Sie Ihrem Chef gegenüber? Wer „braucht" den anderen mehr? Und wenn Ihnen die Person Ihres Interesses Ihre Bitte abschlägt: Gibt es noch andere Möglichkeiten?

2. Schritt: Ihr Ziel definieren

Dieser Schritt ist ganz entscheidend. Viele Menschen, die sich Gedanken über ein bevorstehendes Gespräch machen, fangen vorn an und gehen es dann bis zum Ende durch. Aber es ist viel besser, wenn

Sie zuerst Ihr Ziel definieren und es dann als Schablone über den Gesprächsverlauf legen. Seien Sie dabei möglichst präzise. Vor Kurzem habe ich erfahren, dass meine Tochter Amaya unsere Hausregeln gebrochen hat. Sie war einer Chatgruppe mit anderen Jugendlichen beigetreten, obwohl meine Frau und ich es ihr ausdrücklich verboten hatten. Obwohl wir wütend auf sie waren, beschlossen wir, dass unser Ziel nicht nur darin bestehen sollte, dass Amaya zugab, was sie getan hatte, und uns versprach, es nie wieder zu tun. Noch wichtiger war uns zu wissen, warum sie die Regeln gebrochen und uns enttäuscht hatte, damit wir unsere Beziehung zu ihr verbessern konnten. Angesichts dieser beiden Ziele war klar, dass wir ihr gegenüber nicht aggressiv auftreten konnten, weil sie dann nur defensiv reagiert und sich uns wahrscheinlich nicht anvertraut hätte. Wir mussten sie also sanfter ansprechen, dabei aber trotzdem deutlich machen, wie sehr sie uns mit ihrem Verhalten enttäuscht hatte.

Denken Sie beim Definieren Ihres Ziels an Ihre Notizen aus dem ersten Schritt: „Das Terrain abstecken". Wenn Sie ein Autohaus betreten, weil Sie möglichst schnell ein neues Auto brauchen, wissen Sie, dass das Machtgefälle gegen Sie spricht und Ihr Ziel vermutlich nicht lauten kann: „Das Auto meiner Träume mit 5.000 Dollar Rabatt bekommen“. Ein solcher Preis ist unrealistisch und Sie können es sich auch nicht leisten, einfach wieder zu gehen, wenn Ihnen der Händler einen Rabatt von nur 2.000 Dollar gewährt. Denken Sie bei der Definition Ihres Ziels an das Wohlergehen und die Bedürfnisse Ihres Gegenübers. Was müssen Sie tun, damit es sich durch die Begegnung bereichert fühlt? Bei unserem Gespräch mit Amaya wäre es auch für sie von Vorteil, wenn unsere Beziehung danach gestärkt wäre und wir ihr Handeln besser verstehen würden. Dann würden wir geeignete Schritte unternehmen können, um ihren Bedenken und Einwänden zu begegnen, die dazu geführt haben, dass sie die Hausregeln brach.

3. Schritt: Den Vorwand bestimmen

In den meisten Fällen werden Sie, wenn Sie Ihr Ziel klar formuliert haben, unmittelbar erkennen, welcher Vorwand sich dafür eignet.

Bei dem Beispiel mit Amaya konnten wir, weil wir wissen wollten, warum in Gottes Namen sie sich so verhalten hatte, nicht den Vorwand „strenge, wütende Eltern“ nehmen, sondern mussten die Rolle der „besorgten Eltern“ spielen. Und schon stand der Vorwand fest. Wenn Sie ein Auto mieten und möchten, dass der Verkäufer Ihnen ohne Aufpreis einen besseren Wagen gibt, sollten Sie den Vorwand „unzufriedener Kunde“ meiden und stattdessen die Rolle „Kunde, der einen schlechten Tag hat und Aufmunterung braucht“ spielen, so sie denn zutrifft. Geht Ihnen das Bellen Ihres Nachbarhunds auf die Nerven, wollen Sie aber trotzdem die gute Beziehung zu Ihrer Nachbarin aufrechterhalten, könnte Ihnen die Rolle „Vater mit Schlafmangel, der Beistand braucht“ eher von Vorteil sein als die Rolle „wütender Nachbar, der Ihnen die Polizei auf den Hals hetzt.“

Wenn Sie Ihr Ziel nicht klar genug definiert haben, wird es Ihnen schwererfallen, einen hilfreichen Vorwand zu finden. Vielleicht erinnern Sie sich an meinen fehlgeschlagenen Versuch, den ich in einem früheren Kapitel beschrieben habe, als ich einen Physikprofessor hacken wollte. Ich hatte vorgegeben, dass ich einen wissenschaftlichen Aufsatz von ihm sehr interessant gefunden hätte. Als er mir eine Frage zum Inhalt stellte, wurde klar, dass ich den Text nicht gelesen hatte und mein Vorwand unaufrichtig war. Ich hatte mich im Vorhinein nicht genug mit der Sache beschäftigt und kein vernünftiges Ziel definiert, sondern mir nur vage gesagt, mein Ziel sei, „gegenüber dem Professor einen intelligenten Eindruck zu machen.“ Also versuchte ich, intelligent zu wirken – was mir misslang. Hätte ich länger darüber nachgedacht, hätte ich mein Ziel besser definiert: den Professor dazu zu bringen, mit mir für einige Minuten durch das Gebäude zu laufen und dann, nach einem kurzen Gespräch, in dem er mir einige wichtige Informationen preisgab, unsere Begegnung möglichst schnell wieder zu vergessen. Im Nachhinein wäre es also gut gewesen, einen Vorwand wie „interessierter Student“ zu nehmen und eine kurze, unverfängliche Frage über die Vorlesung des Professors zu stellen. Diese Rolle wäre ihm glaubwürdiger vorgekommen, sie hätte weniger Aufwand erfordert und zudem eher Erfolg gehabt.

4. Schritt: Den Beziehungsaufbau überlegen

Nachdem Sie Ihren Vorwand festgelegt haben, können Sie sich überlegen, wie Sie ihn nutzen können, um eine für Sie vorteilhafte Verbindung zur Person Ihres Interesses aufzubauen. Nehmen wir an, Sie haben eine Stelle bei einem anderen Arbeitgeber in Aussicht und wollen Ihre Chefin fragen, ob sie Ihnen eine Gehaltserhöhung gewährt. Dann könnten Sie einen aggressiveren Vorwand wählen, etwa der „Angestellte, der kündigt, wenn ihm seine Chefin keine Gehaltserhöhung gewährt". Oder Sie geben den „Angestellten, der ein anderes Stellenangebot hat, aber gern im Unternehmen bleiben und zusammen mit seiner Chefin eine Lösung dafür suchen möchte". In beiden Fällen sollte zu Ihrem Beziehungsaufbau die Überlegung gehören, wann und wie Sie das Gespräch suchen. Wollen Sie unangekündigt am Freitagnachmittag um 16:30 Uhr bei Ihrer Chefin hereinschneien, als sie gerade nach Hause gehen will, wenn Sie darüber hinaus wissen, dass sie am Montag eine wichtige Präsentation hat? Oder wollen Sie lieber warten, bis die Präsentation vorbei und vielleicht gut gelaufen ist, und sie dann am nächsten Tag fragen, ob sie mit Ihnen zu Mittag isst? Der informelle Rahmen würde dazu beitragen, dass Ihr Gespräch entspannter abläuft, und Sie könnten das Ganze erst einmal in Schwung bringen, indem Sie Ihrer Chefin zur gelungenen Präsentation gratulieren und sie fragen, wie es denn genau gelaufen ist. Natürlich sollten Sie es mit der Freundlichkeit auch nicht übertreiben und Ihre Chefin fragen, wie es ihrem Mann und ihren Kindern geht, es sei denn, Sie stehen mit ihr auf sehr freundschaftlichem Fuß.

5. Schritt: Mögliche Techniken zur Einflussnahme und zum Herauslocken

Überlegen Sie sich auf der Grundlage des abgesteckten Terrains und Ihrer bereits bestehenden Beziehung zur Person Ihres Interesses, welche Beeinflussungstechniken Sie einsetzen könnten. Sie müssen sich nicht auf eine Technik beschränken, aber es hilft Ihnen, sich einen groben Überblick zu verschaffen, welche Sie anwenden könnten und welche Sie vermeiden sollten.

Wenn Sie vorhaben, Ihre Chefin um eine Gehaltserhöhung zu bitten, ist das Autoritätsprinzip vermutlich nicht sinnvoll (4. Kapitel), da in diesem Gespräch ganz offensichtlich Ihre Chefin die Autorität ist. Aber das Sympathieprinzip könnte für Sie nützlich sein. Angenommen, Sie mögen Ihre Chefin und haben immer gern mit ihr zusammengearbeitet, erinnern Sie sie an ein gemeinsames erfolgreiches Projekt und sagen Sie ihr, wie sehr sie von ihrer Führung profitiert haben. Dann sagen Sie zum Beispiel: „Ich wollte gern mit Ihnen sprechen, weil ich eine sehr attraktive Stelle angeboten bekommen habe, und das stresst mich. Ich will das Angebot eigentlich nicht annehmen, weil ich sehr gern mit Ihnen arbeite, aber die Stelle ist so gut dotiert, dass es mir schwerfällt, sie abzulehnen."

Sie könnten auch überlegen, ob Sie das Prinzip der Reziprozität anwenden und Ihre Chefin auf taktvolle, freundliche Weise daran erinnern, was Sie schon alles für das Unternehmen getan haben, bevor Sie sie nach einer Gehalterhöhung fragen. „Ich arbeite hier wirklich sehr gern", könnten Sie sagen, „und ich durfte einige tolle, große Projekte für unsere wichtigsten Kunden leiten. Das hat mir enorm viel Spaß gemacht und war eine fantastische Herausforderung. Und ich würde wahnsinnig gern hier weiter gute Arbeit machen." Dann beschreiben Sie die Stelle, die Ihnen angeboten wurde, und erklären Ihrer Chefin, dass Sie gern mit ihr eine Lösung finden würden, um bei Ihrem derzeitigen Arbeitgeber zu bleiben.

Denken Sie in Situationen, in denen Sie von Ihrem Gegenüber Informationen erhalten möchten, an die verschiedenen Techniken des Herauslockens. Wenn Sie zu Ihrem Autohändler gehen, um über den Preis zu verhandeln, und wissen wollen, wie weit er Ihnen entgegenzukommen bereit ist, dann könnten Sie die im 5. Kapitel beschriebene Technik der Bandbreite anwenden. Schlagen Sie eine mögliche Preisspanne vor und schauen Sie, ob er darauf anspricht.

Als meine Frau und ich Amaya auf ihr Verhalten ansprachen, brachten wir sie auch dadurch zum Reden, dass wir ihr sagten, wir hätten Insiderinformationen über ihre Aktivitäten – was wir tatsächlich hatten. Dabei durften wir aber nicht aggressiv wirken, weil wir nicht wie Vernehmungsbeamte vom FBI herüberkommen wollten. Deshalb achteten wir vor allem auf unsere Körpersprache (Ventralangriff, leichte Traurigkeit ausstrahlender Gesichtsausdruck).

6. Schritt: Ein kurzer Manipulations-Check

An diesem Punkt Ihrer Planung sollten Sie überprüfen, ob Sie an irgendeiner Stelle unabsichtlich die Grenze zwischen Einflussnahme und Manipulation überschritten haben. Würde irgendetwas von dem, was Sie sagen oder tun wollen, im Gegenüber Angst auslösen, sodass es sich gezwungen fühlt, etwas zu tun, was es nicht freiwillig tun würde? Wenn Sie Ihrer Chefin sagen, dass Sie kündigen und Ihr letztes wichtiges Projekt absichtlich in den Sand setzen werden, wenn sie Ihnen keine Gehaltserhöhung bewilligt, dann ist das manipulativ. Oder wenn meine Frau und ich bei Amaya die Schuldkarte gezogen und ihr vorgehalten hätten, wie viel wir für sie getan haben und wie enttäuscht wir über ihr Verhalten waren, und dann behauptet hätten, sie „schulde" es uns, zu sagen, was sie darüber denkt. Seien Sie in diesem Punkt ehrlich. Welche Auswirkungen wird Ihr Verhalten auf die Person Ihres Interesses haben? Denken Sie daran, dass sie je nach Situation auch unabhängig von dem, was Sie sagen oder tun, Angst oder eine andere negative Emotion verspüren kann. Solange Sie jedoch das Gefühl nicht ausgelöst haben und es nicht zu Ihrem Vorteil nutzen, können Sie beruhigt sein und wissen, dass Sie nicht manipulativ gehandelt haben.

7. Schritt: Die nonverbale Kommunikation

Wenn Sie Ihren Vorwand und Ihren Beziehungsaufbau planen, haben Sie vielleicht auch schon über Ihre nonverbale Kommunikation nachgedacht, über Ihre Kleidung, Ihren Tonfall oder Gesten. Nehmen wir an, Sie müssen einen Streit mit Ihrem besten Freund klären, zu dem Sie eine klassische „Kumpelbeziehung" haben. Wenn Sie sich zum Beispiel immer mit Faustcheck begrüßen, wäre das ein guter Anfang. Oder Sie sind seit einem Jahr mit jemandem zusammen und wollen die Beziehung beenden. Dann könnten Sie das Gespräch mit einer freundlichen Umarmung beginnen – oder vielleicht besser nicht. Blättern Sie noch einmal zum 7. Kapitel zurück und machen Sie sich eine Liste aller Möglichkeiten nonverbaler Kommunikation, die es Ihnen erleichtern könnten, Einfluss auf Ihr Gegenüber zu nehmen und Ihr Ziel zu erreichen. Notieren Sie sich dabei auch Aspekte, die Sie vermeiden sollten. Überlegen Sie sich außerdem, welche Basis-Emotionen Sie an entscheidenden Stellen im Gespräch zeigen möchten. Wenn Sie diese länger nicht geübt haben, nehmen Sie sich vor der Begegnung ein paar Minuten Zeit, um sie aufzufrischen.

8. Schritt: Der Authentizitäts-Check

Jetzt, wo Sie die Grundzüge Ihrer Begegnung ausgearbeitet haben, sollten Sie sich fragen, wie authentisch sich das Ganze anfühlt. Werden Ihr Vorwand, Ihr Beziehungsaufbau, Ihre Einflussnahme und das Herauslocken sowie Ihre Körpersprache der Person Ihres Interesses angesichts dessen, was sie über Sie weiß und wie Sie zueinander stehen, authentisch herüberkommen? Könnte eine Handlung oder ein Satz falsch, übertrieben oder unangebracht klingen? Stellen Sie Ihren Plan sicherheitshalber jemandem vor, der nichts mit der Sache zu tun hat, und fragen Sie ihn nach seinem Eindruck. Das sollte ein Mensch sein, dem Sie vertrauen und dessen soziales Gespür Sie schätzen. Wenn er nichts an der Ausführung Ihres Plans auszusetzen hat, überlegen Sie, welches Detail Sie vielleicht noch hinzufügen oder verfeinern könnten, um noch authentischer zu wirken. Gibt es bei Ihrem Vorwand etwas, was Sie sagen oder tun könnten, um noch glaubwürdiger zu erscheinen? Setzen Sie Requisiten ein? Könnten Sie Ihren Vorwand noch verdeckter vortragen, vielleicht anhand einer Handlung, um ihn nicht explizit offenzulegen zu müssen? Haben Sie sich vielleicht zu viele Einzelheiten überlegt oder ist ein Detail womöglich verräterisch? Nehmen Sie diese Feinjustierung jetzt vor, dann sind Sie gelassener, wenn der große Tag kommt.

9. Schritt: Auf unvorhergesehene Ereignisse vorbereiten

Wenn Sie einen Gesprächsentwurf skizzieren, machen Sie eine Bestandsaufnahme dessen, was Sie wissen, und erstellen einen Plan, um alles einzusetzen, was Sie selbst in der Hand haben. Aber es gibt in Gesprächen immer Aspekte, die sich Ihrer Kontrolle entziehen. Sie können nicht hundertprozentig wissen, dass die Annahmen, die Sie über die Person Ihres Interesses, ihren Gemütszustand und ihre voraussichtlichen Reaktionen gemacht haben, auch wirklich zutreffen. Manchmal liegen Sie aus den verschiedensten Gründen falsch und das, was Sie sagen oder tun, hat unbeabsichtigte Auswirkungen, die Ihrem Ziel zuwiderlaufen. Zum Beispiel könnte der andere gerade sehr gestresst sein, was Sie nicht voraussehen konnten. Oder irgendetwas in der Umgebung lenkt ihn ab oder löst ein unerwartetes Gefühl in ihm aus. Vielleicht fehlt Ihnen auch irgendeine wichtige Information. Was, wenn Sie einmal falsch reagieren oder ohne es zu bemerken von Ihrem Plan abweichen? Was, wenn die Person Ihres Interesses trotz allem, was Sie gesagt und getan haben, Ihrem Ansinnen aus irgendeinem Grund nicht nachkommt?

Sie können nicht jede einzelne Reaktion voraussehen, aber es ist hilfreich, sich auf die wahrscheinlichsten Eventualitäten vorzubereiten. Wenn Sie von einem anderen Unternehmen ein attraktives Stellenangebot erhalten haben, kann es passieren, dass Ihre Chefin Ihnen zwar eine Gehaltserhöhung bewilligt, aber nicht in der Höhe, die Sie erwartet hatten. Was wollen Sie dann tun? Wenn Sie diese Situation im Vorhinein durchdenken, können Sie sich überlegen, in welcher Höhe das Gehalt liegen sollte, damit Sie es akzeptabel finden, und das als Leitlinie für das Gespräch im Hinterkopf behalten. Oder Sie entscheiden, dass Sie weiterverhandeln, wenn das Angebot Ihrer Chefin in einem bestimmten Gehaltsbereich liegt, indem Sie sie fragen, ob sie Ihnen als Ausgleich für den niedrigeren Lohn noch eine andere Vergünstigung gewähren würde, zum Beispiel mehr freie Tage oder flexiblere Arbeitszeiten.

Als wir uns überlegten, wie wir Amaya auf ihr Fehlverhalten ansprechen sollten, legten wir keine Strafe fest, weil wir die Möglichkeit in Erwägung ziehen wollten, dass es mildernde Umstände gab und sie vielleicht weniger Schuld an der Sache trug, als wir dachten. Stattdessen stellten wir eine Liste verschiedener, unterschiedlich harter Strafen auf. Als wir Amaya auf ihr Vergehen ansprachen, erfuhren wir, dass eine ihrer Freundinnen sie in die Chatgruppe gelockt hatte und sie nicht wusste, wie sie sich wieder ausklinken konnte, ohne ihren Freundinnen gegenüber das Gesicht zu verlieren. Das hatte sie uns nicht gesagt, weil es ihr peinlich war und weil sie Angst hatte, wie wir reagieren würden. Obwohl Amaya eine Hausregel gebrochen hatte, hatte sie es nicht mutwillig getan. Wir mussten sie zwar bestrafen, um ihr unser Missfallen deutlich zu machen, aber eine allzu harte Strafe wäre nicht gerechtfertigt gewesen. An dieser Stelle ließen wir unseren Plan für unvorhergesehene Ereignisse ins Spiel kommen und legten den Fokus darauf, ihr Strategien zu eröffnen, wie sie in Zukunft mit Gruppendruck umgehen und besser mit uns kommunizieren könnte. Hätten wir eine solch unvorhersehbare Wendung nicht in Betrachtung gezogen, sondern nur den schlichten Plan verfolgt, sie zur Verantwortung zu ziehen und ihr klarzumachen, dass sie die Konsequenzen tragen musste, hätten wir die Gelegenheit verpasst, herauszufinden, was der Grund für ihr Fehlverhalten war und wie es sich ändern ließe.

Wenn Sie sich schon im Vorhinein über unvorhersehbare Ereignisse und mögliche Reaktionen darauf Gedanken machen, sind Sie besser gewappnet, falls eine solche Situation tatsächlich eintritt. Dadurch können Sie sich so verhalten, dass es Ihren Interessen dient. Ich habe umgekehrt auch schon professionelle Hacks in den Sand gesetzt, weil wir im Vorhinein nicht über unvorhergesehene Ereignisse nachgedacht hatten. Einmal sind wir als Kammerjäger in das Gebäude unseres Kunden eingedrungen. Weil wir dazu in eine andere Stadt fliegen mussten, konnten wir nicht das gesamte Equipment mitnehmen, das wir normalerweise dabeihatten, um unseren Vorwand glaubwürdig erscheinen zu lassen. Stattdessen gingen wir zu Walmart und kauften uns irgendeine billige Sprühflasche. Hätten wir die Sache besser geplant, dann hätten wir die Möglichkeit in Betracht gezogen, dass einem aufmerksamen Wachmann, der schon einmal Kammerjäger in Aktion gesehen hatte, unsere unprofessionelle Ausrüstung aufgefallen wäre und er uns darauf angesprochen hätte. Wir hätten einen Plan erstellen können, wie wir darauf reagieren, um weiterhin glaubwürdig zu erscheinen, zum Beispiel, indem wir zugaben, dass unsere Ausrüstung sehr schlicht war, und erklärten, dass wir sie nur bei kleineren Aufträgen benutzten und bei größeren, komplizierteren Arbeiten eine professionellere Ausrüstung einsetzten. Stattdessen wussten wir nicht, was wir sagen sollten, als uns die Sicherheitsleute darauf ansprachen. Natürlich wurden sie argwöhnisch. Und verweigerten uns den Zutritt.

10. Schritt: Das Erreichte festigen

Nehmen wir an, Ihr Gespräch verläuft trotz allen Unvorhersehbarkeiten, die Sie nicht in der Hand haben, wie geplant und Sie erreichen Ihr Ziel. Was dann? In den meisten Situationen ist es sinnvoll und angemessen, anschließend noch einmal auf das Gespräch zurückzukommen, um zu bestätigen, was Sie vereinbart haben. Wenn Ihre Chefin einer Gehaltserhöhung zustimmt, legen Sie das Ergebnis schriftlich nieder, um sich noch einmal aller Details zu vergewissern. Das sollte aber nicht zu juristisch herüberkommen. Schicken Sie ihr eine freundliche E-Mail, in der Sie die Einzelheiten nennen, ihr danken und sie bitten, sie zu korrigieren, falls Sie etwas falsch notiert haben sollten. Wenn Sie über den Kaufpreis eines Neuwagens verhandelt haben, unterschreiben Sie den Vertrag sofort an Ort und Stelle. Sie sollten auf keinen Fall mit leeren Händen nach Hause gehen, weil sich der Händler dann die Sache noch einmal überlegen kann und womöglich einen Rückzieher macht. In Situationen, in denen Sie nichts Schriftliches haben und es unangemessen wäre, eine E-Mail zu schicken, sollten Sie die Sache zumindest per Handschlag besiegeln und die vereinbarten Punkte freundlich wiederholen. Dadurch wird es für Ihr Gegenüber zumindest schwieriger, einen Rückzieher zu machen, ohne das Gesicht zu verlieren. Wenn Sie einen Landschaftsgärtner für Ihr Anwesen engagieren, könnten Sie zum Beispiel sagen: „Es freut mich sehr, dass Sie den Auftrag annehmen, und ich finde, 75 Dollar die Woche für Rasenmähen und 150 Dollar für den Frühjahrsschnitt ist ein wirklich fairer Preis. Vielen Dank!" Sie könnten den Landschaftsgärtner auch bitten, die vereinbarte Summe auf seine Visitenkarte zu schreiben oder Ihnen per SMS zu senden. Als Begründung könnten Sie sagen, dass Sie ein schlechtes Gedächtnis haben.

Den Gesprächsentwurf anwenden

Jetzt, da Sie wissen, was ein Gesprächsentwurf ist, können Sie für Ihr nächstes bevorstehendes Gespräch einen solchen Entwurf ausarbeiten. Den Gesprächsverlauf niederzuschreiben sollte etwa zehn bis 15 Minuten in Anspruch nehmen, und je öfter sie es gemacht haben, umso schneller geht es. Nehmen Sie sich außerdem ein paar Minuten Zeit, um die Begegnung im Kopf durchzuspielen. Stellen Sie sich dabei möglichst genau vor, was Sie und die Person Ihres Interesses tun oder sagen könnten.

Treiben Sie es aber mit der Planung nicht zu weit. Wenn Sie mehr als 15 oder 20 Minuten für den Gesprächsentwurf brauchen oder ihn in den Tagen vor Ihrem Termin immer und immer wieder durchgehen und feinjustieren oder ihn sich zu weit im Voraus überlegen, mehrere Wochen statt ein paar Tage, dann haben Sie es übertrieben. Sie riskieren nicht nur, steif, zu gut vorbereitet und unauthentisch zu wirken, sondern könnten sogar, wenn Sie zu stark an Ihrem Plan festhalten, ausrasten und sich selbst blockieren, wenn das Gespräch eine unerwartete Wendung nimmt. Gute Hacker achten auf ein ausgewogenes Gleichgewicht zwischen Planung und

Ausarbeitung der Details auf der einen und Raum für Improvisation und Beurteilung des anderen in Echtzeit auf der anderen Seite. Wenn Ihr DISG-Profil Sie als Typ G ausweist, sollten Sie vor allem darauf achten, nicht zu viel zu planen, weil das Ihrem Naturell entsprechend eine Gefahr darstellt.

Es ist im Grunde unausweichlich, dass manche Ihrer Gespräche eine völlig falsche Richtung nehmen, auch wenn Sie sich ausreichend auf unvorhergesehene Ereignisse vorbereitet haben. Was, wenn Sie bei Ihrer Chefin anklopfen, um eine Gehaltserhöhung auszuhandeln, und sie gerade in Tränen aufgelöst ist, weil sie kurz zuvor erfahren hat, dass ein enger Verwandter gestorben ist? Was, wenn Sie sich gerade innerlich auf einen wichtigen Verkaufsanruf vorbereitet haben und nun hören, dass Ihr größter Wettbewerber einen Nachlass von 20 Prozent auf den Preis eines Produktes ausgegeben hat, das mit Ihrem identisch ist? Was, wenn Ihr Gespräch zwar genauso anfängt, wie Sie es sich gedacht hatten, Sie aber trotz aller Bemühungen die Person Ihres Interesses nicht dazu bringen, Ihrem Ansinnen nachzukommen?

Professionelle Hacker stehen ständig vor solchen Herausforderungen. Oft gelingt es uns, uns an die Situation anzupassen und sie zu retten. Erinnern Sie sich, wie wir versucht haben, eine Bank in einem Entwicklungsland zu hacken, die von Wachen mit Maschinenpistolen auf Motorrädern geschützt wurde (8. Kapitel)? Unser anfänglicher Plan sah vor, dass ich selbst zusammen mit einem Kollegen dort hingehe. Als wir aber vor Ort waren und das Gebäude ausspähten, entdeckten wir überrascht, dass überall diese schwer bewaffneten Wachleute waren. Davon hatte uns keiner was gesagt und auch unsere Recherchen am Schreibtisch hatten nichts in diese Richtung ergeben. Die Waffen bedeuteten ein völlig anderes Risiko. Ging unser Plan nach hinten los, konnte es passieren, dass wir erschossen wurden. Doch anstatt den Auftrag abzublasen, passten wir unseren Plan an, um das Risiko zu senken. Die meisten Einwohner des Landes waren dunkelhäutig. Damit waren wir als Weiße deutlich als Fremde erkennbar. Anstatt wie ursprünglich geplant mit aggressivem Auftreten in die Bank zu platzen und den Sicherheitsleuten zu sagen, sie sollen uns durchlassen, damit wir die technischen Tests durchführen können, entschieden wir, dass ein sanfterer, besonnenerer Ansatz sicherer wäre. Wir überlegten uns eine kreative Lösung und engagierten jemanden aus dem Land, der die Sicherheitsleute in ein Gespräch verwickeln sollte, während wir schnell und geschäftig tuend an ihnen vorbeigingen und dabei so wirkten, als wüssten wir genau, was wir taten, und wären schon öfter hier gewesen.

In diesem Fall hatten wir genug Zeit, um im Vorhinein einen neuen Plan auszuklügeln. Manchmal musste ich aber auch spontan und mitten im Gespräch eine neue Lösung finden, um die Situation noch umzubiegen. Einmal versuchten wir in das Büro des Geschäftsführers einer großen Organisation eindringen, um uns Zugang zu geheimen Dokumenten zu verschaffen. Aus den sozialen Medien hatten wir erfahren, dass der Geschäftsführer anlässlich eines Familienurlaubs bald für zwei Wochen in ein exotisches Land verreisen würde. Während seiner Abwesenheit ging ich als Computertechniker verkleidet in sein Vorzimmer und behauptete, ich sei gekommen, um seinen Computer zu reparieren. Ich bat seine Assistentin, mich in sein Büro zu lassen, und sagte, er hätte die Reparatur mit uns abgesprochen, damit der Computer wieder lief, wenn er aus dem Urlaub zurück war.

Aber trotz all meiner Bemühungen wollte mich die Assistentin nicht in sein Büro lassen. Ich wusste nicht mehr weiter. Mein Plan hatte nicht funktioniert und ich musste ihn offenbar aufgeben. Da kam mir eine Idee. Ich zog mein Klemmbrett hervor und sagte: „Okay, ich verstehe vollkommen, dass Sie mich nicht einfach in sein Büro lassen können. Aber ich kriege richtig Ärger, wenn ich die Reparatur nicht durchführen kann. Wenn Sie wirklich dabei bleiben, dann muss ich Sie bitten, mir dieses Formular zu unterschreiben, um zu bestätigen, dass Sie die Reparatur verweigern."

Ein Schachzug, der gehörig Druck bei ihr aufbaute. Wenn sie mich nicht in sein Büro ließ, riskierte sie, dass ihr Chef bei seiner

Rückkehr wütend auf sie sein würde. Indem ich sie um ihre Unterschrift bat, führte ich ihr dieses Dilemma noch einmal deutlich vor Augen und änderte das Machtgefälle zwischen uns. Die Taktik war leicht manipulativ und im Alltag würde ich sie auch nicht anwenden, aber innerhalb des Rahmens meiner Arbeit für dieses Unternehmen war sie wohl zulässig. Die Assistentin wollte mein Formular nicht unterschreiben. Als ich jedoch darauf bestand, dass entweder sie oder jemand anders seine Unterschrift daruntersetzen musste, gab sie schließlich nach und ließ mich in das Büro. Meine kreative Lösung aus dem Moment heraus hatte mich, auch wenn ich damit von meinem ursprünglichen Plan abwich, letzten Endes ans Ziel gebracht.

Manche Menschen sind flexibler als andere, wenn sie vor unvorhergesehenen Herausforderungen stehen. Aber Sie können die Fähigkeit, ruhig und anpassungsfähig zu bleiben, trainieren. Normalerweise werden wir in stressigen Situationen nervös und reagieren mit Kampf, Flucht oder Erstarren. Um flexibel zu bleiben, müssen Sie vor allen Dingen lernen, Ihren emotionalen Zustand besser unter Kontrolle zu halten. Wenn Sie merken, dass Sie ängstlich oder nervös werden, versuchen Sie so schnell wie möglich, aus dem Gefühl wieder herauszukommen, um Ihre Selbstbeherrschung zurückzugewinnen. Das kann Ihnen schon mit einem einfachen Trick gelingen, indem Sie eine kurze Pause einlegen und ein paarmal tief ein- und ausatmen. Oder Sie entschuldigen sich, um auf die Toilette zu gehen, und schnaufen fünf oder zehn Minuten durch, um sich wieder zu sammeln und über mögliche Lösungen nachzudenken. Oder vielleicht können Sie auch um einen oder zwei Tage Bedenkzeit bitten, bevor Sie das Gespräch weiterführen. Üben Sie bei Ihren nächsten Begegnungen, in jeder Minute auf Ihre Emotionen zu achten, und erinnern Sie sich direkt vor dem Gespräch noch einmal daran. Überlegen Sie sich bei der Planung, wie Sie sich elegant eine kurze Auszeit nehmen können, um Ihre Selbstbeherrschung zurückzugewinnen.

Wenn Sie tatsächlich aus dem Raum gehen, prüfen Sie bei Ihrer Rückkehr kurz den Status quo. Ist Ihr Verhältnis noch intakt oder gestört? Stellen Sie der Person Ihres Interesses ein paar Fragen und beobachten Sie ihre Körpersprache, um ihren Gemütszustand einzuschätzen. Wenn die Beziehung zerstört ist, versuchen Sie das Gespräch möglichst taktvoll zu beenden. Besteht noch eine Verbindung, überlegen Sie, eine neue Taktik zum Beziehungsaufbau anzuwenden oder zu einem anderen Vorwand zu wechseln. Wenn Sie den Vorwand beibehalten, die Person Ihres Interesses aber Unwillen zeigt, könnte Ihnen eine Technik helfen, bei der Sie sie in eine Art Verhandlung verwickeln und sie dadurch zu Ihrem Ziel führen. An einer früheren Stelle im Buch erzählte ich, wie ich ein großes Warenlager hackte, obwohl ich keinen offiziellen Ausweis besaß, den die Sicherheitsleute sehen wollten. Als mich die Wache korrekterweise darauf hinwies, drehte ich mich um und sagte: „Hey, passen Sie auf, ich habe gerade zehn Minuten gebraucht, um durch die ganzen Sicherheitskontrollen zu kommen. Ich habe heute noch eine Menge anderer Adressen auf dem Zettel und kann jetzt nicht den ganzen Weg noch mal zurücklatschen. Genügt Ihnen nicht einfach mein Dienstausweis?“ Wäre der Wachmann dem Protokoll gefolgt, hätte er es höflich verneint, anstatt mich durchzulassen. Aber wir hatten einen Mittelweg gefunden, bei dem ich mein Ziel erreichte, mir Zugang zum Gebäude zu verschaffen, und er sein Ziel, das Gefühl zu haben, seiner Pflicht Genüge getan zu haben. Wenn Sie während eines geplanten Gesprächs auf Widerstand treffen, überlegen Sie sich einen möglichen „Kompromiss“, den Sie vorschlagen könnten. Achten Sie dabei aber darauf, nicht zu weit zu gehen und manipulativ zu werden.

Manchmal ist eine unerwartete Herausforderung so entmutigend, dass es besser ist, einfach aufzugeben. Einmal habe ich mit meinem Team versucht, als Fotografen verkleidet in ein Regierungsgebäude einzudringen und uns Zugang zu einem gesicherten Bereich zu verschaffen. Was wir nicht wussten: An dem Tag war ein ranghoher Politiker zu Besuch, das heißt, in dem Gebäude wimmelte es nur so von Vollzugsbeamten. Sicher 150 Mann liefen Patrouille. Ich wusste, dass es keine besonders gute Idee war, an meinem Plan festzuhalten, aber ich zerstreute meine Bedenken und versuchte es trotzdem.

Als wir auf die Absperrkette zugingen, sahen wir, dass dort nicht nur die üblichen diensthabenden Wachen standen, sondern auch ein Sheriff. Ich gab ihm meinen gefälschten Führerschein, um einen Sicherheitsausweis zu erhalten, aber natürlich erkannte er sofort, dass er falsch war, was einem normalen Wachmann vielleicht entgangen wäre. Als ich darauf beharrte, dass der Führerschein echt sei, wurde der Sheriff misstrauisch und zog seine Waffe, was ihm sogleich mehrere Vollzugsbeamte nachtaten. Sie legten uns Handschellen an und nahmen mich wegen Hausfriedensbruchs und Besitzes eines gefälschten Ausweises fest. Obwohl ich bald wieder freigelassen wurde, nachdem ich ihnen den eigentlichen Zweck unserer Unternehmung erklärt hatte, war der Vorwand damit hin. Wir konnten zwar noch einmal versuchen, in das Gebäude einzudringen, aber als Fotografen würden wir uns nicht mehr ausgeben können. Wir mussten uns also eine völlig neue Rolle überlegen.

Wenn Sie bei einem Hack versuchen, etwas zu forcieren, steigt das Risiko deutlich, dass Sie scheitern. Sie werden zwar vermutlich nicht verhaftet oder erschossen, aber es kann passieren, dass Sie ungelenk oder unsensibel wirken, die Person Ihres Interesses befremden oder Ihnen Ihre Bitte abgeschlagen wird. Es ist besser, Sie bleiben geduldig und gestatten sich, Ihr Ziel an einem anderen Tag oder auf eine andere Weise zu erreichen. Müssen Sie Ihren Plan tatsächlich aufgeben, denken Sie daran, dass es keine Schande ist, wenn einem nicht immer alles gelingt. Das Einzige, was Sie sich vorwerfen müssten, wäre, wenn Sie sich Ihre Fehler nicht ansehen und korrigieren würden. Ich halte nach jedem misslungenen Auftrag mit meinem Team eine Nachbesprechung ab, um zu analysieren, wie und warum unser sorgsam ausgearbeiteter Plan nicht funktioniert hat. Dasselbe können Sie auch tun. Stellen Sie sich dazu spezifische Fragen wie zum Beispiel:

- An welchem Punkt war ich zu emotional?
- An welchem Punkt habe ich bemerkt, dass die Situation außer Kontrolle gerät?

- Welche meiner Aussagen hat mein Gegenüber nicht richtig verstanden? Wie hätte ich meine Gedanken besser formulieren können?
- Habe ich irgendetwas Gemeines, Sarkastisches oder Ehrabschneidendes gesagt?
- Welche Bedürfnisse oder Begierden des anderen habe ich übergangen?
- Hätte der andere im Gespräch etwas besser machen können?
- Muss ich mir das Gespräch noch einmal ansehen oder ist es besser, wenn ich es einfach vergesse?
- Was hätte ich tun können, damit der andere nach der Begegnung stärker das Gefühl hat, davon bereichert worden zu sein?

Machen Sie ebenfalls eine Nachbesprechung, wenn Ihr Plan aufgegangen ist. Was hat für Sie gut funktioniert? Was hätten Sie anders machen können? Wie war Ihr Versuch im Vergleich zu ihren vorherigen Hacks? Sehen Sie, dass Sie in den wichtigsten Aspekten Fortschritte machen? Auf welchen Gebieten tun Sie sich noch schwer? An welchen Fähigkeiten sollten Sie als Nächstes arbeiten? Jede soziale Begegnung bietet Ihnen eine wertvolle Gelegenheit, etwas über sich selbst zu erfahren, Ihre Hackingfähigkeiten zu verbessern und Ihre Fortschritte zu erkennen. So viel Sie auch üben, so gekonnt Sie auch schon in Begegnungen mit anderen Menschen auftreten, es ist immer noch Luft nach oben. Sie können immer noch weiter wachsen und besser werden. Ein echter Hacker hat niemals ausgelernt.

Empathie rockt!

Hier noch ein letzter Rat: Wenn Sie einen Gesprächsentwurf notieren, um sich auf eine bevorstehende Begegnung vorzubereiten, halten Sie vorher kurz inne und überlegen Sie, was Sie mit diesem Hilfsmittel erreichen wollen – ebenso wie mit all den anderen Prinzipien und Taktiken des Hackens, die ich Ihnen in diesem Buch vorgestellt habe. Wenn wir unsere Begegnungen systematisch im Voraus planen, halten wir uns selbst dazu an, unserem Gegenüber und unserer Vorstellung davon, wie wir gern mit ihm kommunizieren würden, mehr Aufmerksamkeit zu schenken. In abgeschwächter Form tun wir das auch, wenn wir eine Hackingtechnik spontan anwenden. Im Grunde geht es beim Hacken anderer Menschen vor allem darum, uns darin zu üben, sie genauer zu beobachten, über sie nachzudenken und uns so zu verhalten, dass wir ihre Bedürfnisse und Wünsche erfüllen, damit sie uns im Gegenzug unsere Wünsche erfüllen. Hacking ist natürlich nicht in erster Linie altruistisch, aber es trägt dazu bei, dass Sie das Leben anderer Menschen bereichern – einfach weil Sie sich im sozialen Austausch achtsamer und bewusster verhalten.

Denken Sie daran: Viele Streitigkeiten, die wir in unseren Beziehungen erleben, entstehen, weil wir uns selbst ignorant und unbedacht verhalten. Vielleicht würden wir uns selbst als einen freundlichen, einfühlsamen Menschen beschreiben. Vielleicht sind wir das auch die meiste Zeit und in vielen wichtigen Dingen. Aber trotzdem stolpern die meisten von uns blind durch die Welt und achten nicht oder zu wenig darauf, wie unsere Mitmenschen sich fühlen, wie sie uns wahrnehmen und was sie von uns brauchen, wollen und erwarten. Wir reißen einen Witz oder machen Small Talk oder erheben die Stimme oder legen irgendein anderes Verhalten an den Tag, weil es uns richtig erscheint und sich für uns gut anfühlt, ohne zu bemerken, dass es unser Gegenüber vor den Kopf stößt. Im Bann unserer eigenen Gefühle lassen wir zu, dass sie uns diktieren, was wir sagen.

Wenn Anfänger mit dem Hacken von Menschen beginnen, sehen sie plötzlich, was ihnen alles in ihren sozialen Interaktionen gefehlt hat. Fortan schenken sie anderen und deren Erfahrungen mehr Beachtung. Sie werden empathischer und empfänglicher für andere Menschen und deren Gefühle und sind sich auch ihres eigenen Verhaltens und seiner Wirkung auf ihr Gegenüber bewusster. Sie stellen fest, dass sie ihr eigenes Verhalten viel besser kontrollieren können, als sie es je für möglich gehalten hätten, und arbeiten an ihrer Sprache und ihrem Verhalten, um sie zu verbessern und anders zu wirken. Mit der Zeit sind sie in der Lage, ihr Verhalten automatisch und spontan zu beobachten und zu kontrollieren. Aufmerksamkeit und Mitgefühl anderen gegenüber führen zu überlegterem Handeln: Das ist der Kern der Superkräfte, die ich Ihnen in diesem Buch vorgestellt habe.

Es kann sein, dass manche Menschen diese Superkräfte missbrauchen und zu unlauteren Zwecken einsetzen. Ja, es gibt auch unter Hackern Verbrecher. Aber ich bin guter Dinge, dass Sie das nicht tun werden. Denn Sie haben ganz am Anfang dieses Buches ein feierliches Gelöbnis unterschrieben. Und das werden Sie gewiss nicht brechen. Außerdem weiß ich: Sollten Sie es doch einmal absichtlich oder unabsichtlich tun, dann werden Sie es bereuen und Ihr Verhalten korrigieren. Denn wenn Sie sehen, welchen Schaden Sie durch Manipulation anrichten können, werden Sie sich, solange Sie kein totaler Psychopath sind, schlecht fühlen und alles dafür tun, wieder auf der richtigen Seite zu stehen. Sehen Sie umgekehrt, wie erfüllend es ist, Ihre Hackingfähigkeiten zum Nutzen anderer anzuwenden, glaube ich fest daran, dass Sie vielleicht sogar Gelegenheiten suchen werden, es öfter zu tun. Ich habe schon einige Male gesehen, wie sich Menschen von Grund auf änderten, als sie diese Hackingtechniken erlernten, und ihr Leben fortan viel stärker darauf ausrichteten, anderen zu helfen.

Das Hacking hat zum Beispiel meinen Kursteilnehmer Doug fundamental verändert. Sie müssen sich den Kerl so vorstellen: ein riesiger, angsteinflößender Motorradfahrer, kahl geschorener Kopf, Bierplauze, barsches Auftreten, eine äußerst „geschmackvolle" Wortwahl, langer weißer Bart, das volle Programm. So sah Doug aus, als er am ersten Tag in meinen Kurs kam. Wenn er in einer dunklen Gasse auf Sie zugekommen wäre, hätten Sie sich wahrscheinlich umgedreht und wären weggerannt. Der Kurs ging über eine ganze Woche und während des ersten Tages fragte ich mich die ganze Zeit, was der Kerl wohl aus meinem Kurs mitnehmen würde. Seine Haltung zu dem Ganzen war, freundlich gesagt, hämisch. Aber es stellte sich heraus, dass ich ihn völlig falsch interpretiert hatte. Gegen Ende der Woche bat mich Doug darum, mich einmal unter vier Augen zu sprechen. Er sagte mir, dass meine Hackingtechniken großen Eindruck auf ihn gemacht hätten und er seine Perspektive auf sein Verhalten und seine sozialen Interaktionen grundlegend geändert habe. „Ab jetzt achte ich darauf, dass jeder, mit dem ich zu tun habe, das Gefühl hat, dass ihm die Begegnung etwas gegeben hat. Und ich werde jeden Tag mindestens einer Person etwas Gutes tun."

Doug hatte mit seinem guten Vorsatz sogar schon angefangen. Als er an diesem Morgen im Hotel frühstückte, fing ein anderer Gast an, eine Kellnerin wegen des schlechten Service lautstark zu beschimpfen. Sie hatte eine solche Behandlung nicht verdient und war sichtlich verstimmt. Doug versetzte sich in die Kellnerin hinein und fühlte sich animiert, etwas zu unternehmen. Er hätte jetzt zu dem anderen Gast gehen und ihn anschreien können, ihn ein Arschloch nennen können oder Ähnliches. Oder er hätte zur Kellnerin gehen und mit ihr über den fetten [bitte ein geschmackvolles Wort einfügen] Typen ablästern können. Aber Doug zog auch in Betracht, dass noch andere Menschen in Hörweite waren, und wusste, dass sie sich in beiden Fällen danach nicht wohler fühlen würden. Im Gegenteil, die negative Stimmung würde sie stören und ihnen das Frühstück vermiesen.

Nachdem Doug ein wenig nachgedacht hatte, ging er auf die Kellnerin zu, lächelte sie an und sagte mit sanfter Stimme: „Ich wollte Ihnen nur sagen, dass ich Ihnen für alles sehr dankbar bin." Mehr nicht. Ohne egoistische Motive schenkte Doug der Frau ein freundliches Wort und gab ihr als Kellnerin und als Mensch Bestätigung. Die ganze Woche über hatte er vor allem an seiner emotionalen Intelligenz gearbeitet, um mehr Mitgefühl mit anderen Menschen zu empfinden und bewusster eine Verbindung zu ihnen aufzubauen. Er war beeindruckt von den Superkräften, die er sich in meinem Kurs angeeignet hatte, und wollte sie unbedingt zum Guten einsetzen.

Nutzen Sie Ihre neu gewonnenen Fähigkeiten im Hacken anderer Menschen, während Sie sie üben und beherrschen lernen, damit auch andere davon profitieren. Überlegen Sie sich, was *sie* wollen. Versetzen Sie sich in *sie* hinein. Bemühen Sie sich, eine echte Beziehung zu ihnen aufzubauen. Nutzen Sie Beeinflussungstechniken, damit es ihnen eine Freude ist, Ihren Wünschen nachzukommen. Bleiben Sie Sie selbst und seien Sie immer möglichst ehrlich. Reagieren Sie gelassen, wenn Ihnen der andere Ihren Wunsch nicht erfüllt. Hacking ist nicht so bösartig, wie es in den Medien oft dargestellt wird. Es gibt auch freundliche Hacker, die anderen Menschen Gutes tun. Seien Sie einer von uns! Ihrem Gegenüber das Gefühl zu geben, von der Begegnung mit Ihnen bereichert worden zu sein, ist der einfachste und erfüllendste Weg, um zu bekommen, was Sie wollen. Ich dringe auf diese Weise in hoch gesicherte Gebäude und IT-Systeme ein und Sie werden damit große Schritte in Ihrem Beruf machen, bessere Beziehungen eingehen und in den verschiedensten Situationen passender reagieren. Und denken Sie daran: Ihr Gegenüber soll sich *immer* durch die Begegnung mit Ihnen bereichert fühlen. Empathie rockt!

DANKSAGUNG

Ich wäre nie darauf gekommen, meine Gedanken zu Papier zu bringen, hätte mich nicht mein Freund Joe Navarro meinem großartigen Agenten Steve Ross vorgestellt und hätte Steve nicht beschlossen, mir eine Chance zu geben. Danke, Joe und Steve.

Großen Dank schulde ich auch meinem Co-Autor Seth Schulman, der eine mir beinahe unheimliche Fähigkeit hat, mit Worten, Gedanken und Gefühlen umzugehen und sie auf dem Papier lebendig werden zu lassen. Die Arbeit mit Seth war mir eine Freude, ein Lernerlebnis und eine Wohltat.

Danke an Hollis Heimbouch, der das Potenzial dieses Projekts erkannt hat. Ihr Input und Ihre Mithilfe während des Schreibens haben mir sehr geholfen und ich danke Ihnen sehr dafür. Ich möchte mich auch bei allen Mitarbeitern von HarperCollins bedanken sowie bei Seths Kollegen, die mir bei den Recherchen und Faktenchecks, beim Redigieren und bei vielem mehr geholfen haben. Dank Ihrer unermüdlichen Arbeit ist das Buch geworden, wie es ist.

Es gibt einige Menschen, die im Laufe der Jahre dazu beigetragen haben, dass die Ideen in diesem Buch Form annehmen konnten. Mein tief empfundener Dank geht an Dr. Paul Ekman, Robin Dreeke, Joe Navarro und Ryan MacDougall. Sie alle haben mich immer wieder herausgefordert und das Beste aus mir herausgeholt. Bedanken möchte ich mich auch beim inneren Zirkel, der mich bei der Gründung und Leitung des Social Engineering Village unterstützt hat: bei Jim Manley, Chris Roberts, Billy Boatright, Wayne Ronaldson und allen anderen von der SEVillage-Crew – sowie bei Jamison Scheeres, der die Samen gepflanzt hat, aus denen SECOM und mein Unternehmen gesprossen sind. Ebenfalls dankbar bin ich den vielen Leuten aus der Sicherheitsbranche und Privatpersonen, die im Laufe der Jahre meine Kurse besucht haben – Sie haben mir mindestens genauso viel beigebracht wie ich Ihnen.

Mein Engagement für die Innocent Lives Foundation hat auf mein Leben großen Einfluss gehabt. Tim Maloney, Ihnen verdanke ich es, dass ich permanent meinen Horizont erweitere und lerne, noch mitfühlender und fürsorglicher zu sein. Neil Fallon, Sie schreiben nicht nur großartige Songs, sondern personifizieren auch den Geist dieses Buches und erinnern mich stetig daran, auf andere Menschen und ihre Gefühle zu achten.

Ich möchte auch meinen besten Freunden auf diesem Planeten danken: Nick und Claire Furneaux, Ben und Selena Barnes, Kazuyuki und Amanda Nishi, Neil und Marilyn Vitale sowie Mark und Teanna Hammann. Ihr habt mich auf dem gesamten Weg begleitet und mir mehr gegeben als ich Euch. Vielen Dank.

Last but not least haben mir mein tiefer Glaube an Gott und meine großartige Familie dabei geholfen, dieses Ziel zu erreichen. Meine Familie hat mir treu zur Seite gestanden, als ich das weltweit erste Unternehmen gründete, das sich ausschließlich mit Social Engineering befasst. Areesa, Colin und Amaya, vielen Dank, dass Ihr mir geholfen habt, ein besserer Ehemann, Vater und Mensch zu werden. Euch zu begegnen hat mein Leben sehr bereichert.

ANHANG

DISG-SPICKZETTEL

DISG-Spickzettel – Typ D, „Dominant“

Der Typ D will, dass sein Gegenüber direkt, offen und ohne Umschweife zur Sache kommt und sich dabei auf Ergebnisse konzentriert.			
SIE SIND TYP D, WENN: Andere Sie aufdringlich, barsch, aggressiv oder dominant empfinden, Sie aber auch als tatkräftigen Menschen beschreiben, der viele Dinge schafft.			
Der Typ D in		**Wie Sie am besten mit einem Typ D kommunizieren**	
Worten	**Taten**	**Versuchen Sie**	**Wappnen Sie sich gegen**
Er will wissen, WAS	Auf die Aufgabe konzentriert	Kurz und bündig zu sprechen	Derbe Ausdrucksweise
Teilt eher mit, statt zu fragen	Ungeduldig	Sein Bedürfnis nach Autonomie zu respektieren	Mangel an Empathie
Redet eher, statt zuzuhören	Direkt	Ihre Erwartungen klar zu benennen	Mangel an Sensibilität
Kann grob oder aufdringlich wirken	Geht gern Risiken ein	Ihm die Führung zu überlassen	Kurze Gespräche
Setzt seine Autorität ein	Achtet auf die Zeit	Ihre Kompetenz zu zeigen	Abrupte Kommentare
Spricht schnell	Hat schon viel erreicht	Beim Thema zu bleiben	
Redet offen	Verlässt sich auf sein Bauchgefühl	Sich unabhängig zu machen	
Beginnt das Gespräch mit seiner eigenen Meinung	Nimmt Auseinandersetzungen in Kauf		
Ein paar Tipps für den Umgang mit einem Typ D:			
Sie können ihn in seiner Entwicklung unterstützen, indem Sie ihm helfen			
Empathie zu zeigen	Mehr Fragen zu stellen	Entscheidungen logisch zu begründen	Sich zu entspannen
Langsam zu reden und zuzuhören	Komplimente zu machen	Abgemilderte Körpersprache zu zeigen	Sich offen zu zeigen
Was Typ D will			
Autorität zeigen	Keine Details	Macht	Direkte Antworten
Große Herausforderungen	Flexibilität	Klar definierte Erwartungen	Prestige
Wie sich Typ D in den sozialen Medien verhält			
Kurze Beiträge	Auf das Thema konzentriert	Auf die Aufgabe konzentriert	Aggressiv

DISG-Spickzettel – Typ I, „Initiativ“

Der Typ I mag es, wenn andere zu ihren Gefühlen stehen, freundlich und humorvoll sind und vor allem seine Leistungen anerkennen.			
SIE SIND TYP I, WENN: Andere Sie als extrovertiert, prahlerisch, wettstreitend und oberflächlich beschreiben und sagen, dass Sie sehr viel Humor haben und Anerkennung brauchen.			
Der Typ I in		**Wie Sie am besten mit einem Typ I kommunizieren**	
Worten	**Taten**	**Versuchen Sie**	**Wappnen Sie sich gegen**
Er will wissen, WER	Expressiver Gesichtsausdruck	Ihm ungezwungen zu begegnen	Einflussnahme
Teilt eher mit, statt zu fragen	Spontan	Entspannt zu sein	Bedürfnis nach Rampenlicht
Redet eher, statt zuzuhören	Lacht gern	Ihn über seine Gefühle reden zu lassen	Überschätzung
Schweift ab / Übertreibt	Kurze Aufmerk-samkeitsspanne	Leichtigkeit zu behalten	Verkauf über Wert
Erzählt viele Geschichten	Wirkt warmherzig	Schriftliche Details zu liefern	Empfindlichkeit gegenüber Ablehnung
Spricht schnell	Kommt beim Sprechen nah	Ihn öffentlich zu loben	Versuche, Sie zu überreden
Teilt gern Gefühle	Prahlt über sich selbst	Humor	
Ein paar Tipps für den Umgang mit einem Typ I:			
Sie können ihn in seiner Entwicklung unterstützen, indem Sie ihm helfen			
Auf Zeitmanagement zu achten	Auf Organisation zu achten	Analytisch zu sein	
Objektiv zu sein	Wert auf klare Ergebnisse zu legen	Dringlichkeit zu erkennen	
Was Typ I will			
Beliebt sein	Öffentliches Lob	Warmherzige Beziehungen	
Sichtbare Belohnungen	Anerkennung	Keine Details	
Wie sich Typ I in den sozialen Medien verhält			
Redet über sich selbst	Prahlt	Konzentriert sich auf das Aussehen	Macht viele Selfies

DISG-Spickzettel – Typ S, „Stetig“

Der Typ S mag es, wenn andere ihm zustimmen, kooperativ und entspannt sind und ihm Anerkennung zollen.			
SIE SIND TYP S, WENN: **Andere Sie als apathisch, veränderungsunwillig und langsam wahrnehmen, Sie aber auch als guten Zuhörer beschreiben, der sie sehr gut unterstützt und sich gut um Kranke kümmert.**			
Der Typ S in		**Wie Sie am besten mit einem Typ S kommunizieren**	
Worten	**Taten**	**Versuchen Sie**	**Wappnen Sie sich gegen**
Er will wissen, WARUM	Fragt nach Ihrer Meinung	Logisch zu argumentieren	Allzu große Freundlichkeit
Fragt eher, statt mitzuteilen	Mag freundliche Atmosphäre	Sicherheit zu bieten	Widerwillen gegenüber Veränderung
Hört eher zu, statt zu reden	Mag lässige Atmosphäre	Ihm Zeit für Veränderungen zu lassen	Unfähigkeit zur Priorisierung
Langsam und stetig	Geduldig	Zu zeigen, dass er Ihnen wichtig ist	Probleme mit Abgabeterminen
Reserviert	Dienstleistungsorientiert	Ihm Zeit für Veränderungen zu lassen	Widerwillen gegen Rampenlicht
Still	Unauffällig / Sucht keine Anerkennung	Ernsthaft zu sein	
Warmherzig	Tolerant gegenüber anderen		
Ein paar Tipps für den Umgang mit einem Typ S:			
Sie können ihn in seiner Entwicklung unterstützen, indem Sie ihm helfen			
Sich offen für Veränderung zu zeigen	Zu prahlen lernen	An sich selbst zu glauben und seine Meinung zu sagen	
Selbstbestätigung	Sich zu zeigen lernen		
Was Typ S will			
Private Anerkennung	Ruhige Beziehungen	Sicherheit	Zeit, sich anzupassen
Glückliche Beziehungen	Standardvorgehen	Ernsthaftigkeit	Gehört werden
Wie sich Typ S in den sozialen Medien verhält			
Redet über seine Teamkollegen	Ist sehr ernst	Setzt Gefühle ein	Stetig und zuverlässig

DISG-Spickzettel – Typ G, „Gewissenhaft“

Der Typ G will immer über Einzelheiten reden. Er will, dass andere genau sind, auf Details achten und ihm nicht zu nahe kommen.			
SIE SIND TYP G, WENN: Andere Sie als genau und gründlich beschreiben, aber Sie auch manchmal als zu kritisch, negativ und pedantisch empfinden. Obwohl Sie schüchtern sind, wissen Sie Ihre wenigen engen Beziehungen zu schätzen.			
Der Typ G in		**Wie Sie am besten mit einem Typ G kommunizieren**	
Worten	**Taten**	**Versuchen Sie**	**Wappnen Sie sich gegen**
Er will wissen, WIE	Auf die Aufgabe konzentriert	Klare Abgabetermine zu vereinbaren	Abneigung gegen Vagheit
Fragt eher, statt mitzuteilen	Sehr ordentlich	Zu zeigen, dass Sie zuverlässig sind	Hang, Fakten mehrmals zu prüfen
Hört eher zu, statt zu reden	Sehr akribisch	Loyalität zu zeigen	Hang zur Unabhängigkeit
Überreagiert nicht	Präzise und genau	Sich taktvoll und reserviert zu geben	Übermäßige Recherchen
Redet langsamer	Achtet auf die Zeit	Genau zu sein	Vorsicht
Reden vs. schreiben	Schwer zu lesen	Hohe Standards wertzuschätzen	
Gründlich und genau	Will recht haben	Konzentriert zu sein	
Ein paar Tipps für den Umgang mit einem Typ G:			
Sie können ihn in seiner Entwicklung unterstützen, indem Sie ihm helfen			
Tolerant zu sein	Sich in der Gruppe wohlzufühlen	Die Beschränktheit anderer zu akzeptieren	
Sich helfen zu lassen	Die Ideen anderer zu akzeptieren		
Was Typ G will			
Klare Erwartungen	Faktencheck	Möglichkeit, zu glänzen	Klare Aufgaben
Professionalität	Keine schnellen Veränderungen	Persönliche Autonomie	
Wie sich Typ G in den sozialen Medien verhält			
Nennt viele Details	Fotos müssen perfekt sein	Schreibt lange Posts	Nennt viele Fakten

ANMERKUNGEN

Einleitung: Ihre neuen Superkräfte

1. Rod Scher, „Is This the Most Dangerous Man in America?“, *Computer Power User*, Juli 2011, https://www.social-engineer.org/content/CPU-MostDangerousMan.pdf.
2. Christopher Hadnagy, *Die Kunst des Human Hacking: Social Engineering in der Praxis*, Deutsch von Jürgen Dubau, mitp Verlag, Heidelberg 2010.
3. Simon Baron-Cohen, *The Science of Evil: On Empathy and the Origins of Cruelty*, New York: Basic Books, 2011.
4. Siehe zum Beispiel Shahirah Majumdar, „Why Empathy Is Bad“, *Vice*, 21. Dezember 2016, https://www.vice.com/en_us/article/78bj8a/why-empathy-is-bad; Paul Bloom, *Against Empathy: The Case for Rational Compassion*, New York: HarperCollins, 2016.

1. Kapitel: Erkenne dich selbst, und du erkennst den anderen

1. Dies beruht auf einer wahren Geschichte: Jon Willing, „City Treasurer Was Victim of a ‚Whaling‘ Scam, Transferred $100K to Phoney Supplier“, *Ottawa Citizen*, 8. April 2019, https://ottawacitizen.com/news/local-news/city-treasurer-was-victim-to-a-whaling-scam-transferred-100k-tophoney-supplier.
2. Andrew Duffy, „Florida Man Named as Suspect in City of Ottawa Fraud Case Faces Trial in U.S. Email Scam,“ *Ottawa*

Citizen, https://ottawacitizen.com/news/local-news/florida-man-named-as-suspectin-city-of-ottawa-fraud-case-faces-trial-in-u-s-email-scam/.

3. Zum Beispiel nutzen Zahnärzte das DISG-Prinzip, um ihre Patienten dazu zu motivieren, sich regelmäßig die Zähne zu putzen und Zahnseide zu benutzen. Siehe Mark Scarbecz, „Using the DiSC System to Motivate Dental Patients", *Journal of the American Dental Association* 138, Nr. 3 (März 2007), S. 381–385, doi:10.14219/jada.archive.2007.0171.
4. Einer Studie zufolge verbesserte sich durch die Anwendung des DISG-Prinzips bei der Teambildung die Kreativität des Teams und die Teammitglieder arbeiteten besser zusammen. Siehe Ioanna Lykourentzou et al., „Personality Matters: Balancing for Personality Types Leads to Better Outcomes for Crowd Teams", *Proceedings of the 19th ACM Conference on Computer-Supported Cooperative Work & Social Computing* (Februar 2016): S. 260–273, https://doi.org/10.1145/2818048.2819979. Der kommerzielle Dienstleister, der den DISG-Test entwickelt hat, den mein Unternehmen verwendet, hat uns ebenfalls Forschungsergebnisse zur Verfügung gestellt, die zeigen, dass das Prinzip zuverlässig und hilfreich ist.
5. „Everything DiSC: A Wiley Brand", Everything DiSC, Zugriff am 3. April 2020, https://www.everythingdisc.com/EverythingDiSC/media/SiteFiles/Assets/History/Everything-DiSC-resources-historyofdisc-timeline.pdf.
6. Stan Phelps, „Five Lessons on Delivering Breakaway CX From Forrester's CXNYC Conference", *Forbes*, 19. Juli 2017, https://www.forbes.com/sites/stanphelps/ 2017/07/19/five-lessons-on-delivering-breakaway-cx-from-forresters-cxnyc-conference/#63af4dce4f9d.
7. „Avista warns of scammers continuing to target utility customers", *KHQ-TV*, 18. Juni 2019, https://www.khq.com/news/avista-warns-of-scammers-continuing-to-target-utility-

customers/article_ed857844-91df-11e9-a6f2-2b08fc7d4d40.html.

2. Kapitel: Werde der, der du sein willst

1. „100 Funny Jokes and Quotes about Love, Sex and Marriage“, *Telegraph*, 14. Dezember 2018, https://www.telegraph.co.uk/comedy/comedians/100-funny-jokes-quotes-love-sex-marriage/richard-jeni/.
2. Malcolm Gladwell, *Talking to Strangers: What We Should Know about the People We Don't Know*, New York: Little, Brown, 2019, S. 73
3. Gladwell, *Talking to Strangers*, S. 74.
4. Brittany Taylor, „Scam Caught on Camera: Man Accused of Impersonating West U. Public Works Employee“, *KPRC-TV*, 22. Januar 2019, https://www.click2houston.com/news/scam-caught-on-camera-man-accused-of-impersonating-west-u-public-works-employee.
5. Clifford Lo, „Scammers Swindle Hong Kong Man out of HK$430,000 in the Space of Four Hours on WhatsApp“, *South China Morning Post*, 17. Januar 2019, https://www.scmp.com/news/hong-kong/lawand-crime/article/2182575/scammers-swindle-hong-kong-man-outhk430000-space-four.
6. Kathy Bailes, „Two Parents Fall Prey to St. Lawrence College Fees Email Scam“, *Isle of Thanet News*, 8. Januar 2019, https://theisleofthanetnews.com/2019/01/08/two-parents-fall-prey-to-st-lawrence-college-fees-email-scam/.
7. Diese Darstellung über Lustig ist aus „The Most Notorious Financial Frauds in History“, *Telegraph*, 6. Juni 2016, https://www.telegraph.co.uk/money/consumer-affairs/the-most-notorious-financial-frauds-in-history/victor-lustig/ und Jeff Maysh, „The Man Who Sold the Eiffel Tower. Twice“, *Smithsonian Magazine*, 9. März 2016, https://www.smithsonianmag.com/history/man-who-sold-eiffeltower-twice-180958370/.
8. Dieses unbestätigte Zitat findet sich bei Maysh, „The Man Who Sold the Eiffel Tower. Twice.“

9. David J. Dance, „Pretexting: A Necessary Means to a Necessary End?“, *Drake Law Review* 56, Nr. 3 (Frühjahr 2008): S. 807, https://lawreviewdrake.files.wordpress.com/ 2015/06/ lrvol56-3_dance.pdf.
10. William Safire, „Pretexting“, *New York Times*, 24. September 2006, https://www.nytimes.com/2006/09/24/magazine/ pretexting.html.
11. Siehe Art Markman, „How Your Personality Shines Through“, *Psychology Today*, 5. August 2010, https://www.psychologytoday.com/us/blog/ulterior-motives/201008/how-your-personality-shines-through. Dieser Artikel bezieht sich auf Ryne A. Sherman, Christopher S. Nave und David C. Funder, „Situational Similarity and Personality Predict Behavioral Consistency“, *Journal of Personality and Social Psychology* 99, Nr. 2 (August 2010): S. 330–343.
12. Christopher Soto, „Personality Can Change Over a Lifetime, and Usually for the Better“, *NPR*, 30. Juni 2016, https://www.npr.org/sections/health-shots/2016/06/30/484053435/personality-canchange-over-a-lifetime-and-usually-for-the-better.
13. Ich habe einige Einzelheiten in der Geschichte geändert, um die Schweigepflicht zu wahren.

3. Kapitel: Die Kunst, auf andere zuzugehen

1. Wissenschaftler nennen dieses Phänomen „Homophilie“. Weitere Informationen dazu finden Sie bei Alessandro Di Stefano et al., „Quantifying the Role of Homophily in Human Cooperation Using Multiplex Evolutionary Game Theory“, *PLOS One* 10, Nr. 10 (2015), doi:10.1371/journal.pone.0140646.
2. Amos Nadler und Paul J. Zak, „Hormones and Economic Decisions“, in *Neuroeconomics*, Hg. Martin Reuter und Christian Montag (Berlin: Springer-Verlag, 2016), S. 41–66. Siehe auch Jorge A. Barraza und Paul J. Zak, „Empathy toward Strangers Triggers Oxytocin Release and Subsequent Generosity“, *Annals of the New York Academy of Sciences* 1667,

Nr. 1 (Juni 2009): S. 182–189, https://doi.org/10.1111/j.1749-6632.2009.04504.x.

3. Siehe zum Beispiel Clint Berge, „Barron Co. Residents Scammed out of $100K as Sheriff Gives Warning“, *WQOW News* 18, 24 Juni 2019, https://wqow.com/news/top-stories/2019/06/24/barron-co-residents-scammed-out-of-100k-as-sheriff-gives-warning/.
4. Den Ethikkodex des Social Engineering finden Sie bei „The Social Engineering Framework“, Security Through Education, abgerufen am 13. November 2019, https://www.social-engineer.org/framework/general-discussion/code-of-ethics/.
5. Ewa Jacewicz et al., „Articulation Rate across Dialect, Age, and Gender“, *Language Variation and Change* 21, Nr. 2 (Juli 2009): S. 233–256, doi:10.1017/S0954394509990093.
6. Yanan Wang, „These Are the States with the Fastest Talkers (New York Isn't One of Them)“, *Washington Post*, 4. Februar 2016, https://www.washingtonpost.com/news/morning-mix/wp/2016/02/04/theseare-the-states-with-the-fastest-talkers-new-york-isnt-one-of-them/; Marchex Marketing Team, „America's Speech Patterns Uncovered“, *Marchex* (Blog), 2. Februar 2016, https://www.marchex.com/blog/talkative.
7. David Cox, „Is Your Voice Trustworthy, Engaging or Soothing to Strangers?“, *Guardian*, 16. April 2015, https://www.theguardian.com/science/blog/2015/apr/16/is-your-voice-trustworthy-engaging-orsoothing-to-strangers.
8. Zu diesem Thema gibt es umfassende Literatur. Siehe zum Beispiel Will Storr, „The Metamorphosis of the Western Soul“, *New York Times*, 24. August 2018, https://www.nytimes.com/2018/08/24/opinion/the-metamorphosis-of-the-western-soul.html.
9. Sidney Kraus, *Televised Presidential Debates and Public Policy*, New York und London: Routledge, 2000, S. 66.
10. Thomas R. Zentall, „Reciprocal Altruism in Rats: Why Does It Occur?“, *Learning & Behavior* 44 (März 2016): S. 7–8, https://doi.org/10.3758/s13420-015-0201-2.

11. Janelle Weaver, „Monkeys Go out on a Limb to Show Gratitude“, *Nature,* 12. Januar 2010, https://doi.org/10.1038/news.2010.9.
12. Hajo Adam und Adam D. Galinsky, „Enclothed Cognition“, *Journal of Experimental Social Psychology* 48, Nr. 4 (Juli 2012): S. 918–925, doi:https://doi.org/10.1016/j.jesp.2012.02.008.

4. Kapitel: Die Kunst, andere Menschen dazu zu bringen, dir helfen zu *wollen*

1. Mathukutty M. Monippally, *Business Communication: From Principles to Practice,* New Delhi: McGraw Hill Education, 2013, S. 137.
2. Robert B. Cialdini, *Influence: The Psychology of Persuasion,* Melbourne: Business Library, 1984.
3. Dave Kerpen, *The Art of People: 11 Simple People Skills That Will Get You Everything You Want,* New York: Crown Business, 2016; Peter Economy, „How the Platinum Rule Trumps the Golden Rule Every Time“, *Inc.,* 17. März 2016, https://www.inc.com/peter-economy/how-the-platinum-rule-trumps-the-golden-rule-every-time.html.
4. Mama Donna Henes, „The Universal Golden Rule“, *Huffington Post,* aktualisiert am 23. Dezember 2012, https://www.huffpost.com/entry/golden-rule_b_2002245; W. Patrick Cunningham, „The Golden Rule as Universal Ethical Norm“, *Journal of Business Ethics* 17, Nr. 1 (Januar 1998): S. 105–109.
5. Jonathan L. Freedman und Scott C. Fraser, „Compliance without Pressure: The Foot-in-the-Door Technique“, *Journal of Personality and Social Psychology* 4, Nr. 2 (1966): S. 195–202, https://doi.org/10.1037/h0023552.
6. Michael Lynn, „Scarcity Effects on Value: A Quantitative Review of the Commodity Theory Literature“, *Psychology & Marketing* 8, Nr. 1 (1991), S. 43–57; Luigi Mittone und Lucia Savadori, „The Scarcity Bias“, *Applied Psychology* 58, Nr. 3 (Juli 2009): S. 453–468, https://doi.org/10.1111/j.1464-0597.2009.00401.x.

7. Paul Dunn, „The Importance of Consistency in Establishing Cognitive-Based Trust: A Laboratory Experiment“, *Teaching Business Ethics* 4 (August 2000): S. 285–306, https://doi.org/10.1023/A:1009870417073.
8. Alfonso Pulido, Dorian Stone und John Strevel, „The Three Cs of Customer Satisfaction: Consistency, Consistency, Consistency“, McKinsey & Company, März 2014, https://www.mckinsey.com/industries/retail/our-insights/the-three-cs-of-customer-satisfaction-consistency-consistency-consistency.
9. Robert B. Cialdini et al., „Compliance with a Request in Two Cultures: The Differential Influence of Social Proof and Commitment/Consistency on Collectivists and Individualists“, *Personality and Social Psychology Bulletin* 25, Nr. 10 (Oktober 1999): S. 1242–1253, https://doi.org/10.1177/01461672992512006.
10. Stanley Milgram, „Behavioral Study of Obedience“, *Journal of Abnormal and Social Psychology* 67, Nr. 4 (1963): S. 376, https://doi.org/10.1037/h0040525.
11. Brandi Vincent, „The Federal Trade Commission Warns That Criminals' ‚Favorite Ruse‘ Is Pretending to Be from a Government Agency“, *Next Gov*, 2. Juli 2019, https://www.nextgov.com/cio-briefing/2019/07/scammers-are-impersonating-government-agencies-more-ever/158165/.
12. Adam J. Hampton, Amanda N. Fisher Boyd und Susan Sprecher, „You're Like Me and I Like You: Mediators of the Similarity-Liking Link Assessed before and after a Getting-Acquainted Social Interaction“, *Journal of Social and Personal Relationships* 36, Nr. 7 (Juli 2019): S. 2221–244, https://doi.org/10.1177/0265407518790411.

5. Kapitel: Die Kunst, andere Menschen dazu zu bringen, dir etwas erzählen zu *wollen*

1. Susan Krauss Whitbourne, emeritierte Professorin für Psychologie und Hirnforschung an der University of Massachusetts Amherst, beschreibt das allgemeine Gebiet der

Selbsteinbringung mit folgenden Worten: „Eine Theorie der Selbsteinbringung besagt, dass wir eine Gegenleistung erbringen wollen, weil wir annehmen, dass jemand, der uns etwas von sich mitteilt, uns mag und uns vertraut. Je mehr wir wiederum von uns mitteilen, umso mehr mag der andere uns und vertraut uns, worauf er erneut etwas von sich preisgibt. Das ist die Hypothese von gegenseitiger Selbsteinbringung durch soziale Anziehung und Vertrauen. Die zweite Hypothese basiert auf der Austauschtheorie. Sie besagt, dass wir Selbsteinbringung erwidern, um in der Beziehung ein Gleichgewicht beizubehalten: Du bringst dich ein, also bringe ich mich ein." (Susan Krauss Whitbourne, „The Secret to Revealing Your Secrets“, *Psychology Today*, 1. April 2014, https://www.psychologytoday.com/us/ blog/fulfillment-any-age/201404/the-secret-revealing-your-secrets)
Auf noch grundlegenderer Ebene argumentieren Wissenschaftler, dass Menschen als soziale Wesen von Natur aus anderen glauben („Wahrheit als Standardmodus“). Weitere Informationen zur „truth-default theory“ und den Folgen menschlicher Leichtgläubigkeit siehe Timothy R. Levine *Duped: Truth-Default Theory and the Social Science of Lying and Deception* (Tuscaloosa: University of Alabama Press, 2020) und Gladwell, *Talking to Strangers*.

2. Jeff Stone, „LinkedIn Is Becoming China's Go-to Platform for Recruiting Foreign Spies“, *Cyber Scoop*, 26. März 2019, https://www.Cyberscoop.com/linkedin-china-spies-kevin-mallory-ron-hansen/; Anthony Cuthbertson, „China Is Spying on the West Using LinkedIn, Intelligence Agency Claims“, *Newsweek*, 11. Dezember 2017, https://www.newsweek.com/china-spying-west-using-linkedin-743788.
3. Dieses Szenario findet sich in „Elicitation“, National Counterintelligence and Security Center, abgerufen am 16. Dezember 2019, https://www.dni.gov/files/NCSC/documents/ campaign/Elicitation.pdf.

4. Sharon Stone, „Michigan State Police Tweet Warning Signs for Terrorism", *Tri-County Times*, 22. April 2019, https://www.tctimes.com/news/michigan-state-police-tweet-warning-signs-for-terrorism/article_65d7c0fc-653c-11e9-904c-bb92d94c6C56.html.
5. Die Zahl 68 Prozent ist nur ausgedacht. Ich kann mich nicht an den genauen Wert erinnern, weder hier noch in der Zeitung, aber wir haben eine echte Statistik verwendet, die wir in einem aktuellen Zeitungsartikel gefunden hatten. Falls es Sie interessiert: Der *Telegraph* hat 2010 berichtet, dass jede fünfte Person ihren Geburtstag als PIN benutzt (Sceaf Berry, „One in Five Use Birthday as PIN Number", *Telegraph*, 27. Oktober 2010, https://www.telegraph.co.uk/finance/personalfinance/borrowing/creditcards/8089674/One-in-five-use-birthday-as-PINnumber.html). 2012 berichtete der *Guardian*, dass 10,7 Prozent aller Menschen „1234" als PIN verwenden (Nick Berry, „The Most Common Pin Numbers: Is Your Bank Account Vulnerable?", *Guardian*, 28. September 2012, https://www.theguardian.com/money/blog/2012/sep/28/debit-cards-currentaccounts.
6. Zum Thema Klarheit, Korrektheit und Wettbewerb beim Überzeugen anderer führt Art Markman, Annabel Irion Worsham Centennial Professor für Psychologie und Marketing an der University of Texas in Austin aus: „All das zusammengenommen kann man sagen, wenn Sie sich Ihrer eigenen Einstellung bewusst sind, kann das einen Einfluss darauf haben, ob Sie andere Menschen davon zu überzeugen versuchen, dass Sie recht haben. Je stärker Sie glauben, dass Ihre Einstellung die richtige ist, umso mehr bemühen Sie sich, andere davon zu überzeugen." (Art Markman, „Why We Need Everyone to Believe We're Correct", *Psychology Today*, 14. Juli 2014, https://www.psychologytoday.com/us/blog/ulterior-motives/201407/why-we-need-everyone-believe-were-correct) Eine solche Tendenz wird vermutlich noch durch die „illusion

of explanatory depth" („Illusion erklärender Tiefe") verschlimmert, wie Wissenschaftler es nennen: die Neigung des Menschen, zu überschätzen, wie viel er tatsächlich von einem Sachverhalt verstanden hat: Leonid Rozenblit und Frank Keil, „The Misunderstood Limits of Folk Science: An Illusion of Explanatory Depth", *Cognitive Science* 26, Nr. 5 (September 2002): S. 521–562, https://doi.org/10.1207/s15516709cog2605_1.

7. Einer der Gründe, weshalb in Studien und Umfragen mit Bandbreiten gearbeitet wird (für Einkommen, Alter und so weiter), anstatt nach der genauen Zahl zu fragen, ist die höhere Antwortrate: Joachim K. Winter, „Bracketing Effects in Categorized Survey Questions and the Measurement of Economic Quantities", *Sonderforschungsbereich 504, Rationalitätskonzepte, Entscheidungsverhalten und Ökonomische Modellierung/Universität Mannheim,* Diskussionspapier, 2002, S. 35, https://epub.ub.unimuenchen.de/19729/.

6. Kapitel: Bösewichten einen Riegel vorschieben

1. Justin Bariso, „What Is an Emotional Hijack? How Learning the Answer Made Me a Better Husband, Father, and Worker", *Inc.*, abgerufen am 4. April 2020, https://www.inc.com/justin-bariso/what-is-an-emotional-hijack-how-emotional-intelligence-made-me-a-better-husband-father-worker.html.
2. Und das ist erst der Anfang. Weitere Informationen darüber, wie Casinos ihre Besucher manipulieren, damit sie mehr spielen, finden Sie bei Mark Griffiths und Jonathan Parke, „The Environmental Psychology of Gambling", in *Gambling: Who Wins? Who Loses?,* Hg. Gerda Reith, New York: Prometheus Books, 2003, S. 277–292.
3. Humayun Khan, „How Retailers Manipulate Sight, Smell, and Sound to Trigger Purchase Behavior in Consumers", *Shopify Retail Marketing Blog,* 25. April 2016, https://www.shopify.com/retail/119926083-how-retailers-manipulate-sight-smell-and-sound-to-trigger-purchase-behavior-in-consumers.

4. John Leyden, „Romanian ‚Ransomware Victim' Hangs Self and 4-Year-Old Son—Report", *Register*, 18. März 2014, https://www.theregister.co.uk/2014/03/18/ romania_ransomware_murder_suicide/.
5. J. Stuart Ablon, *Changeable: How Collaborative Problem Solving Changes Lives at Home, at School, and at Work*, New York: TarcherPerigee, 2018, S. 119.
6. Stephen Little, „Beware Holiday Villa Scams That Could Cost You £5,000", *Moneywise*, 17. Januar 2019, https://www.moneywise.co.uk/news/2019-01-17%E2%80%8C%E2%80%8C/beware-holiday-villascams-could-cost-you-ps5000.
7. Weitere Informationen zu diesem Betrugsfall siehe „Virtual Kidnapping Ransom Scam", National Institutes of Health Office of Management, abgerufen am 4. April 2020, https://www.ors.od.nih.gov/News/Pages/Beware-of-Virtual-Kidnapping-Ransom-Scam.aspx.
8. „Terrifying Kidnapping Scam Targets Families with Hoax Calls from Loved Ones' Phones", *NBC Chicago* 5, 18. März 2019, https://www.nbcchicago.com/news/local/virtual-kidnapping-scam-reported-in-indiana/162372/.
9. „Sex wird in Werbeanzeigen eingesetzt, weil das sehr effektiv sein kann", sagt der Forscher Tom Reichert, Professor und Leiter der Fakultät Werbung und Öffentlichkeitsarbeit am UGA Grady College of Journalism and Mass Communication. „Bei risikoreichen Produkten wie zum Beispiel Bankendienstleistungen, Geräten oder Nutzfahrzeugen ist Sex allerdings weniger effektiv", warnt er zugleich – siehe April Reese Sorrow, „Magazine Trends Study Finds Increase in Advertisements Using Sex", *University of Georgia Today*, 5. Juni 2012, https://news.uga.edu/magazine-trendsstudy-finds-increase-in-advertisements-using-sex/.
10. Nachdem die Burgerkette CKE, die zur Fast-Food-Kette Carl's Jr. gehört, jahrelang kitschige Werbung gemacht hatte, beschloss sie Ende 2019, in ihren Werbeanzeigen Substanz

(in diesem Fall Nahrung) durch Sex zu ersetzen: Tiffany Hsu, „Carl's Jr.'s Marketing Plan: Pitch Burgers, Not Sex", *New York Times,* 13. November 2019, https://www.nytimes.com/2019/11/13/business/media/new-carls-jr-ads.html.

11. Linda Rafree, Mitgründerin von Regarding Humanity, hat den Begriff „Armutsporno" geprägt. Sie glaubt fest daran, dass diese Taktik die Ziele der meisten Wohltätigkeitsorganisationen nicht befördert, sondern ihnen zuwiderläuft: Aimee Meade, „Emotive Charity Advertising – Has the Public Had Enough?", *Guardian,* 29. September 2014, https://www.theguardian.com/voluntary-sector-network/2014/sep/29/poverty-porn-charity-adverts-emotional-fundraising.
12. Meade, „Emotive Charity Advertising".
13. Für dieses Profil danke ich Bruce Grierson, „What if Age Is Nothing but a Mind-Set?", *New York Times Magazine,* 22. Oktober 2014, https://www.nytimes.com/2014/10/26/magazine/what-ifage-is-nothing-but-a-mind-set.html.
14. Ellen J. Langer, *Counter Clockwise: Mindful Health and the Power of Possibility,* New York: Ballantine Books, 2009.
15. Carol Rosenberg, „What the C.I.A.'s Torture Program Looked Like to the Tortured", *New York Times,* 4. Dezember 2019, https://www.nytimes.com/2019/12/04/us/politics/cia-torture-drawings.html.
16. Editorial Board, „Don't Look Away", *New York Times,* 5. Dezember 2019, https://www.nytimes.com/2019/12/05/opinion/cia-torture-drawings.html; James Risen und Sheri Fink, „Trump Said ‚Torture Works'. An Echo Is Feared Worldwide", *New York Times,* 5. Januar 2017, https://www.nytimes.com/2017/01/05/us/politics/trump-torture-guantanamo.html.
17. Wobei Angst deutlich stärker damit in Zusammenhang steht als Depressionen oder Essstörungen: Julie Beck, „How Uncertainty Fuels Anxiety", *Atlantic,* 18. März 2015, https://www.theatlantic.com/health/archive/2015/03/how-uncertainty-fuels-anxiety/388066/.

18. Archy O. de Berker et al., „Computations of Uncertainty Mediate Acute Stress Responses in Humans“, *Nature Communications* 7 (März 2016), https://doi.org/10.1038/ ncomms10996. Ich folge in meiner Einschätzung dieser Studie dem Neurowissenschaftler Marc Lewis. Er meint, sie sei „das ausgeklügeltste Experiment, das je zur Beziehung zwischen Unsicherheit und Stress entwickelt worden ist“ (Marc Lewis, „Why We’re Hardwired to Hate Uncertainty“, *Guardian*, 4. April 2016, https://www.theguardian.com/commentisfree/2016/apr/04/ uncertainty-stressful-research-neuroscience).
19. Lewis, „Why We’re Hardwired“.
20. Ebd.
21. Ebd.
22. Lewis bietet eine ähnliche Hypothese zur Angst, die ein Angestellter hat, wenn er auf dem Weg zur Arbeit ist und womöglich zu spät kommt. Ebd.
23. Susan Weinschenk, „Why Having Choices Makes Us Feel Powerful“, *Psychology Today*, 24. Januar 2013, https://www.psychologytoday.com/us/blog/brain-wise/201301/why-having-choices-makes-us-feel-powerful.
24. Lauren A. Leotti, Sheena S. Iyengar und Kevin N. Ochsner „Born to Choose: The Origins and Value of the Need for Control“, *Trends in Cognitive Sciences* 14, Nr. 10 (Oktober 2010): S. 457–463, https://doi.org/10.1016/j.tics.2010.08.001.
25. Ebd.
26. Diane Hoskins, „Employees Perform Better When They Can Control Their Space“, *Harvard Business Review*, 16. Januar 2014, https://hbr.org/2014/01/employees-perform-better-when-they-can-controltheir-space.
27. Ranjay Gulati, „Structure That’s Not Stifling“, *Harvard Business Review*, Mai-Juni 2018, https://hbr.org/2018/05/ structure-thats-notstifling.
28. Für das Profil von Seligman danke ich Maria Konnikova, „Trying to Cure Depression, but Inspiring Torture“,

New Yorker, 14. Januar 2015, https://www.newyorker.com/science/maria-konnikova/theory-psychology-justified-torture.

29. Michael Shermer, „We've Known for 400 Years That Torture Doesn't Work", *Scientific American*, 1. Mai 2017, https://www.scientificamerican.com/article/we-rsquo-ve-known-for-400-years-that-torturedoesn-rsquo-t-work/.
30. Ebd. Eine andere Perspektive zur Wirksamkeit umsichtig eingesetzter Folter („Folter light") siehe Mark Bowden, „The Dark Art of Interrogation", *Atlantic*, Oktober 2003, https://www.theatlantic.com/magazine/archive/2003/10/the-dark-art-of-interrogation/302791/.

7. Kapitel: Lass deinen Körper für dich sprechen

1. Charles Darwins Buch *Der Ausdruck der Gemütsbewegungen bei Tieren und Menschen* aus dem Jahr 1872 war eines der ersten Werke, die sich mit nonverbaler Kommunikation befassten.
2. Werke zu diesem Thema: Paul Ekman, *Telling Lies: Clues to Deceit in the Marketplace, Politics, and Marriage,* New York und London: Norton, 2009; Paul Ekman und Wallace V. Friesen, *Unmasking the Face: A Guide to Recognizing Emotions from Facial Expressions,* Los Altos, CA: Malor Books, 2003; David Matsumoto, Mark G. Frank und Hyi Sung Hwang (Hg.), *Nonverbal Communication: Science and Applications,* Los Angeles: Sage, 2013; Joe Navarro: *What Every Body Is Saying: An Ex-FBI Agent's Guide to Speed-Reading People,* New York: William Morrow Paperbacks, 2008; Joe Navarro, *The Dictionary of Body Language: A Field Guide to Human Behavior,* New York: William Morrow Paperbacks, 2018; Goleman, *Emotional Intelligence*; Paul J. Zak, *The Moral Molecule: The Source of Love and Prosperity,* New York: Dutton, 2012; und Amy Cuddy, *Presence: Bringing Your Boldest Self to Your Biggest Challenge,* New York: Little, Brown Spark, 2015. Werfen Sie auch gern einen Blick in mein Buch *Social Engineering enttarnt: Sicherheitsrisiko Mensch,* Deutsch von Jürgen Dubau, mitp Verlag, Heidelberg 2014.

3. Navarro, *What Every Body Is Saying*, S. 88.
4. Zusätzlich zu Makro- und Mikro-Expressionen mobilisieren Menschen auch sogenannte Gesprächssignale, das sind Gesichtsausdrücke und andere Körperbewegungen, die an sich keine Gefühle ausdrücken, sondern eher Eindrücke. Wenn Sie mir zum Beispiel vom Paarungsritual Ihres afrikanischen Halsbandsittichs erzählen, könnte ich den Eindruck „Das interessiert mich" signalisieren, indem ich die Augenbrauen hochziehe und mit dem Kopf schüttle.
5. Studien zum Spiegeleffekt: Costanza Navarretta, „Mirroring Facial Expressions and Emotions in Dyadic Conversations", Tagungspapier, Language Resources and Evaluation Conference (LREC 2016), Portoroz, Slowenien, Bd. 10, S. 469–474, https://www.researchgate.net/publication/311588919_Mirroring_Facial_Expressions_and_Emotions_in_Dyadic_Conversations, und Robert W. Levenson, Paul Ekman und Wallace V. Friesen, „Voluntary Facial Action Generates Emotion-Specific Autonomic Nervous System Activity", *Psychophysiology* 27, Nr. 4 (1990): S. 363–384, https://bpl.berkeley.edu/docs/36-Voluntary%20Facial%20Action90.pdf.
6. Sourya Acharya und Samarth Shukla, „Mirror Neurons: Enigma of the Metaphysical Modular Brain", *Journal of Natural Science, Biology, and Medicine* 3, Nr. 2 (Juli–Dezember 2012): S. 118–124, https://doi.org/10.4103/0976-9668.101878.
7. Daniele Marzoli et al., „Sun-Induced Frowning Fosters Aggressive Feelings", *Cognition and Emotion* 27, Nr. 8 (Mai 2013): S. 1513-1521, https://doi.org/10.1080/02699931.2013.801338.
8. Jessica Bennett, „I'm Not Mad. That's Just My RBF", *New York Times*, 1. August 2015, https://www.nytimes.com/2015/08/02/fashion/im-not-mad-thats-just-my-resting-b-face.html?_r=0&module=ArrowsNav&contentCollection=Fashion%20%26%20Style&action=keypress&region=FixedLeft&pgtype=article.
9. Merriam-Webster, Eintrag „contempt".

10. „Throwing Shade: The Science of Resting Bitch Face“, Test Your RBF, abgerufen am 4. April 2020, https://www.testrbf.com/content/throwingshade-science-resting-bitch-face.
11. Tomas Chamorro-Premuzic, „The Upside to Being Angry at Work“, *Fast Company*, 25. Februar 2020, https://www.fastcompany.com/90467448/the-upside-to-being-angry-at-work.
12. Preston Ni, „4 Types of Anger and Their Destructive Impact“, *Psychology Today*, 19. Mai 2019, https://www.psychologytoday.com/us/blog/communication-success/201905/4-types-anger-and-their-destructive-impact.
13. L. R. Mujica-Parodi, H. H. Strey, B. Frederick, R. Savoy, D. Cox et al., „Chemosensory Cues to Conspecific Emotional Stress Activate Amygdala in Humans“, PLoS ONE 4, Nr. 7 (2009): e6415. doi:10.1371/journal.pone.0006415.
14. Ellie Lisitsa, „The Four Horsemen: Contempt“, Gottman Institute, 13. Mai 2013, https://www.gottman.com/blog/the-four-horsemen-contempt/?rq=contempt.

8. Kapitel: Die perfekte Präsentation

1. George Lakoff, T*he All New Don’t Think of an Elephant! Know Your Values and Frame the Debate,* White River Junction, VT: Chelsea Green, 2014, S. xi–xii.
2. Ebd., S. 1.
3. Marcus Aurelius Antoninus, *Wege zu sich selbst*, Deutsch von Rainer Nickel, Artemis und Winkler, Düsseldorf/Zürich 1998.
4. Sarah Todd, Hanna Kozlowska und Marc Bain, „‚Aspirational Realness‘, the Instagram Cool-Girl Look, Disguises Advertising as Authenticity“, *Quartz*, 12. Oktober 2019, https://qz.com/quartzy/1722511/how-brands-like-glossier-sell-aspirational-realness-on-instagram/.

LEKTÜRE-EMPFEHLUNGEN

Joe Navarro, *Menschen lesen: Ein FBI-Agent erklärt, wie man Körpersprache entschlüsselt*, Deutsch von Kimiko Leibniz, mvg Verlag, München 2010.

Eines der besten Bücher zur Körpersprache, von Kopf bis Fuß. Diese Lektüre ist für jeden Menschenhacker ein Muss.

Robert Cialdini, *Die Psychologie des Überzeugens: Wie Sie sich selbst und Ihren Mitmenschen auf die Schliche kommen*, Deutsch von Matthias Wengenroth, Hogrefe Verlag, Bern, 2017.

Das erste Buch, das Einflussnahme definiert und wissenschaftlich untersucht.

Amy Cuddy, *Dein Körper spricht für dich: Von innen wirken, überzeugen, ausstrahlen*, Deutsch von Henriette Zeltner-Shane, Mosaik Verlag, Berlin, 2016.

Erklärt Hackern, wie sie mittels Körpersprache vor einer anstehenden Aufgabe ihre Nerven beruhigen und mithilfe ihrer Haltung ihre Kommunikation verbessern können.

Robin Dreeke, *It's Not All About Me: The Top Ten Techniques for Building Quick Rapport with Anyone*, Robin K. Dreeke, 2011.

Dreeke hat jahrelang für den FBI als Menschenhacker gearbeitet. Dieses Buch ist eines der besten darüber, wie man schnell eine Beziehung zu anderen Menschen aufbaut.

Paul Ekman, *Gefühle lesen: Wie Sie Emotionen erkennen und richtig interpretieren*, Deutsch von Susanne Kuhlmann-Krieg und Matthias Reiss, Springer-Verlag, Berlin, Heidelberg 2010.

Ekman ist der weltweit angesehenste Wissenschaftler zum Thema nonverbale Kommunikation. In diesem Buch beschreibt er menschliche Emotionen und wie sie sich in unserem Gesicht widerspiegeln.

Daniel Goleman, *EQ. Emotionale Intelligenz*, Deutsch von Friedrich Griese, dtv, München, 1997.

Präsentiert einflussreiche Forschungsergebnisse über die Amygdala und wie sie unsere Psychologie und unser Verhalten beeinflusst.

Christopher Hadnagy, Paul F. Kelly und Dr. Paul Ekman, *Social Engineering enttarnt: Sicherheitsrisiko Mensch*, Deutsch von Jürgen Dubau, mitp Verlag, Heidelberg 2014.

Eine umfassende Untersuchung darüber, wie wir im Alltag nonverbale Kommunikation nutzen können.

Ellen J. Langer, *On Becoming an Artist: Reinventing Yourself Through Mindful Creativity*, Ballentine, 2006.

Dieses Buch befasst sich mit dem Aspekt der Aufmerksamkeit, einer Fähigkeit, von der jeder Menschenhacker profitiert.

Paul J. Zak, *The Moral Molecule: The New Science of What Makes Us Good or Evil*, Bantam, 2012.

Zaks Untersuchung über das Oxytocin hat unser Verständnis von Vertrauen und Beziehungsaufbau verändert.

ÜBER DEN AUTOR

Christopher Hadnagy ist Gründer und Geschäftsführer von Social-Engineer, LLC. In den 16 Jahren, in denen er in dieser Branche gearbeitet hat, schrieb er das weltweit erste Handbuch über Social Engineering, entwickelte den ersten Podcast und Newsletter zu diesem Thema und veröffentlichte vier Bücher darüber. Chris hält auf der ganzen Welt Vorträge und Kurse zu Social Engineering, unter anderem im Pentagon und anderen hoch gesicherten Gebäuden. Als Erfinder des weltweit ersten SECTF („Social Engineering Capture the Flag") ist er ein Pionier, um Menschen über diese ernst zu nehmende Gefahr zu unterrichten. Chris arbeitet mit einigen weltweit führenden Wissenschaftlern, die das Social Engineering erforschen, und hat zusammen mit Dr. Paul Ekman sogar ein Buch darüber veröffentlicht, wie ein Social Engineer nonverbale Kommunikation einsetzt. Er ist zertifiziert als Offensive Security Certified Professional (Zertifizierung für ethisches Hacken) und als Offensive Security Wireless Professional (Zertifizierung für Online-Hacking) und hat die Zertifizierungen SEPP (Social Engineering Pentest Professional, eine Zertifizierung zur Suche von Sicherheitslücken) und MLSE (Master's Level Social Engineering) entwickelt.

448 Seiten
gebunden mit SU
39,99 [D] / 41,20 [A]
ISBN: 978-3-86470-569-4

Michael Ehlers
Rhetorik

Die Rhetorik ist unverzichtbar für jeden, der professionell auftreten, an seiner Wirkung arbeiten und nachhaltig beeindrucken möchte. Im digitalen Zeitalter hat sich Kommunikation jedoch gravierend verändert. Sie wurde schneller und manipulativer. Praxisnah und effizient transferiert Top-Trainer Ehlers die Redekunst ins 21. Jahrhundert und beweist, dass Rhetorik eine Fähigkeit ist, die es zu verstehen und zu beherrschen lohnt.

BOOKS4SUCCESS

400 Seiten,
gebunden mit SU
24,90 [D] / 25,60 [A]
ISBN: 978-3-86470-671-4

Rachel Botsman
Wem kannst du trauen?

Das Vertrauen in die Regierung, die Unternehmen, die Medien ist auf einem historischen Tiefststand. Andererseits handeln wir mit digitalen Währungen, vertrauen Bots, unterhalten uns mit Smart Speakern. Die Vertrauensforscherin Rachel Botsman erklärt diesen technologisch getriebenen Paradigmenwechsel und beschreibt, wie sich die Welt in einem Zeitalter des „verteilten Vertrauens" neu ordnet. Worauf es jetzt ankommt? Untereinander, Kunden und Firmenpartnern Vertrauensbrücken zu bauen, um die entstandenen Vertrauenslücken zu überwinden.

PLASSEN
VERLAG